Oscar Wilde (Oscar Fingal O'Flahertie Wills Wilde), geboren am 16. Oktober 1854 in Dublin, ist am 30. November 1900 in einem Pariser Hotel gestorben.

Oscar Wildes Märchensammlungen, die unter dem Titel *Der Glückliche Prinz* und *Ein Granatapfelhaus* in den Jahren 1888 und 1891 erschienen, überraschten jeden, dem der Autor bislang nur als Verfasser von Gedichten und Dramen geläufig war. Hier hatte Wilde das geeignete literarische Medium gefunden, in dem er seiner irischen Fabulierlust freien Lauf lassen konnte, unbelastet von spezifischen, an seine Person geknüpften Rollenerwartungen. Es sind Geschichten, in denen das Unmögliche möglich wird, Wunschträume in Erfüllung gehen: Verwandlungsphantasien, Parabeln der Läuterung.

Seine Erzählungen, die in dem Band *Lord Arthur Saviles Verbrechen und andere Geschichten* (1891) veröffentlicht wurden, sind teils köstliche Kabinettstückchen schwarzen Humors, teils feuilletonistische Prosaskizzen, in denen Wilde mit Motiven und Ausdrucksmitteln spielt, die seinem Roman *Das Bildnis des Dorian Gray* sowie – später – seinen Gesellschaftskomödien ihr unverwechselbares Gepräge geben.

insel taschenbuch 2145
Oscar Wilde
Erzählungen und
Märchen

Oscar Wilde
Erzählungen und Märchen

Aus dem Englischen von
Franz Blei und
Christine Hoeppener

Mit einem Nachwort von
Norbert Kohl

Insel Verlag

insel taschenbuch 2145
Erste Auflage 1997
Insel Verlag Frankfurt am Main und Leipzig
Für die Übersetzungen von Franz Blei: © Erbengemeinschaft Franz Blei, c/o
Internationaal Literatuur Bureau b.v. Hilversum. Für die Übersetzungen von
Christine Hoeppener: © Insel Verlag Anton Kippenberg Leipzig 1976. Für das
Nachwort: © Insel Verlag Frankfurt am Main 1982. Alle Rechte vorbehalten.
Hinweise zu dieser Ausgabe am Schluß des Bandes. Vertrieb durch den Suhr-
kamp Taschenbuch Verlag. Umschlag nach Entwürfen von Willy Fleckhaus.
Satz und Druck: Wagner GmbH
Printed in Germany

1 2 3 4 5 6 – 02 01 00 99 98 97

Inhalt

Der glückliche Prinz und andere Märchen

Übersetzt von Franz Blei

Der glückliche Prinz

Hoch über der Stadt stand auf einer mächtigen Säule die Statue des Glücklichen Prinzen. Sie war über und über mit dünnen Goldblättchen bedeckt, statt der Augen hatte sie zwei glänzende Saphire, und ein großer roter Rubin leuchtete auf seiner Schwertscheide.

Alles bestaunte und bewunderte ihn sehr. »Er ist so schön wie ein Wetterhahn«, bemerkte einer der Stadträte, der darauf aus war, für einen in Kunstdingen geschmackvollen Mann zu gelten; »bloß nicht ganz so nützlich«, fügte er hinzu, da er fürchtete, man könnte ihn sonst für unpraktisch halten, was er durchaus nicht war. »Warum bist du nicht wie der Glückliche Prinz?« fragte eine empfindsame Mutter ihren kleinen Jungen, der weinend nach dem Mond verlangte. »Dem Glücklichen Prinzen fällt es nie ein, um etwas zu weinen.«

»Ich bin froh, daß es wenigstens einen gibt, der in dieser Welt ganz glücklich ist«, sagte leise ein Enttäuschter mit einem Blick auf das wundervolle Standbild.

»Er sieht genau aus wie ein Engel«, sagten die Waisenkinder, als sie in ihren purpurroten Mänteln und sauberen Vorstecklätzchen aus der Kathedrale kamen.

»Wie könnt ihr das wissen?« fragte der Mathematiklehrer, »ihr habt doch nie einen gesehen.«

»Oh doch, im Traum«, antworteten die Kinder; und der Mathematiklehrer runzelte die Stirn und machte ein sehr strenges Gesicht, denn er billigte Kinderträume nicht.

Da flog eines Nachts ein kleiner Schwälberich über die Stadt. Seine Freunde waren schon vor sechs Wochen nach Ägypten gezogen, aber er war zurückgeblieben, weil er sich in eine ganz wunderschöne Schilfrispe verliebt hatte. Ganz zeitig im Frühling hatte der Schwälberich die Rispe zum erstenmal gesehen, als er gerade hinter einer großen gelben Motte her über den Fluß flog, und war von der Schlankheit der Rispe so entzückt gewesen, daß er haltgemacht hatte, um mit ihr zu plaudern. »Soll ich dich lieben?« fragte der Schwälberich, der es liebte, immer gleich gerade auf sein Ziel loszugehen. Und die Schilfrispe verneigte sich tief vor ihm. So flog er immer und immer um die Schlanke herum, rührte leicht das Wasser mit seinen Flügeln und machte kleine silberne Wellen darauf. Das war die Art, wie er warb, und es dauerte den ganzen Sommer hindurch. »Das ist ein lächerliches Attachement«, zwitscherten die andern Schwalben, »die Schilfrispe hat gar kein Vermögen und viel zuviel Verwandte«, und in der Tat war der Fluß ganz voll von Schilf. Als dann der Herbst kam, flogen sie alle davon.

Als sie fort waren, fühlte sich der Schwälberich einsam und fing an, seiner romantischen Liebe überdrüssig zu werden. »Sie kann sich gar nicht unterhalten«, sagte er, »und ich fürchte, sie ist eine Kokette, denn sie flirtet immer mit dem Wind.« Wirklich machte die Schilfrispe, sooft der Wind blies, die graziösesten Verbeugungen.

»Ich gebe gern zu, daß sie sehr häuslich ist«, fuhr er fort, »aber ich liebe das Reisen, und deshalb soll meine Frau es auch lieben.« »Willst du mit mir fort?« fragte der Vogel endlich die Rispe; die aber schüttelte den Kopf – sie hing so sehr an der Heimat.

»Du hast mit mir gespielt«, rief da der Schwälberich, »ich mache mich auf nach den Pyramiden. Leb wohl!« Und flog davon.

Den ganzen Tag über flog er und erreichte gegen Abend die Stadt. »Wo soll ich absteigen?« sagte er; »hoffentlich hat die Stadt Vorbereitungen getroffen.«

Da sah er das Standbild auf der hohen Säule. »Hier will

ich absteigen«, rief er, »es hat eine hübsche Lage und viel frische Luft.« Und damit ließ er sich gerade zwischen den Füßen des Glücklichen Prinzen nieder.

»Ich habe ein goldenes Schlafzimmer«, sagte er wohlgefällig zu sich selber, während er herumschaute und sich anschickte, schlafen zu gehen; aber gerade, als er seinen Kopf unter seinen Flügel stecken wollte, fiel ein großer Regentropfen auf ihn nieder. »Wie sonderbar!« rief er, »am Himmel ist nicht das kleinste Wölkchen, die Sterne sind hell und leuchten, und doch regnet es. Das Klima im nördlichen Europa ist schon wirklich abscheulich. Die Schilfrispe liebte ja den Regen sehr, aber das war bloß ihr Egoismus.«

Da fiel ein zweiter Tropfen.

»Was für einen Zweck hat dann eigentlich eine Statue, wenn sie nicht den Regen abhalten kann?« sagte der Vogel: »ich muß mich lieber nach einem guten Schornstein umsehen«, und er wollte schon fortfliegen.

Doch bevor er noch seine Flügel ausgebreitet hatte, fiel ein dritter Tropfen; er schaute in die Höhe und sah – ja, was sah er? Die Augen des Glücklichen Prinzen waren voll Tränen, und Tränen liefen ihm über die goldenen Wangen. Sein Gesicht war so wunderschön im Mondlicht, daß den Schwälberich das Mitleid faßte.

»Wer bist du?« sagte er.

»Ich bin der Glückliche Prinz.«

»Weshalb weinst du denn?« fragte der Vogel. »Du hast mich ganz naß gemacht.«

»Als ich noch am Leben war und ein Menschenherz hatte«, antwortete das Standbild, »da wußte ich nicht, was Tränen sind, denn ich lebte in dem Palast Ohnsorge, in den die Sorge keinen Zutritt hat. Tagsüber spielte ich mit meinen Gefährten im Garten, und des Abends führte ich den Tanz in der großen Halle. Rund um den Garten lief eine sehr hohe Mauer, aber nie dachte ich daran zu fragen, was wohl dahinter läge, so schön war alles um mich her. Meine Höflinge nannten mich den Glücklichen Prinzen, und glücklich war ich in der Tat, wenn Vergnügen Glück bedeutet. So lebte ich und so starb ich. Und nun, da ich tot bin, haben sie mich hier hinaufgestellt, so hoch, daß ich alle Häßlichkeit und alles Elend meiner Stadt sehen kann, und wenn auch mein Herz von Blei ist, kann ich nicht anders als weinen.« »Wie, es ist nicht von echtem Gold?« sprach der Vogel zu sich. Denn er war zu höflich, als daß er eine so persönliche Bemerkung laut gemacht hätte.

»Weit fern von hier«, fuhr die Statue mit einer leisen, melodischen Stimme fort, »weit fern von hier in einer kleinen schmalen Gasse steht ein armseliges Haus. Eins der Fenster ist offen, und so sehe ich eine Frau am Tische sitzen. Ihr Gesicht ist mager und verhärmt, und sie hat rauhe, rote Hände, nadelzerstochen, denn sie ist eine Näherin. Sie stickt Passionsblumen in ein Seidenkleid, das die schönste von den Ehrendamen der Königin am nächsten Hofball tragen soll. In einem Winkel des Zimmers liegt ihr kleiner Junge krank im Bett. Er fiebert und verlangt nach Pomeranzen. Die Mutter kann ihm nichts mehr geben als Wasser aus dem Fluß, und daher weint er. Vogel, Vogel, kleiner Vogel, willst du ihr nicht den Rubin aus meiner Schwertscheide hinbringen? Meine Füße sind an den Sockel befestigt, und ich kann mich nicht bewegen.«

»Man erwartet mich in Ägypten«, sagte der Schwälberich. »Meine Freunde fliegen den Nil auf und nieder und unterhalten sich mit den großen Lotosblüten. Bald werden sie sich im Grab des großen Königs schlafen legen. Er ist in gelbes Linnen gehüllt und mit Spezereien balsamiert. Um seinen Hals liegt eine Kette aus blaßgrünem Nephrit, und seine Hände sind wie vertrocknete Blätter.«

»Vogel, Vogel, kleiner Vogel«, sagte der Prinz, »willst du

nicht diese eine Nacht bei mir bleiben und mein Bote sein? Der Knabe ist so durstig und die Mutter so traurig.«

»Ich glaube, ich mache mir nichts aus Knaben«, antwortete der Schwälberich. »Als ich letzten Sommer am Fluß wohnte, da waren so rohe Buben, des Müllers Söhne, die immer Steine nach mir warfen. Getroffen haben sie mich natürlich nie, denn wir Schwalben fliegen dafür viel zu gut, und ich stamme zudem aus einer Familie, die wegen ihrer Behendigkeit berühmt ist; aber es war doch immerhin ein Zeichen von Respektlosigkeit.« Aber der Glückliche Prinz sah so traurig aus, daß es den kleinen Schwälberich bekümmerte. »Es ist sehr kalt hier«, sagte er, »aber ich will trotzdem diese eine Nacht bei dir bleiben und dein Bote sein.« »Ich danke dir, kleiner Vogel«, sagte der Prinz.

So pickte der Schwälberich aus des Prinzen Schwert den großen Rubin und flog mit ihm weg über die Dächer der Stadt und trug ihn im Schnabel.

Er flog an dem Turm des Domes vorbei, auf dem die weißen Marmorengel stehen. Er flog über den Palast hin und hörte die Musik von Tanzweisen. Ein schönes Mädchen trat mit seinem Geliebten auf den Balkon hinaus. »Wie wundervoll die Sterne sind«, sagte er zu ihr, »und wie wunderbar die Macht der Liebe!« »Hoffentlich wird mein Kleid zum Staatsball fertig«, antwortete sie, »ich lasse mir Passionsblumen darauf sticken; aber die Schneiderinnen sind so faul.«

Er flog über den Fluß und sah die Laternen an den Schiffsmasten. Er flog über das Ghetto und sah die alten Juden miteinander handeln und auf kupfernen Waagen das Geld wiegen. Endlich erreichte er das armselige Haus und schaute hinein. Der Knabe warf sich fiebernd, und die Mutter war vor Müdigkeit eingeschlafen. Hinein ins Zimmer hüpfte der Schwälberich und legte den Rubin auf den Tisch gerade neben den Fingerhut der Frau. Dann kreiste er leise um das Bett und fächelte des Jungen Stirn mit den Flügeln. »Wie kühl mir ist«, sagte der Knabe, »ich glaube, es wird mir besser«, und er sank in einen köstlichen Schlaf. Darauf flog der Schwälberich zurück zu dem Glücklichen Prinzen und erzählte ihm, was er getan. »Merkwürdig«, sagte er, »mir ist mit einem Mal ganz warm geworden, obgleich es so kalt ist.«

»Das kommt von deiner guten Tat«, sagte der Prinz. Und der kleine Vogel begann darüber nachzudenken und schlief ein. Denken machte ihn immer schläfrig. – Als der Tag anbrach, flog der Vogel hinab zum Fluß und nahm ein Bad. »Was für ein bemerkenswertes Phänomenon«, sagte der Professor der Ornithologie, während er über die Brücke ging, »eine Schwalbe im Winter!« Und er schrieb darüber einen langen Brief an die Lokalzeitung. Alles sprach von diesem Aufsatz, der so wortreich war, daß niemand ihn verstehen konnte.

»Heut nacht mach ich mich auf nach Ägypten«, sagte der Schwälberich und war hochvergnügt bei dem Gedanken. Er besuchte alle Denkmäler und öffentlichen Bauwerke der Stadt und saß lange auf der Kirchturmspitze. Wo immer er hinkam, da piepten die Spatzen, und einer sagte zum anderen: »Was für ein vornehmer Fremder!«, und dabei amüsierte sich der Schwälberich sehr.

Als der Mond aufging, flog er zurück zu dem Glücklichen Prinzen. »Hast du irgendwelche Aufträge für Ägypten?« rief er, »ich reise gerade dahin ab.«

»Vogel, Vogel, kleiner Vogel«, sagte der Prinz, »willst du nicht noch eine Nacht bei mir bleiben?«

»Ich werde in Ägypten erwartet«, antwortete der Schwälberich. »Morgen fliegen meine Gefährten zum zweiten Katarakt hinauf. Dort liegt das Nilpferd unter den Binsen, und auf einem großen granitenen Thron sitzt der Gott Memnon. Die ganze Nacht lang blickt er zu den Sternen, und wenn der Morgenstern aufglänzt, stößt er einen langen Freudenschrei aus, und dann ist er wieder still. Zu Mittag kommen die gelben Löwen ans Flußufer, um zu trinken. Sie haben Augen wie grüne Berylle, und ihr Gebrüll übertönt das Brüllen des Katarakts.«

»Vogel, Vogel, mein kleiner Vogel«, sagte der Prinz, »weit weg über der Stadt sehe ich einen jungen Mann in einer Dachstube. Er lehnt sich über einen mit Papieren bedeckten Tisch, und neben ihm steht in einem Wasserglase ein kleiner Strauß verwelkter Veilchen. Sein Haar ist braun und gelockt, seine Lippen sind rot wie eine Granatblüte, und er hat große und träumerische Augen. Er versucht, ein Schauspiel fertigzuschreiben, aber er kann nicht weiter vor Kälte. Es ist kein Feuer im Ofen, und der Hunger hat ihn ohnmächtig gemacht.«

»Ich will noch eine Nacht länger bei dir bleiben«, sagte der Schwälberich, der eigentlich ein gutes Herz hatte. »Soll ich ihm auch einen Rubin bringen?«

»Ach! Ich habe keinen Rubin mehr«, sagte der Prinz, »nur meine Augen sind mir noch geblieben. Sie sind aus seltenen Saphiren gemacht, die man vor tausend Jahren aus Indien gebracht hat. Picke eines heraus und bring es ihm. Er wird es an einen Juwelier verkaufen und sich dafür Essen und Feuerung verschaffen und sein Stück beenden.«

»Lieber Prinz«, sagte der Schwälberich, »das kann ich nicht tun«, und er begann zu weinen.

»Vogel, Vogel, kleiner Vogel«, sagte der Prinz, »tu, wie ich dich heiße.«

Also pickte der Schwälberich dem Prinzen das Auge aus und flog zur Dachkammer des Studenten. Es war nicht schwer hineinzukommen, denn es war ein Loch im Dach. Durch das schlüpfte der Vogel in die kleine Stube. Der Jüngling hielt den Kopf in die Hände vergraben, und so hörte er nicht das Flattern des Vogels, und als er aufschaute, da fand er den schönen Saphir, der auf den verblaßten Veilchen lag.

»Man fängt an, mich zu würdigen«, rief er aus; »das kommt sicher von einem großen Bewunderer. Nun kann ich mein Stück fertigschreiben.« Und er sah ganz glücklich aus.

Am nächsten Tag flog der Schwälberich hinab zum Hafen. Er setzte sich auf den Mast des größten Schiffes und beobachtete die Matrosen, die an Tauen große Ballen aus dem Schiffsraum emporwanden. »Heb auf!« schrien sie bei jedem Ruck am Tau.

»Ich geh nach Ägypten!« rief der Vogel, aber niemand achtete auf ihn, und als der Mond aufging, flog er zu dem Glücklichen Prinzen. »Ich komme, dir lebe wohl zu sagen«, rief er.

»Vogel, Vogel, kleiner Vogel«, sagte der Prinz, »willst du nicht noch eine Nacht bei mir bleiben?«

»Es ist Winter«, sagte der Schwälberich, »und der kalte Schnee wird bald dasein. In Ägypten scheint die Sonne warm auf die grünen Palmen, und die Krokodile liegen im Schlamm und schauen faul vor sich hin. Meine Gefährten bauen ihr Nest im Tempel von Baalbek, und die weiß- und rotgefiederten Tauben schauen ihnen zu und girren. Lieber Prinz, ich muß dich verlassen, aber ich will dich nie vergessen, und im nächsten Frühling bringe ich dir zwei schöne Edelsteine wieder für die, die du weggegeben hast. Der Rubin soll röter sein als eine rote Rose und der Saphir so blau wie die große See.«

»Dort unten auf dem Platz«, sagte der Prinz, »da steht ein kleines Streichholzmädel, die hat ihre Hölzer in die Gosse fallen lassen, und sie sind alle verdorben. Ihr Vater wird sie schlagen, wenn sie ihm kein Geld heimbringt, und sie weint. Pick mir das andere Auge aus und gib es ihr, und ihr Vater wird sie nicht schlagen.«

»Ich will noch eine Nacht bei dir bleiben«, sagte der

18

Vogel, »aber ich kann dir dein Auge nicht auspicken. Du wärest dann ja ganz blind.«

»Vogel, Vogel, kleiner Vogel«, sagte der Prinz, »tu, wie ich dich heiße.« – Also pickte der Schwälberich dem Prinzen auch das andere Auge aus und flog damit weg. Er strich über den Kopf des Mädels hin und ließ den Edelstein in ihre Hand gleiten. »Was für eine hübsche Glasscherbe!« rief die Kleine und lief vergnügt nach Haus.

Darauf kam der Vogel zum Prinzen zurück. »Nun bist du blind«, sagte er, »so will ich immer bei dir bleiben.«

»Nein, kleiner Vogel«, sagte der arme Prinz, »du mußt fort nach Ägypten.«

»Ich will immer bei dir sein«, sagte der Schwälberich und schlief zu Füßen des Prinzen ein.

Am nächsten Tag setzte er sich dem Prinzen auf die Schulter und erzählte ihm Geschichten von alledem, was er in fremden Ländern gesehen hatte. Er erzählte ihm von den roten Ibissen, die in langen Reihen an den Nilufern stehen und mit ihren Schnäbeln Goldfische fangen; von der Sphinx, die so alt ist wie die Welt und in der Wüste lebt und alles weiß; von den Kaufleuten, die langsam neben ihren Kamelen einhergehen und Rosenkränze aus Bernstein in den Händen tragen; vom König des Mondgebirgs, der so schwarz ist wie Ebenholz und einen großen Kristall anbetet; von der großen grünen Schlange, die in einem Palmenbaum schläft und zwanzig Priester hat, die sie mit Honigkuchen füttern; und von den Pygmäen, die auf breiten, flachen Blättern über einen großen See segeln und mit den Schmetterlingen immer im Krieg liegen.

»Lieber kleiner Vogel«, sagte der Prinz, »du erzählst mir von wunderbaren Dingen, aber wunderbarer als alles ist das Leiden von Mann und Weib. Kein Mysterium ist größer als das Elend. Fliege über meine Stadt, kleiner Vogel, und dann erzähle mir, was du darin gesehen hast.«

Also flog der Schwälberich über die große Stadt und sah die Reichen froh und lustig in ihren schönen Häusern, während die Bettler an den Toren saßen. Er flog in dunkle Gassen hinab und sah die weißen Gesichter hungernder Kinder gleichgültig auf die schwarzen Straßen schauen. Unter einem Brückenbogen lagen zwei kleine Buben und hielten sich umschlungen, um sich aneinander zu wärmen.

»Wir haben solchen Hunger!« sagten sie. »Ihr dürft hier nicht liegen«, schrie sie der Wächter an, und so wanderten sie hinaus in den Regen.

Dann flog der Vogel zurück zum Prinzen und erzählte ihm, was er gesehen hatte.

»Ich bin ganz mit feinem Gold bedeckt«, sagte der Prinz, »du mußt es abnehmen, Blatt für Blatt, und meinen Armen geben; die Lebenden glauben immer, daß Gold sie glücklich machen kann.«

Blatt um Blatt des feinen Goldes pickte ihm der Vogel ab, bis der Glückliche Prinz ganz grau und düster aussah. Blatt um Blatt des feinen Goldes brachte er zu den Armen, und die Gesichter der Kinder wurden rosiger, und sie lachten und spielten ihre Spiele in den Straßen. »Jetzt haben wir Brot!« riefen sie.

Da kam der Schnee, und nach dem Schnee kam der Frost. Die Straßen sahen aus, als wären sie aus Silber gemacht, so glänzend und glitzernd waren sie; lange Eiszapfen wie kristallne Dolche hingen von den Dachrinnen herunter; alles ging in dicken Pelzen aus, und die kleinen Jungen trugen dicke rote Mützen und liefen auf dem Eise. Dem armen kleinen Schwälberich wurde kälter und kälter, aber er wollte den Prinzen nicht verlassen, denn er liebte ihn zu sehr. Er pickte Krumen auf vor des Bäckers Tür, wenn der Bäcker gerade nicht hinsah, und versuchte sich warm zu halten, indem er mit seinen Flügeln schlug. Aber schließlich wußte er doch, daß er sterben müsse. Er hatte gerade noch so viel Kraft, noch einmal dem Prinzen auf die Schulter zu fliegen. »Leb wohl, guter Prinz!« sagte er ganz leise, »darf ich deine Hand küssen?«

»Ich freu mich, daß du jetzt nach Ägypten gehst«, sagte der Prinz, »du bist schon zu lange hiergeblieben, kleiner Schwälberich; aber du mußt mich auf den Mund küssen, denn ich liebe dich.«

»Ich gehe nicht nach Ägypten«, sagte der Schwälberich. »Ich gehe in das Haus des Todes. Der Tod ist der Bruder des Schlafes, nicht wahr?«

Und er küßte den Glücklichen Prinzen auf den Mund und fiel tot nieder vor seine Füße.

Da tönte aus dem Innern des Standbildes ein eigentümliches Knacken, gleich als ob etwas zerbrochen wäre. Das bleierne Herz war mitten entzweigeborsten. Es war auch ein strenger, harter Frost.

Früh am Morgen des nächsten Tages ging der Bürgermeister mit den Stadträten über den Platz. Als sie an der Säule vorbeikamen, schaute er zu dem Standbild hinauf: »Herrgott! Wie schäbig der Glückliche Prinz aussieht!« sagte er.

»Wirklich schäbig!« sagten die Stadträte, die immer der Ansicht des Bürgermeisters waren, und dann schauten sie das Standbild an. »Der Rubin ist aus seinem Schwert gefallen, seine Augen sind fort, und vergoldet ist er auch nicht mehr«, sagte der Bürgermeister; »er sieht wahrhaftig nicht viel besser aus als ein Bettler.«

»Wenig besser als ein Bettler«, sagten die Räte.

»Und hier liegt wahrhaftig ein toter Vogel zu seinen Füßen!« sagte der Bürgermeister. »Wir müssen wirklich eine Bekanntmachung erlassen, daß es Vögeln nicht erlaubt ist, hier zu sterben.« Und der Stadtschreiber notierte diesen Vorschlag.

So wurde das Standbild des Glücklichen Prinzen abgebrochen. »Da es nicht mehr schön ist, hat es auch keinen nützlichen Zweck mehr«, sagte der Kunstprofessor der Universität.

Hierauf wurde die Statue in einem Brennofen geschmolzen, und der Bürgermeister berief eine Versammlung, die entscheiden sollte, was mit dem Metall zu geschehen habe. »Wir müssen natürlich ein anderes Denkmal haben«, sagte er, »und das muß ein Denkmal von mir sein.«

»Von mir«, sagte jeder der Stadträte, und sie zankten sich. Als ich das letztemal von ihnen hörte, zankten sie sich noch immer.

»Wie sonderbar!« sagte der Werkführer in der Schmelzhütte. »Dieses gebrochene Bleiherz will nicht schmelzen. Wir müssen es wegwerfen, wie es ist.« So warf man es auf einen Kehrichthaufen, auf dem auch die tote Schwalbe lag.

»Bring mir die beiden kostbarsten Dinge in der Stadt«, sagte Gott zu einem seiner Engel; und der Engel brachte ihm das bleierne Herz und den toten Vogel.

»Du hast recht gewählt«, sagte Gott, »denn in meinem Paradiesgarten wird dieser kleine Vogel für alle Zeiten singen, und in meiner goldenen Stadt wird der Glückliche Prinz mich lobpreisen.«

Die Nachtigall und die Rose

Sie sagte, sie würde mit mir tanzen, wenn ich ihr rote Rosen brächte«, rief der junge Student; »aber in meinem ganzen Garten ist keine rote Rose.« In ihrem Nest auf dem Eichbaum hörte ihn die Nachtigall, guckte durch das Laub und wunderte sich.

»Keine rote Rose in meinem ganzen Garten!« rief er, und seine schönen Augen waren voll Tränen. »Ach, an was für kleinen Dingen das Glück hängt. Alles habe ich gelesen, was weise Männer geschrieben haben, alle Geheimnisse der Philosophie sind mein, und wegen einer roten Rose ist mein Leben unglücklich und elend.«

»Das ist endlich einmal ein treuer Liebhaber«, sagte die Nachtigall. »Nacht für Nacht habe ich von ihm gesungen, obgleich ich ihn nicht kannte; Nacht für Nacht habe ich seine Geschichte den Sternen erzählt, und nun seh ich ihn. Sein Haar ist dunkel wie die Hyazinthe, und sein Mund ist rot wie die Rose seiner Sehnsucht; aber Leidenschaft hat sein Gesicht bleich wie Elfenbein gemacht, und der Kummer hat ihm sein Siegel auf die Stirn gedrückt.«

»Der Prinz gibt morgen nacht einen Ball«, sprach der junge Student leise, »und meine Geliebte wird dasein. Wenn ich ihr eine rote Rose bringe, wird sie mit mir tanzen bis zum Morgen. Wenn ich ihr eine rote Rose bringe, wird sie ihren Kopf an meine Schulter lehnen, und ihre Hand wird in der meinen liegen. Aber in meinem Garten ist keine rote Rose, so werde ich einsam sitzen, und sie wird an mir vorübergehen. Sie wird meiner nicht achten, und mir wird das Herz brechen.«

»Das ist wirklich der treue Liebhaber«, sagte die Nachtigall. »Was ich singe, um das leidet er; was mir Freude ist, das ist ihm Schmerz. Wahrhaftig, die Liebe ist etwas Wundervolles. Kostbarer ist sie als Smaragde und teurer als feine Opale. Perlen und Granaten können sie nicht kaufen, und auf den Märkten wird sie nicht feilgeboten. Sie kann von den Kaufleuten nicht gehandelt werden und kann nicht für Gold ausgewogen werden auf der Waage.«

»Die Musikanten werden auf ihrer Galerie sitzen«, sagte der junge Student, »und auf ihren Saiteninstrumenten spielen, und meine Geliebte wird zum Klang der Harfe und der Geige tanzen. So leicht wird sie tanzen, daß ihre Füße den Boden kaum berühren, und die Höflinge in ihren bunten Gewändern werden sich um sie scharen. Aber mit mir wird sie nicht tanzen, denn ich habe keine rote Rose für sie«; und er warf sich ins Gras, barg sein Gesicht in den Händen und weinte.

»Weshalb weint er?« fragte ein kleiner grüner Eidechs, während er mit dem Schwänzchen in der Luft an ihm vorbeilief. »Ja, warum?« fragte ein Schmetterling, der einem Sonnenstrahl nachjagte.

»Er weint um eine rote Rose«, sagte die Nachtigall.

»Um eine rote Rose!« riefen alle; »wie lächerlich!«, und der kleine Eidechs, der so etwas wie ein Zyniker war, lachte überlaut.

Aber die Nachtigall wußte um des Studenten Kummer und saß schweigend in dem Eichbaum und sann über das Geheimnis der Liebe. Plötzlich breitete sie ihre braunen Flügel aus und flog auf. Wie ein Schatten huschte sie durch das Gehölz, und wie ein Schatten flog sie über den Garten.

Da stand mitten auf dem Rasen ein wundervoller Rosenstock, und als sie ihn sah, flog sie auf ihn zu und setzte sich auf einen Zweig.

»Gib mir eine rote Rose«, rief sie, »und ich will dir dafür mein süßestes Lied singen.«

Aber der Strauch schüttelte seinen Kopf. »Meine Rosen sind weiß«, antwortete er; »so weiß wie der Schaum des Meeres und weißer als der Schnee auf den Bergen. Aber geh zu meinem Bruder, der sich um die alte Sonnenuhr rankt, der gibt dir vielleicht, was du verlangst.«

So flog die Nachtigall hinüber zu dem Rosenstrauch bei der alten Sonnenuhr.

»Gib mir eine rote Rose«, rief sie, »und ich will dir dafür mein süßestes Lied singen.«

Aber der Strauch schüttelte seinen Kopf.

»Meine Rosen sind gelb«, antwortete er; »so gelb wie das Haar der Meerjungfrau, die auf einem Bernsteinthrone sitzt, und gelber als die gelbe Narzisse, die auf der Wiese blüht, bevor der Mäher mit seiner Sense kommt. Aber geh zu meinem Bruder, der unter des Studenten Fenster blüht, und vielleicht gibt der dir, was du verlangst.«

So flog die Nachtigall zum Rosenstrauch unter des Studenten Fenster. »Gib mir eine rote Rose«, rief sie, »und ich will dir dafür mein süßestes Lied singen.«

Aber der Rosenstrauch schüttelte den Kopf. »Meine Rosen sind rot«, antwortete er, »so rot wie die Füße der Taube und röter als die Korallenfächer, die in der Meergrotte fächeln. Aber der Winter machte meine Adern erstarren, der Frost hat meine Knospen zerbissen und der Sturm meine Zweige gebrochen, und so habe ich keine Rosen dies ganze Jahr.«

»Nur eine einzige rote Rose brauch ich«, rief die Nachtigall, »nur eine rote Rose! Gibt es denn nichts, daß ich eine rote Rose bekomme?«

»Ein Mittel gibt es«, antwortete der Baum, »aber es ist so schrecklich, daß ich mir es dir nicht zu sagen traue.«

»Sag es mir«, sprach die Nachtigall, »ich fürchte mich nicht.«

»Wenn du eine rote Rose haben willst«, sagte der Baum,

»dann mußt du sie beim Mondlicht aus Liedern machen und sie färben mit deinem eigenen Herzblut. Du mußt für mich singen und deine Brust an einen Dorn pressen. Die ganze Nacht mußt du singen, und der Dorn muß dein Herz durchbohren, und dein Lebensblut muß in meine Adern fließen und mein werden.«

»Der Tod ist ein hoher Preis für eine rote Rose«, sagte die Nachtigall, »und das Leben ist allen sehr teuer. Es ist lustig, im grünen Wald zu sitzen und die Sonne in ihrem goldenen Wagen zu sehen und den Mond in seinem Perlenwagen. Süß ist der Duft des Weißdorns, und süß sind die Glockenblumen im Tale und das Heidekraut auf den Hügeln. Aber die Liebe ist besser als das Leben, und was ist ein Vogelherz gegen ein Menschenherz?« So breitete sie ihre braunen Flügel und flog auf. Wie ein Schatten schwebte sie über den Garten, und wie ein Schatten huschte sie durch das Gehölz.

Da lag noch der junge Student im Rasen, wie sie ihn verlassen hatte, und die Tränen seiner schönen Augen waren noch nicht getrocknet. »Freu dich«, rief die Nachtigall, »freu dich; du sollst deine rote Rose haben. Ich will sie beim Mondlicht bilden aus Liedern und färben mit meinem eignen Herzblut. Alles, was ich von dir dafür verlange, ist, daß du deiner Liebe treu bleiben sollst, denn die Liebe ist weiser als die Philosophie, wenn die auch weise ist, und mächtiger als Macht, wenn die auch mächtig ist. Flammenfarben sind ihre Flügel, und flammenfarben ist ihr Leib. Ihre Lippen sind süß wie Honig, und ihr Atem ist wie Weihrauch.«

Der Student blickte aus dem Grase auf und horchte, aber er konnte nicht verstehen, was die Nachtigall zu ihm sprach, denn er verstand nur die Bücher. Aber der Eichbaum verstand und ward traurig, denn er liebte die kleine Nachtigall sehr, die ihr Nest in seinen Zweigen gebaut hatte.

»Sing mir noch ein letztes Lied«, flüsterte er; »ich werd mich sehr einsam fühlen, wenn du fort bist.« Und die Nachtigall sang für den Eichbaum, und ihre Stimme war wie Wasser, das aus einem silbernen Kruge rinnt.

Als sie ihr Lied geendet hatte, stand der Student auf und nahm ein Notizbuch und einen Bleistift aus der Tasche.

»Sie hat Form«, sagte er zu sich, als er aus dem Gehölz schritt, »– sie hat ein Formtalent, das kann ihr nicht abgesprochen werden; aber ob sie auch Gefühl hat? Ich fürchte, nein. Sie wird wohl sein wie die meisten Künstler: alles nur Stil und keine echte Innerlichkeit. Sie würde sich kaum für andere opfern. Sie denkt vor allem an die Musik, und man weiß ja, wie egoistisch die Künste sind. Aber zugeben muß man, sie hat einige schöne Töne in ihrer Stimme. Schade, daß sie gar keinen Sinn haben, nichts ausdrücken und ohne praktischen Wert sind.« Und er ging auf sein Zimmer und legte sich auf sein schmales Feldbett und fing an, an seine Liebe zu denken; bald war er eingeschlafen.

Und als der Mond in den Himmel schien, flog die Nachtigall zu dem Rosenstrauch und preßte ihre Brust gegen den Dorn. Die ganze Nacht sang sie, die Brust gegen den Dorn gepreßt, und der kalte kristallne Mond neigte sich herab und lauschte. Die ganze Nacht sang sie, und der Dorn drang tiefer und tiefer in ihre Brust, und ihr Lebensblut sickerte weg von ihr.

Zuerst sang sie von dem Werden der Liebe in dem Herzen eines Knaben und eines Mädchens. Und an der Spitze des Rosenstrauchs erblühte eine herrliche Rose, Blatt reihte sich an Blatt wie Lied auf Lied. Erst war sie bleich wie der Nebel, der über dem Fluß hängt, bleich wie die Füße des Morgens und silbern wie die Flügel des Dämmers. Wie das Schattenbild einer Rose in einem Silberspiegel, wie das Schattenbild einer Rose im Teiche, so war die Rose, die aufblühte an der Spitze des Rosenstocks. Der aber rief der

Nachtigall zu, daß sie sich fester noch gegen den Dorn presse. »Drück fester, kleine Nachtigall«, rief er, »sonst bricht der Tag an, bevor die Rose vollendet ist.« Und so drückte die Nachtigall sich fester gegen den Dorn, und lauter und lauter wurde ihr Lied, denn sie sang nun von dem Erwachen der Leidenschaft in der Seele von Mann und Weib.

Und ein zartes Rot kam auf die Blätter der Rose, wie das Erröten auf das Antlitz des Bräutigams, wenn er die Lippen seiner Braut küßt. Aber der Dorn hatte ihr Herz noch nicht getroffen, und so blieb das Herz der Rose weiß, denn bloß einer Nachtigall Herzblut kann das Herz einer Rose färben. Und der Baum rief der Nachtigall zu, daß sie sich fester noch gegen den Dorn drücke. »Drücke fester, kleine Nachtigall«, rief er, »sonst ist es Tag, bevor die Rose vollendet ist.«

Und so drückte die Nachtigall sich fester gegen den Dorn, und der Dorn berührte ihr Herz, und ein heftiger Schmerz durchzuckte sie. Bitter, bitter war der Schmerz, und wilder, wilder wurde das Lied, denn sie sang nun von der Liebe, die der Tod verklärt, von der Liebe, die auch im Grabe nicht stirbt. Und die wundervolle Rose färbte sich rot wie die Rose des östlichen Himmels. Rot war der Gürtel ihrer Blätter, und rot wie ein Rubin war ihr Herz. Aber die Stimme der Nachtigall wurde schwächer, und ihre kleinen Flügel begannen zu flattern, und ein leichter Schleier kam über ihre Augen. Schwächer und schwächer wurde ihr Lied, und sie fühlte etwas in der Kehle.

Dann schluchzte sie noch einmal auf in letzten Tönen. Der weiße Mond hörte es und vergaß unterzugehen und verweilte am Himmel. Die rote Rose hörte es und zitterte ganz vor Wonne und öffnete ihre Blätter dem kühlen Morgenwind. Das Echo trug es in seine Purpurhöhle in den Bergen und weckte die schlafenden Schläfer aus ihren Träumen. Es schwebte über das Schilf am Fluß, und der trug die Botschaft dem Meere zu. »Sieh, sieh!« rief der Rosenstrauch, »nun ist die Rose fertig«; aber die Nachtigall gab keine Antwort; denn sie lag tot im hohen Gras, mit dem Dorn im Herzen.

Um Mittag öffnete der Student sein Fenster und blickte hinaus. »Was für ein Wunder und Glück!« rief er; »da ist eine rote Rose! Nie in meinem Leben habe ich eine solche Rose gesehen. Sie ist so schön, ich bin sicher, sie hat einen langen lateinischen Namen«; und er lehnte sich hinaus und pflückte sie. Dann setzte er seinen Hut auf und lief dem Professor ins Haus, mit der Rose in der Hand.

Des Professors Tochter saß in der Einfahrt und wand blaue Seide auf eine Spule, und ihr Hündchen lag ihr zu Füßen.

»Ihr sagtet, Ihr würdet mit mir tanzen, wenn ich Euch eine rote Rose brächte«, sagt der Student. »Hier ist die röteste Rose der Welt. Tragt sie heut abend an Eurem Herzen, und wenn wir zusammen tanzen, wird sie Euch erzählen, wie ich Euch liebe.«

Aber das Mädchen verzog den Mund. »Ich fürchte, sie paßt nicht zu meinem Kleid«, sprach sie; »und dann hat mir auch der Neffe des Kammerherrn echte Juwelen geschickt, und das weiß doch jeder, daß Juwelen mehr wert sind als Blumen.«

»Wahrhaftig, Ihr seid sehr undankbar«, rief der Student gereizt; und er warf die Rose auf die Straße, wo sie in die Gosse fiel, und ein Wagenrad ging darüber. »Undankbar?« sagte das Mädchen. »Ich will Euch was sagen, Ihr seid sehr ungezogen; und dann – wer seid Ihr eigentlich? Ein Student, nichts weiter. Ich glaube, Ihr habt nicht einmal Silberschnallen an den Schuhen, wie des Kammerherrn Neffe.« Und sie stand auf und ging ins Haus.

»Wie dumm ist doch die Liebe«, sagte sich der Student,

als er fortging. »Sie ist nicht halb so nützlich wie die Logik, denn sie beweist gar nichts und spricht einem immer von Dingen, die nicht geschehen werden, und läßt einen Dinge glauben, die nicht wahr sind. Sie ist wirklich etwas ganz Unpraktisches, und da in unserer Zeit das Praktische alles ist, so gehe ich wieder zur Philosophie und studiere Metaphysik.« So ging er wieder auf sein Zimmer und holte ein großes staubiges Buch hervor und begann zu lesen.

Der eigensüchtige Riese

An jedem Nachmittag, wenn die Kinder aus der Schule kamen, gingen sie in den Garten des Riesen und spielten da.

Es war ein großer hübscher Garten mit weichem grünem Gras. Hier und da auf dem Rasen standen schöne Blumen wie Sterne, und da waren auch zwölf Pfirsichbäume, die im Frühling zartrosa und perlweiß blühten und im Herbst reiche Frucht trugen. Die Vögel saßen auf den Bäumen und sangen so süß, daß die Kinder immer wieder in ihren Spielen innehielten, um zu lauschen.

»Wie glücklich wir hier doch sind!« riefen sie einander zu.

Eines Tages kam der Riese nach Haus. Er war auf Besuch bei seinem Freund, dem gehörnten Menschenfresser, gewesen und sieben Jahre bei ihm geblieben. Als die sieben Jahre um waren, war alles gesagt, was er ihm zu sagen hatte, denn sein Gesprächsstoff war sehr beschränkt, und so beschloß er, auf sein eigenes Schloß zurückzukehren. Als er nach Hause kam, sah er die Kinder in seinem Garten spielen. »Was tut ihr hier?« rief er sehr mürrisch, und die Kinder liefen weg. »Mein Garten, das ist mein Garten«, sagte der Riese, »das sieht jeder ein, und ich erlaube niemandem sonst, darin zu spielen als mir selber.« Also baute er eine mächtige Mauer ringsum und stellte eine Warntafel auf:

> UNBEFUGTES BETRETEN DIESES GRUNDSTÜCKS
> IST BEI STRAFE VERBOTEN!

Es war ein sehr eigensüchtiger Riese.

Die armen Kinder hatten jetzt nichts mehr, wo sie spielen konnten. Sie versuchten's auf der Landstraße, aber die Landstraße war sehr staubig und steinig, und sie mochten sie nicht leiden. So gingen sie also, wenn die Schule aus war, um die große Mauer herum und sprachen von dem schönen Garten dahinter. »Wie glücklich waren wir da«, sagten sie zueinander. Dann kam der Frühling, und über der ganzen Gegend waren kleine Blüten und kleine Vögel. Bloß in dem Garten des eigensüchtigen Riesen blieb es Winter. Die Vögel machten sich nichts daraus, darin zu singen, weil keine Kinder da waren, und die Bäume vergaßen zu blühen. Einmal steckte eine schöne Blume ihr Köpfchen aus dem Gras hervor, aber als sie die Warntafel sah, war sie so betrübt um die Kinder, daß sie wieder in den Boden hineinschlüpfte und weiterschlief. Die einzigen Leute, die sich freuten, waren der Schnee und der Frost. »Der Frühling hat diesen Garten vergessen«, riefen sie, »so wollen wir hier das ganze Jahr hindurch leben.« Der Schnee deckte das Gras mit seinem großen weißen Mantel, und der Frost bemalte alle Bäume silberweiß. Dann luden sie den Nordwind ein, bei ihnen zu wohnen, und er kam. Er war in Pelze ganz eingehüllt und brüllte den ganzen Tag durch den Garten und blies die Schornsteine herunter. »Das ist ein ganz herrlicher Platz«, sagte er, »wir müssen den Hagel auf eine Visite bitten.« Und so kam der Hagel. Jeden Tag prasselte er drei Stunden lang auf das Schloßdach herunter, bis er fast alle Schieferplatten zerbrochen hatte, und dann lief er rund um den Garten, so schnell er nur konnte. Er war ganz grau angezogen, und sein Atem war wie Eis.

»Ich versteh nicht, warum der Frühling so spät kommt«, sagte der eigensüchtige Riese, als er am Fenster saß und auf seinen kalten weißen Garten hinuntersah. »Ich hoffe, das Wetter ändert sich bald.« Aber der Frühling kam nie und auch nicht der Sommer. Der Herbst gab jedem Garten goldene Früchte, aber dem Garten des Riesen gab er keine. »Er ist zu eigensüchtig«, sagte der Herbst. So war es da immer Winter, und der Nordwind und der Hagel und der Frost und der Schnee tanzten um die Bäume.

Eines Morgens lag der Riese wach im Bette, als er eine liebliche Musik vernahm. Es klang so süß an seine Ohren, daß er dachte, die Musikanten des Königs zögen vorüber. Aber es war bloß ein kleiner Hänfling, der von seinem Fenster sang, nur hatte er so lange keinen Vogel mehr in seinem Garten singen hören, daß es ihm wie die schönste Musik der Welt vorkam. Da hörte der Hagel auf, über seinem Kopf zu tanzen, und der Nordwind zu blasen, und ein köstlicher Duft kam zu ihm durch den geöffneten Fensterflügel. »Ich glaube, der Frühling ist endlich gekommen«, sagte der Riese; und er sprang aus dem Bett und schaute hinaus.

Und was sah er?

Er sah was ganz Wunderbares. Durch ein kleines Loch in der Mauer waren die Kinder hereingekrochen und saßen in den Zweigen der Bäume. In jedem Baum, den er sehen konnte, saß ein kleines Kind. Und die Bäume waren so froh, die Kinder wieder bei sich zu haben, daß sie sich ganz mit Blüten bedeckt hatten und ihre Arme anmutig über den Köpfen der Kinder bewegten. Die Vögel flogen umher und zwitscherten vor Entzücken, und die Blumen guckten aus dem grünen Gras hervor und lachten. Es war entzückend anzusehen, und nur in einem Winkel war es noch Winter, und dort stand ein kleiner Junge. Er war so klein, daß er nicht an die Äste hinaufreichen konnte, und er lief immer um den Baum herum und weinte bitterlich. Der arme Baum war noch ganz bedeckt mit Frost und Schnee und der Nordwind blies und heulte über ihm. »Klettere herauf, kleiner Junge«, sagte der Baum und senkte seine Äste so tief er konnte, aber der Junge war zu klein.

Da wurde des Riesen Herz weich, als er das sah. »Wie eigensüchtig ich doch war!« sagte er; »jetzt weiß ich, weshalb der Frühling nicht hierherkommen wollte. Ich will dem armen kleinen Jungen auf den Baumwipfel helfen, und dann will ich die Mauer umwerfen, und mein Garten soll für alle Zeit der Spielplatz der Kinder sein.« Er war wirklich sehr betrübt über das, was er getan hatte.

So schlich er hinunter und öffnete ganz leise das Tor und trat in den Garten. Aber als die Kinder ihn sahen, erschraken sie so, daß sie alle wegliefen, und im Garten wurde es wieder Winter. Bloß der kleine Junge lief nicht weg, denn seine Augen waren so voll Tränen, daß er den Riesen nicht kommen sah. Und der Riese kam leise hinter ihm heran, nahm ihn zärtlich auf seine Hand und setzte ihn hinauf in den Baum. Und sogleich fing der Baum zu blühen an, und die Vögel kamen und sangen in ihm, und der kleine Junge breitete seine Ärmchen aus, schlang sie um den Hals des Riesen und küßte ihn auf den Mund. Und wie die anderen Kinder sahen, daß der Riese nicht mehr böse war, kamen sie schnell zurückgelaufen, und mit ihnen kam auch der Frühling. »Der Garten gehört jetzt euch, Kinderlein«, sagte der Riese, und er nahm eine große Axt und hieb die Mauer um. Und als die Leute um zwölf Uhr zum Markt gingen, sahen sie den Riesen mit den Kindern spielen, in dem schönsten Garten, den sie je geschaut hatten.

Den ganzen Tag spielten sie, und am Abend kamen sie zum Riesen und wünschten ihm eine gute Nacht.

»Aber wo ist denn euer kleiner Kamerad?« fragte er, »der Junge, dem ich auf den Baum geholfen habe?« Der Riese liebte ihn am meisten, weil er ihn geküßt hatte.

»Wir wissen's nicht«, antworteten die Kinder, »er ist fortgegangen.«

»Ihr müßt ihm sagen, er soll sicher morgen wiederkommen«, sagte der Riese. Aber die Kinder antworteten, sie wüßten nicht, wo er wohne, und sie hätten ihn zuvor nie gesehen; da wurde der Riese sehr traurig.

Jeden Nachmittag nach Schluß der Schule kamen die Kinder und spielten mit dem Riesen. Aber der kleine Knabe, den der Riese so liebte, ließ sich nie mehr sehen. Der Riese war sehr gut mit den Kindern, aber er sehnte sich nach seinem kleinen Freunde und sprach oft von ihm. »Wie gern möcht' ich ihn wiedersehn!« sagte er immer und immer.

Jahre vergingen, und der Riese wurde sehr alt und schwach. Er konnte nicht mehr unten mit den Kindern spielen, und so saß er in seinem mächtigen Armstuhl und sah ihnen zu und freute sich an seinem Garten. »Ich habe viele schöne Blumen«, sagte er; »aber die allerschönsten Blumen von allen sind die Kinder.«

An einem Wintermorgen sah er beim Ankleiden aus seinem Fenster. Jetzt haßte er den Winter nicht mehr, denn er wußte, daß der Frühling nur schlief und die Blumen sich ausruhten.

Plötzlich rieb er sich verwundert die Augen und sah und sah. Es war wirklich ein wundersamer Anblick. Im fernsten Winkel des Gartens war ein Baum ganz bedeckt mit lieblichen weißen Blüten. Seine Äste waren lauter Gold, und silberne Früchte hingen an ihnen, und darunter stand der kleine Knabe, den er so geliebt hatte.

Hocherfreut eilte der Riese die Treppe hinunter und in den Garten. Er lief über den Rasen auf das Kind zu. Und als er ihm ganz nahe gekommen war, wurde sein Gesicht rot vor Zorn und er sagte: »Wer hat es gewagt, dich zu verwunden?« Denn an den Handflächen des Kindes waren Male von zwei Nägeln, und Male von zwei Nägeln waren an den kleinen Füßen.

»Wer hat es gewagt, dich zu verwunden?« rief der Riese; »sag es mir, damit ich mein großes Schwert nehme und ihn erschlage.«

»Ach nein«, antwortete das Kind; »dies sind die Wunden der Liebe.«

»Wer bist du?« sagte der Riese, und eine seltsame Scheu überkam ihn, und er kniete nieder vor dem kleinen Kinde.

Und das Kind lächelte den Riesen an und sprach zu ihm: »Du ließest mich einst in deinem Garten spielen, heute sollst du mit mir kommen in meinen Garten, in das Paradies.«

Und als die Kinder an diesem Nachmittag hereinstürmten, da fanden sie den Riesen tot unter dem Baume liegen und ganz bedeckt mit weißen Blüten.

Der ergebene Freund

Eines Morgens steckte der alte Wasserratz den Kopf aus seinem Loch heraus. Er hatte kleine, runde glänzende Augen und einen steifen grauen Schnurrbart, und sein Schwanz war ein langes Stück schwarzer Kautschuk. Die kleinen Enten schwammen auf dem Weiher herum und sahen genau aus wie eine Schar gelber Kanarienvögel; ihre Mutter, die schön weiß war und wirkliche rote Beine hatte, versuchte, ihnen das Kopfstehen im Wasser beizubringen.

»Ihr werdet nie in der besten Gesellschaft verkehren, wenn ihr nicht auf dem Kopf stehen könnt«, wiederholte sie ihnen immer wieder und zeigte ihnen immer wieder, wie sie es machen sollten. Aber die kleinen Enten schenkten ihr gar keine Aufmerksamkeit. Sie waren so jung, daß sie gar nicht wußten, von welchem Vorteil es ist, in der besten Gesellschaft zu verkehren.

»Was für unfolgsame Kinder!« rief der alte Wasserratz; »sie verdienten wahrhaftig, daß man sie ersöffe.«

»Durchaus nicht«, sagte die Entenmama, »aller Anfang ist schwer, und Eltern können nie zu geduldig sein.«

»Ah was!« sagte der Wasserratz, »ich kenne keine elterlichen Gefühle und bin kein Familienmensch. Ich war niemals verheiratet und denke auch gar nicht daran. Die Liebe, das mag ja in seiner Art ganz schön sein, aber die Freundschaft steht doch viel höher. Ich wüßte wahrhaftig nichts Edleres oder Selteneres in der Welt als eine treue Freundschaft.«

»Und was, ich bitte Sie, ist denn Ihre Idee von einer treuen Freundschaft?« fragte ein Grünspecht, der nahebei in einer Weide saß und die Unterhaltung gehört hatte.

»Das möchte ich auch wissen«, sagte die Ente, schwamm an das andere Ende des Weihers und stand da kopf, um ihren Kindern ein gutes Beispiel zu geben.

»Dumme Frage!« rief der Wasserratz. »Ein treuer Freund, der muß mir eben einfach treu sein.«

»Und was würden Sie ihm dafür bieten?« sagte der kleine Vogel, indem er sich auf ein silbriges Ästchen schwang und mit den Flügeln wippte.

»Ich versteh' Sie nicht«, antwortete der Wasserratz.

»Ich will Ihnen eine Geschichte darüber erzählen«, sagte der Grünspecht.

»Handelt die Geschichte von mir?« fragte der Wasserratz. »Wenn sie von mir handelt, will ich zuhören, denn ich liebe Romane sehr.«

»Sie läßt sich auf Sie anwenden«, sagte der Grünspecht; und er flog herunter, ließ sich am Ufer nieder und erzählte die ›Geschichte vom ergebenen Freund‹.

»Es war einmal ein braver kleiner Kerl namens Hans.«

»War was Besonderes an ihm?« fragte der Wasserratz.

»Nein«, sagte der Grünspecht, »ich glaube nicht, daß irgendwas Besonderes an ihm war außer sein gutes Herz und sein lustiges rundes Gesicht. Er lebte ganz allein in einem kleinen Häuschen und arbeitete jeden Tag in seinem Garten. In der ganzen Gegend war kein Garten so schön wie der seine. Büschelnelken wuchsen da und Levkojen und Teschelkraut und Hahnenfuß. Da gab es gelbe und Damaszener Rosen, Krokus und purpurne und weiße Veilchen. Kalumbinen und Schaumkraut, Majoran und Basilien, Primeln und Lilien, Narzissen und Gewürznelken blühten und dufteten, wie die Monate kamen und eine Blume der andern Platz nahm, so daß es immer was Schönes zu sehen und was Angenehmes zu riechen gab.

Der kleine Hans hatte eine große Menge Freunde; aber der treueste von allen war der große Müller-Hugo. Ja, so ergeben war der reiche Müller dem kleinen Hans, daß er nie an dessen Garten vorüberging, ohne sich über den Zaun zu lehnen und sich einen großen Strauß oder eine Handvoll süßer Kräuter zu pflücken oder sich die Taschen mit Pflaumen oder Kirschen zu füllen, wenn Obstzeit war.

›Wahre Freunde sollen alles gemeinsam haben‹, pflegte der Müller zu sagen, und Klein Hans nickte dazu und lächelte und war sehr stolz darauf, einen Freund mit so vornehmen Gedanken zu haben. Manchmal meinten die Nachbarn wohl, es sei seltsam, daß der reiche Müller dem kleinen Hans nicht auch einmal was schenke, obwohl er doch in seiner Mühle hundert Säcke Mehl aufgestapelt hätte und sechs Milchkühe im Stall und eine große Schafherde. Aber Hans zerbrach sich nie seinen Kopf über all das, und nichts machte ihm mehr Freude, als den wundervollen Aussprüchen zu lauschen, die der Müller über die Selbstlosigkeit der wahren Freundschaft tat.

So arbeitete der kleine Hans immerzu in seinem Garten. Im Frühling, im Sommer und im Herbst war er sehr glücklich, aber wenn der Winter kam und er weder Früchte noch Blumen auf den Markt zu bringen hatte, da litt er recht unter Kälte und Hunger, und er mußte oftmals zu Bett, ohne was anderes gegessen zu haben als ein paar getrocknete Birnen oder einige harte Nüsse. Im Winter war er auch sehr einsam, denn nie kam da der Müller zu ihm.

›Es hat gar keinen Sinn, daß ich den kleinen Hans besuche, solange der Schnee liegt‹, pflegte der Müller zu seiner Frau zu sagen; ›wenn Menschen Sorgen haben, muß man sie mit sich allein lassen und nicht mit Besuchen belästigen. Das ist wenigstens meine Ansicht von Freundschaft, und ich weiß, sie ist die rechte. Daher will ich lieber warten, bis es Frühling ist, und ihn dann aufsuchen. Dann kann er mir auch einen großen Korb voll Primeln schenken, und das wird ihn ganz glücklich machen.‹

›Du sorgst dich wirklich sehr um andere‹, sprach die Müllerin, während sie in ihrem bequemen Armstuhl am hellen Kaminfeuer saß; ›wirklich, du sorgst dich sehr viel. Es ist ein Genuß, dich über Freundschaft reden zu hören. Ich bin fest überzeugt, daß nicht einmal der Pfarrer so schöne Dinge darüber sagen kann wie du, obgleich er doch in einem dreistöckigen Haus wohnt und einen goldenen Ring am kleinen Finger trägt.‹

›Aber könnten wir nicht den kleinen Hans einmal zu uns heraufbitten?‹ fragte des Müllers Jüngster. ›Wenn der arme Hans in Not ist, will ich ihm die Hälfte von meiner Bohnensuppe geben und ihm meine weißen Kaninchen zeigen.‹

›Was für ein dummer Bub du bist!‹ rief der Müller; ›ich weiß wahrhaftig nicht, wozu ich dich in die Schule schicke. Du scheinst da gar nichts zu lernen. Siehst du nicht ein, daß der kleine Hans, wenn er da zu uns käme, unser warmes Feuer, unser Essen und den Krug mit Rotwein sähe, daß er dann leicht neidisch werden könnte? Und der Neid ist etwas sehr Böses und verdirbt den Charakter. Ich werde es nie erlauben, daß Hansens Charakter verdorben würde. Ich bin sein bester Freund und werde immer über ihn wachen und darauf sehen, daß er in keinerlei Versuchung geführt wird. Außerdem würde mich Hans, wenn er herkäme, vielleicht um einen Sack Mehl auf Borg bitten, und das könnte ich nicht tun. Mehl ist ein Ding und Freundschaft ein anderes, und man soll die beiden nicht durcheinanderbringen. Die Worte werden ganz verschieden buchstabiert und bedeuten auch etwas ganz Verschiedenes. Das sieht jeder ein.‹

›Wie schön du sprichst‹, sagte die Müllerin und schenkte sich ein großes Glas voll Warmbier ein; ›ich bin schon ganz schläfrig, es ist genauso, als wäre man in der Kirche.‹

›Leute, die gut handeln, gibt's eine Menge‹, antwortete

der Müller, ›aber nur ganz wenige sprechen gut, woraus erhellt, daß Sprecher von den beiden Dingen das weit schwierigere ist und auch das weit feinere.‹ Und dabei sah er streng über den Tisch auf seinen kleinen Sohn, der beschämt den Kopf hängen ließ, purpurrot wurde und in seinen Tee hinein zu weinen anhub. Aber er war ja noch so klein, und so darf man ihm das nicht übelnehmen.«

»Ist die Geschichte aus?« fragte der Wasserratz.

»Keine Spur«, antwortete der Grünspecht, »das ist der Anfang.« »Dann sind Sie sehr veraltet«, sagte der Wasserratz. »Jeder gute Romanschreiber fängt heutzutage mit dem Ende an, läßt dann den Anfang folgen und schließt mit der Mitte. Das ist die moderne Methode. Ich hörte alles darüber ganz genau neulich einmal von einem Kritiker, der mit einem jungen Mann um den Teich herumspazierte. Er sprach sehr ausführlich über den Gegenstand, und ich bin fest überzeugt, daß er in allem recht hatte, denn er hatte blaue Brillen und eine Glatze, und sooft der junge Mann eine Bemerkung machte, antwortete er immer nur ›bah!‹. Aber erzählen Sie bitte weiter. Ich liebe den Müller ungeheuer. Ich habe selbst alle möglichen schönen Gefühle, so daß eine starke Übereinstimmung zwischen uns besteht.«

»Also«, fuhr der Grünspecht fort und hüpfte ein paarmal von einem Bein aufs andere, »wie nun der Winter vorüber war und die Primeln ihre blassen gelben Sterne auftaten, da sagte der Müller zu seinem Weibe, daß er mal hinuntergehen und nach dem kleinen Hans sehen wolle.

›Was für ein gutes Herz du hast‹, rief die Frau, ›du denkst doch immer an die andern. Und vergiß nicht, den großen Korb mitzunehmen für die Blumen.‹

Also band der Müller die Flügel der Windmühle mit einer starken eisernen Kette fest und ging den Hügel hinunter mit dem Korb am Arm.

›Guten Morgen, kleiner Hans‹, sagte der Müller.

›Guten Morgen‹, sprach Hans, auf seinen Spaten gelehnt, und lachte über das ganze Gesicht.

›Und wie ging's den Winter durch?‹ fragte der Müller.

›Ach‹, rief Hans, ›das ist wirklich zu gütig von dir, mich danach zu fragen, zu gütig. Die Wahrheit zu sagen, hab' ich es ja ziemlich schwer gehabt, aber jetzt ist der Frühling gekommen, und ich bin ganz glücklich: alle meine Blumen gedeihen.‹

›Wie oft haben wir von dir gesprochen, Hans‹, sagte der Müller, ›und hätten gern gewußt, wie es dir ging.‹

›Das war lieb von euch‹, sagte Hans, ›ich fürchtete schon halb, ihr hättet mich vergessen.‹

›Was sagst du da, Hans‹, sprach der Müller, ›Freundschaft vergißt niemals. Das ist gerade das Schöne an ihr; aber ich fürchte, du hast kein Verständnis für die Poesie des Lebens. Deine Primeln sehen übrigens entzückend aus!‹

›Ja, sie sind wirklich hübsch‹, sagte Hans, ›und es ist ein Riesenglück für mich, daß ich so viele habe. Ich will sie nämlich auf den Markt bringen und der Bürgermeisterstochter verkaufen und mit dem Geld meinen Karren einlösen.‹

›Deinen Karren einlösen? Du hast ihn doch nicht etwa verkauft? Da wärest du doch wirklich zu dumm!‹

›Ja, weißt du‹, sagte Hans, ›ich war gezwungen dazu. Es ist mir im Winter so schlecht gegangen, daß ich tatsächlich keinen Pfennig für Brot hatte. So verkaufte ich also erst die Silberknöpfe von meinem Sonntagsrock und dann meine silberne Kette und dann meine lange Pfeife und schließlich meinen Karren. Aber jetzt kann ich mir das alles wieder zurückkaufen.‹

›Hans‹, sagte der Müller, ›ich will dir meinen Karren geben. Er ist zwar nicht mehr in sehr gutem Zustand, es fehlt ihm die eine Seite ganz, und dann ist auch an den Radspeichen etwas nicht in Ordnung, aber ich will ihn dir trotzdem geben. Ich weiß, es ist das sehr großmütig von mir, und eine Menge Leute werden mich für ganz verrückt halten, daß ich ihn verschenke, aber ich bin nicht wie die andern. Meiner Ansicht nach ist die Großmut die Quintessenz der Freundschaft, und außerdem hab' ich mir einen neuen Karren gekauft. Aber beruhige dich über die Sache und sei vergnügt – ich schenke dir meinen Karren.‹

›Das ist wirklich großmütig von dir‹, sagte Klein Hans, und sein drolliges rundes Gesicht strahlte vor Freude. ›Ich kann ihn ja leicht wieder in Ordnung bringen, denn ich habe eine große Holzplanke im Haus.‹

›Eine Holzplanke?‹ sagte der Müller; ›denk mal, die brauche ich gerade für mein Scheunendach. Das hat ein großes Loch, und das Getreide wird mir ganz naß, wenn ich es nicht zumache. Wie gut, daß du davon sprichst! Es ist doch seltsam, wie eine gute Tat immer eine andere zur Folge hat. Ich gebe dir meinen Karren und nun gibst du mir deine Holzplanke. Natürlich ist der Karren mehr wert als die Planke, aber wahre Freundschaft beachtet so was nicht. Bitte hol mir das Brett gleich, denn ich will gleich heute noch die Arbeit an der Scheune machen lassen.‹

›Natürlich‹, rief der kleine Hans, und er rannte in den Schuppen und schleppte das Brett heraus.

›Es ist ja kein sehr großes Brett‹, sagte der Müller, indem er es beschaute, ›und ich fürchte, es wird dir zur Reparatur des Karrens nicht viel übrigbleiben, wenn mein Scheunendach damit geflickt ist, aber das ist natürlich nicht meine Schuld. Und da ich dir nun meinen Karren geschenkt habe, wirst du mir auch sicher gern ein paar Blumen dafür geben wollen. Hier ist der Korb, und mach ihn recht voll.‹

›Ganz voll?‹ sagte der kleine Hans ein wenig bekümmert, denn es war wirklich ein sehr großer Korb, und er wußte, daß ihm keine Blumen mehr für den Markt bleiben würden, wenn er ihn ganz füllte, und er wollte doch so gern seine Silberknöpfe wiederhaben. ›Es ist doch wahrhaftig nicht zuviel‹, antwortete der Müller, ›daß ich dich um ein paar Blumen angehe, wo ich dir doch meinen Karren geschenkt habe. Vielleicht hab' ich unrecht, aber ich denke, daß wahre Freundschaft frei von jedem Eigennutz ist.‹

›Aber mein lieber Freund, mein bester Freund‹, rief Klein Hans, ›alle Blumen meines Gartens stehen dir zur Verfügung. Mir ist an deiner guten Meinung viel mehr gelegen als an meinen Silberknöpfen, das weißt du doch‹, und er lief und pflückte seine schöne Primeln und füllte des Müllers Korb damit.

›Adieu, kleiner Hans‹, sagte der Müller und stieg mit der Planke auf der Achsel und dem Korb in der Hand den Hügel hinauf.

›Adieu‹, sagte Klein Hans und begann lustig zu graben, denn er freute sich über den Karren.

Am nächsten Tag rankte er gerade Geißblatt über die Tür, als er den Müller hörte, der ihn von der Landstraße aus rief. Gleich sprang er von der Leiter und schaute über den Zaun. Da stand der Müller mit einem großen Sack Mehl auf dem Rücken.

›Lieber kleiner Hans‹, sagte er, ›würdest du wohl so gut sein, mir diesen Sack Mehl auf den Markt zu tragen?‹

›Es tut mir so leid‹, sagte der kleine Hans, ›aber ich habe heut wirklich viel zu tun. Ich muß alle meine Schlingpflanzen aufbinden und alle meine Blumen noch gießen und den Rasen walzen.‹

›Na weißt du‹, sagte der Müller, ›in Anbetracht dessen, daß ich dir meinen Karren schenken will, ist es etwas unfreundlich von dir, daß du mir das abschlägst.‹

›Sag doch das nicht‹, rief Klein Hans, ›ich möchte nicht um die Welt unfreundlich sein‹, und er rannte nach seiner Mütze und schleppte sich mit dem schweren Sack auf den Schultern davon. Es war ein sehr heißer Tag, und die Landstraße war schrecklich staubig; und bevor Hans den sechsten Meilenstein erreichte, war er schon so müde, daß er sich hinsetzen und ausruhen mußte. Aber gleich schritt er wieder tapfer vorwärts und erreichte endlich den Markt. Nachdem er da längere Zeit gewartet hatte, verkaufte er den Sack Mehl für einen guten Preis und ging dann schnurstracks heim, denn er fürchtete Räuber, falls er zu spät in die Nacht hineinkäme.

›Das war schon ein schwerer Tag heute‹, sagte er zu sich selber, als er sich schlafen legte, ›aber ich bin froh, daß ich dem Müller die Bitte nicht abgeschlagen habe, denn er ist mein bester Freund, und dann gibt er mir ja auch seinen Karren.‹

Am nächsten Morgen in aller Frühe kam der Müller um sein Geld für sein Mehl. Aber der kleine Hans war so müde, daß er noch im Bett lag.

›Du bist doch ein Faulpelz‹, sagte der Müller. ›Dafür, daß ich dir meinen Karren geben will, könntest du, meine ich, schon etwas fleißiger arbeiten. Faulheit ist eine große Sünde, und ich kann es nicht ausstehen, wenn meine Freunde faul und träg sind. Du darfst mir meine Offenheit nicht etwa übelnehmen, und es würde mir nicht im Traum einfallen, so zu sprechen, wenn ich nicht dein Freund wäre. Aber was hätte die Freundschaft für einen Zweck, wenn man einander nicht aufrichtig die Meinung sagen könnte? Liebenswürdigkeiten und Schmeicheleien kann jeder sagen, aber ein wahrer Freund sagt stets unangenehme Dinge und kümmert sich nicht darum, ob er dem andern damit weh tut. Und wenn er ein wirklich wahrer Freund ist, dann tut er gern weh, weil er weiß, daß er damit Gutes tut.‹

›Ach verzeih‹, sagte der kleine Hans, indem er sich die Augen rieb und die Nachtmütze abnahm, ›aber ich war so müde, daß ich mir dachte, bleibst noch ein Weilchen im

Bett und hörst die Vögel singen. Weißt du, daß ich immer besser arbeite, wenn ich die Vögel hab' singen hören?‹

›Das freut mich‹, sagte der Müller und schlug Klein Hans auf den Rücken, ›denn ich möchte, daß du gleich, wenn du fertig angezogen bist, hinauf zur Mühle kommst und mir das Scheunendach ausbesserst.‹

Dem armen kleinen Hans lag viel daran, in seinem Garten zu arbeiten, denn seine Blumen hatten zwei Tage lang kein Wasser bekommen, und doch mochte er dem Müller seine Bitte nicht abschlagen, da er ein so guter Freund von ihm war.

›Würdest du es für unfreundschaftlich von mir halten, wenn ich sagte, daß ich zu tun habe?‹ fragte er ganz schüchtern.

›Na weißt du‹, sagte der Müller, ›ich denke, es ist doch wohl nicht zuviel verlangt dafür, daß ich dir meinen Karren schenken will; aber natürlich, wenn du nicht willst, dann geh ich und mach es selber.‹

›Das unter keinen Umständen‹, rief Klein Hans und sprang aus dem Bett, zog sich an und ging mit dem Müller.

Dort arbeitete er den ganzen Tag bis Sonnenuntergang, und bei Sonnenuntergang kam der Müller nachsehen.

›Hast du das Loch im Dach schon ausgebessert, kleiner Hans?‹ rief er süß.

›Es ist fertig‹, antwortete Klein Hans und stieg die Leiter herunter.

›Ach!‹ sagte der Müller, ›keine Arbeit ist doch so erhebend wie die, die man für andere tut.‹

›Es ist wirklich ein großer Vorzug, dir zuhören zu dürfen, wie du sprichst‹, antwortete der kleine Hans, ›wirklich ein großes Privilegium. Ich fürchte nur, ich werde niemals so schöne Gedanken haben wie du.‹

›Wird schon kommen‹, sagte der Müller, ›du mußt dir

nur mehr Mühe geben. Jetzt kennst du nur die praktische Seite der Freundschaft, aber du wirst schon auch ihre theoretische kennenlernen.‹

›Meinst du wirklich?‹ fragte Klein Hans.

›Ohne Zweifel‹, antwortete der Müller, ›aber nun du das Dach ausgebessert hast, gehst du wohl besser heim und ruhst dich aus, denn ich möchte, daß du morgen meine Schafe auf den Berg treibst.‹

Der arme kleine Hans wagte darauf kein Wort zu erwidern, und am nächsten Morgen brachte in aller Frühe der Müller seine Schafe, und Hans machte sich mit ihnen nach dem Berge auf. Er brauchte den ganzen Tag für den Hin- und Rückweg und war so müde, als er heimkam, daß er auf seinem Stuhle einschlief und erst wieder aufwachte, als es hellichter Tag war.

›Wie schön wird's heut in meinem Garten sein‹, sagte er und ging gleich an die Arbeit.

Aber er kam nie dazu, nach seinen Blumen zu sehen, denn immerfort kam sein Freund, der Müller, zu ihm, schickte ihn auf weitläufige Besorgungen oder brauchte ihn in seiner Mühle. Klein Hans war zuzeiten ganz bekümmert darüber und fürchtete, seine Blumen könnten glauben, er habe sie ganz vergessen; aber dann tröstete er sich wieder damit, daß der Müller doch sein bester Freund sei und daß er ihm ja auch einen Karren geben wolle.

So arbeitete der kleine Hans für den Müller, und der sagte ihm alles mögliche Schöne über die Freundschaft, was Hans alles in ein Notizbuch aufschrieb und des Nachts durchlas, denn er war ein sehr gelehriger Schüler.

Eines Abends saß der kleine Hans beim Ofen, als laut an die Tür geklopft wurde. Es war eine sehr stürmische Nacht, und der Wind pfiff und tobte um das Haus, daß Hans erst glaubte, es sei der Sturm. Aber da tönte ein zweites Klopfen und ein drittes lauter als das erstemal.

›Es ist irgendein armer Wandersmann‹, sagte Klein Hans und lief an die Tür.

Da stand der Müller mit einer Laterne in der einen und einem großen Stock in der andern Hand.

›Lieber kleiner Hans‹, rief der Müller, ›ich bin in großer Verlegenheit. Mein kleiner Junge ist von der Leiter gefallen und hat sich verletzt, und ich muß den Arzt holen. Aber der wohnt so weit weg, und es ist eine so schlimme Nacht, daß ich auf den Gedanken kam, es sei eigentlich besser, wenn du statt meiner gingest. Du weißt, ich schenke dir meinen Karren, und da ist es ja eigentlich nur in Ordnung, daß du mir mal einen Gegendienst erweisest.‹

›Selbstverständlich‹, rief Klein Hans, ›ich rechne es mir als eine Ehre an, daß du dich an mich wendest, und ich mach mich sofort auf den Weg. Aber du mußt mir deine Laterne leihen, ich fürchte, ich falle sonst in einen Graben.‹

›Es tut mir so leid‹, antwortete der Müller, ›aber es ist meine neue Laterne, und es wäre ein großer Schaden für mich, wenn etwas daran entzweiginge.‹

›Macht nichts, dann geh ich halt ohne Laterne‹, sagte Klein Hans, griff nach Pelzrock und Wollmütze und ging.

Es war ein schrecklicher Sturm, und die Nacht war so schwarz, daß der kleine Hans kaum die Hand vor den Augen sehen konnte, und der Wind blies so stark, daß er sich kaum auf den Füßen zu halten vermochte. Aber er schritt tapfer vorwärts, und nach drei Stunden kam er an des Doktors Haus und klopfte an die Tür.

›Wer ist da?‹ rief der Arzt und streckte den Kopf zum Schlafzimmerfenster heraus.

›Klein Hans, Doktor.‹

›Und was willst du?‹

›Dem Müller sein Kleiner ist von der Leiter gefallen und hat sich was getan, und der Müller läßt Sie bitten, Sie möchten gleich kommen.‹ ›Schön‹, sagte der Arzt, und er ließ anspannen und sich die hohen Stiefel und seine Laterne bringen und kam herunter und fuhr nach der Mühle, während Klein Hans hinter ihm herlief.

Aber der Sturm wurde immer schlimmer, und der Regen fiel in Strömen, und Klein Hans konnte nicht mehr sehen, wo er ging, und nicht mehr mit dem Gaul Schritt halten. Endlich kam er ganz vom Weg ab und geriet ins Moor, das sehr gefährlich war, da es tiefe Löcher hatte, und Klein Hans sank ein und ertrank. Am andern Tage fanden Ziegenhirten seine Leiche auf dem Wasser schwimmen und brachten sie in das Gärtnerhäuschen.

Die ganze Gegend ging mit bei Klein Hans' Begräbnis, denn jedermann hatte ihn gekannt, und der Müller war der Hauptleidtragende. ›Da ich sein bester Freund war‹, sagte der Müller, ›ist es nur in der Ordnung, daß ich den besten Platz bekomme‹, und so ging er in dem Trauergefolge als erster in einem langen schwarzen Rock und wischte sich immerfort die Augen mit einem großen Taschentuch. ›Klein Hans haben sicher alle verloren‹, sagte der Schmied, als das Begräbnis vorbei war und alle bei Wein und Kuchen im Wirtshaus beisammensaßen.

›Für mich ist es jedenfalls ein schwerer Verlust‹, sagte der Müller, ›ich hatte ihm meinen Karren schon so gut wie geschenkt, und jetzt weiß ich nicht, was ich damit anfangen soll. Er ist mir zu Hause sehr im Wege und in einem Zustand, daß ich nichts dafür bekomme, wenn ich ihn verkaufe. Ich will mich jedenfalls hüten, jemals wieder etwas herzuschenken. Man hat unter seiner Großmut immer zu leiden.‹«

»Nun, und?« sagte der Wasserratz nach einer langen Pause.

»Nun, das ist der Schluß«, sagte der Grünspecht.

»Und was ist denn aus dem Müller geworden?« fragte

der Wasserratz. »Das weiß ich wirklich nicht«, antwortete der Vogel, »und es ist mir auch ganz gleich.«

»Dann ist es mir auch ganz klar, daß Sie nicht das geringste Mitgefühl in Ihrem Charakter haben«, sagte der Wasserratz.

»Ich fürchte, Sie verstehen die Moral der Geschichte nicht ganz«, bemerkte der Grünspecht.

»Die was?« schrie der Wasserratz.

»Die Moral.«

»Wollen Sie damit sagen, daß die Geschichte eine Moral hat?«

»Natürlich«, sagte der Grünspecht.

»Das hätten Sie mir«, sagte der Wasserratz wütend, »vorher sagen sollen. Hätten Sie mir das zu Anfang gesagt, so hätte ich gar nicht zugehört; ich würde ›bah!‹ gesagt haben wie die Kritiker, was ich übrigens auch jetzt noch sagen kann.«

So rief er also in den höchsten Tönen »bah!«, gab seinem Schwanz einen Schupser und verschwand in seinem Loch.

»Mögen Sie den Wasserratz leiden?« fragte die Ente, die ein paar Minuten darauf angepaddelt kam. »Er hat ja sicher eine Menge gute Eigenschaften, aber was mich betrifft – ich habe ein Muttergefühl und kann nie einen überzeugten Junggesellen sehen, ohne daß mir Tränen in die Augen kommen.«

»Ich fürchte fast, ich habe ihn gelangweilt«, antwortete der Grünspecht. »Ich habe ihm nämlich eine Geschichte mit einer Moral erzählt.«

»Ach, das ist immer eine sehr gewagte Sache«, sagte die Ente. Und ich bin ganz ihrer Meinung.

Die bedeutende Rakete

Des Königssohnes Hochzeit stand bevor, und darob war allgemeine Freude. Er hatte ein ganzes Jahr auf seine Braut gewartet, und endlich war sie gekommen. Sie war eine russische Prinzessin, und ein Schlitten, von sechs Rentieren gezogen, hatte sie von Finnland hergebracht. Der Schlitten war geformt wie ein großer goldener Schwan, und zwischen des Schwanes Flügeln ruhte die kleine Prinzessin. Ihr langer Hermelinmantel reichte ihr bis an die Füße, auf dem Kopf trug sie eine winzige Kappe aus silbernem Gewebe, und sie war so bleich wie der Schneepalast, in dem sie immer gewohnt hatte. So bleich war sie, daß alles Volk sich darob verwunderte, als die durch die Straßen fuhr. »Wie eine weiße Rose ist sie!« rief man und warf von den Balkonen Blumen auf sie herab.

Am Schloßtor ward sie vom Prinzen empfangen. Er hatte verträumte Veilchenaugen, und sein Haar war wie feines Gold. Als er sie erblickte, sank er aufs Knie und küßte ihre Hand. »Euer Bildnis war schön«, sagte er leise, »aber Ihr seid noch schöner als Euer Bildnis.« Und die kleine Prinzessin errötete. »Sie war wie eine weiße Rose«, sagte ein junger Page zu einem andern, »nun ist sie wie eine rote Rose«, und der ganze Hof war entzückt.

Während der nächsten drei Tage sagte ein jeder: »Weiße Rose, rote Rose, rote Rose, weiße Rose«, und der König befahl, daß des Pagen Gehalt verdoppelt würde. Da er nun überhaupt kein Gehalt bekam, nützte ihm das nicht viel, aber es galt für eine große Ehre und wurde vorschriftsmäßig in der Hofgazette bekanntgemacht.

Als die drei Tage um waren, wurde die Hochzeit gefeiert. Es war eine großartige Sache, und Braut und Bräutigam schritten Hand in Hand unter einem purpursamtnen, mit kleinen Perlen bestickten Baldachin. Dann gab es eine Staatstafel, die fünf Stunden dauerte. Der Prinz und die Prinzessin saßen obenan in der großen Halle und tranken aus einem kristallnen Pokal. Nur treu Liebende konnten aus diesem Pokal trinken, denn wie ihn falsche Lippen berühren, wird er trüb und wolkig.

»Daß sie einander lieben«, sagte der kleine Page, »das ist so klar wie Kristall!« Und der König verdoppelte sein Gehalt zum zweiten Male, und »welche Ehre!« rief der ganze Hof.

Nach dem Bankett sollte ein Ball stattfinden, und das Brautpaar sollte den Rosentanz tanzen, und der König hatte versprochen, die Flöte zu spielen. Er spielte sehr schlecht, aber niemand hatte je gewagt, ihm das zu sagen, weil er der König war. Er konnte bloß drei Melodien und wußte nie genau, welche davon er spielte; aber das machte weiter nichts, denn was immer er auch tat, es rief stets jeder: »Herrlich! Entzückend!«

Die letzte Nummer auf dem Programm war ein großes Feuerwerk, das Punkt Mitternacht abgebrannt werden sollte. Die kleine Prinzessin hatte noch nie in ihrem Leben ein Feuerwerk gesehen, und so hatte der König Befehl gegeben, daß der königliche Pyrotechniker am Hochzeitstag zugegen sein sollte.

»Was ist das, ein Feuerwerk?« hatte sie den Prinzen gefragt, als sie eines Morgens auf der Terrasse spazierengingen.

»Es ist so wie das Nordlicht«, sagte der König, der immer Antwort auf Fragen gab, die an andere gestellt waren, »nur viel natürlicher. Mir ist es lieber als die Sterne, weil man immer ganz genau weiß, wann es losgeht, und es ist so schön wie mein Flötenspiel. Du mußt das unbedingt sehen.«

So war also ganz unten im königlichen Garten ein Stand aufgeschlagen worden, und sobald der königliche Pyrotechniker alles an seinen richtigen Platz gebracht hatte, begann das Feuerwerk untereinander sich zu unterhalten.

»Die Welt ist doch wahrhaftig zu schön«, rief ein kleiner Schwärmer. »Sieh nur mal diese gelben Tulpen. Wenn sie echte Knaller wären, könnten sie nicht schöner sein. Ich bin doch sehr froh, daß ich gereist bin. Reisen bildet den Geist und räumt gründlich mit allen Vorurteilen auf.«

»Des Königs Garten ist nicht die Welt, du verrückter Schwärmer!« sagte eine große römische Kerze. »Die Welt ist ein riesengroßer Platz, und du würdest drei Tage brauchen, um sie ganz zu sehen.« »Jeder Platz, den man liebt, ist für einen die Welt«, meinte ein nachdenkliches Feuerrad, das seit seiner Kindheit an einer alten Spanschachtel befestigt war und sich mit seinem gebrochenen Herzen brüstete. »Aber die Liebe ist nicht mehr Mode, und die Dichter haben sie getötet. Sie schrieben so viel über sie, daß ihnen niemand mehr glaubte, was mich nicht wundert. Denn wahre Liebe leidet und schweigt. Ich erinnere mich, wie ich selbst einmal –. Aber darum kümmert sich jetzt niemand – die Romantik gehört der Vergangenheit an.«

»Unsinn!« sagte die römische Kerze, »die Romantik stirbt nie. Die ist wie der Mond und lebt ewig. Die Braut und der Bräutigam zum Beispiel lieben einander sehr. Ich hörte alles über sie heut morgen von einer braunen Kartätsche, die zufällig in demselben Schubfach lag wie ich und die letzten Hofneuigkeiten wußte.«

Aber das Feuerrad schüttelte den Kopf. »Die Romantik ist tot, die Romantik ist tot, die Romantik ist tot«, sagte es leise. Das Rad gehörte zu den Leuten, die glauben, daß, wenn sie dieselbe Sache mehrmals sagen, sie am Ende wahr wird.

Plötzlich hörte man ein scharfes trockenes Husten, und alles schaute sich um.

Es kam von einer großen, hochmütig aussehenden Rakete, die an das Ende eines langen Stockes gebunden war. Sie hustete jedesmal, bevor sie eine Bemerkung machte, um so die Aufmerksamkeit zu erregen.

»Ehem! Ehem!« sagte sie, und alles horchte, mit Ausnahme des Feuerrades, das noch immer den Kopf schüttelte und leise dabei blieb: »Die Romantik ist tot.«

»Ruhe! Ruhe!« schrie ein Schwärmer. Er war so etwas wie ein Politiker und hatte bei den Wahlen immer eine große Rolle gespielt, und daher kannte er die richtigen parlamentarischen Ausdrücke.

»Ganz tot«, flüsterte das Feuerrad und schlief ein. Sobald vollkommene Stille herrschte, hustete die Rakete zum drittenmal und begann. Sie sprach langsam und deutlich, als ob sie ihre Memoiren diktierte, und blickte die, zu denen sie sprach, immer über die Schulter an. Sie hatte tatsächlich höchst vornehme Manieren.

»Wie glücklich trifft es sich für den Königssohn«, bemerkte sie, »daß er gerade an dem Tag Hochzeit macht, an dem ich losgelassen werden soll. Selbst wenn es vorher so arrangiert worden wäre, hätte es sich für ihn nicht besser treffen können; aber Prinzen haben eben immer Glück.«

»Mein Gott«, sagte der kleine Schwärmer, »ich dachte, es wäre gerade umgekehrt und wir würden zu Ehren des Prinzen losgelassen.«

»Das mag ja mit Ihnen so der Fall sein«, antwortete sie, »und es ist zweifelsohne der Fall, aber mit mir ist es doch etwas anders. Ich bin eine sehr besondere Rakete und stamme von ganz besonderen Eltern ab. Meine Mutter war das gefeierteste Feuerrad ihrer Zeit und berühmt für ihr graziöses Tanzen. Als sie öffentlich auftrat, drehte sie sich neunzehnmal, bevor sie ausging, und bei jeder Drehung warf sie sieben rosafarbene Sterne in die Luft. Sie hatte drei und einen halben Fuß im Durchmesser und war aus bestem Schießpulver. Mein Vater war eine Rakete wie ich und von französischer Abkunft. Er flog so hoch, daß man fürchtete, er würde nie mehr wieder herunterkommen. Er kam aber doch, denn er war eine liebenswürdige Natur, und machte einen glänzenden Absturz in einem Schauer von goldnem Regen. Die Zeitungen schrieben über seine Leistung in den schmeichelhaftesten Ausdrücken. Die Hofgazette nannte ihn einen Triumph der Pylotechnik.« – »Pyrotechnik meinst du, Pyrotechnik«, sagte ein bengalisches Licht.

»Ich weiß, es heißt Pyrotechnik, denn so sah ich es auf meiner eigenen Büchse geschrieben.«

»Also ich sage Pylotechnik«, antwortete die Rakete in strengem Tone, und das bengalische Licht fühlte sich davon so zermalmt, daß es sofort die kleinen Schwärmer einzuschüchtern begann, um zu zeigen, daß es noch immer eine Person von einiger Bedeutung wäre.

»Ich sagte«, fuhr die Rakete fort, »ich sagte – ja, was sagte ich doch?«

»Du sprachst von dir«, antwortete die römische Kerze.

»Natürlich; ich wußte doch, daß ich von einem interessanten Gegenstand sprach, als ich unmanierlich unterbrochen wurde. Ich hasse Roheit und alle schlechten Manieren, denn ich leide darunter. Ich weiß, auf der ganzen Welt gibt es kein sensitiveres Geschöpf, als ich bin.«

»Was ist denn das: ein sensitives Geschöpf?« fragte ein Schwärmer das römische Licht.

»Ein Geschöpf, das anderen immer auf die Füße tritt, weil es selber Hühneraugen hat«, antwortete die römische Kerze im Flüsterton; und der Schwärmer wollte platzen vor Lachen.

»Bitte, worüber lachen Sie denn?« forschte die Rakete; »ich lache doch nicht.«

»Ich lache, weil ich glücklich bin«, sagte der Schwärmer.

»Das ist ein sehr egoistischer Grund«, sagte die Rakete geärgert. »Was für ein Recht haben Sie, glücklich zu sein? Sie sollten an andere denken. Sie sollten an mich denken. Ich denke immer an mich und erwarte von allen anderen, daß sie das gleiche tun. Das ist das, was man Sympathie nennt. Es ist eine schöne Tugend, und ich besitze sie in hohem Grade. Nehmen wir zum Beispiel an, mir passierte heute nacht etwas – was für Unglück wäre das, für einen jeden! Der Prinz und die Prinzessin würden niemals wieder glücklich sein können, ihr ganzes eheliches Leben wäre zerstört, und der König würde nicht darüber wegkommen, das weiß ich. Wahrhaftig, sooft ich über die Bedeutung meiner Stellung nachzudenken beginne, bin ich gerührt bis zu Tränen.«

»Wenn du andern Vergnügen machen willst«, rief die römische Kerze, »ist's besser, du hältst dich trocken.«

»Dazu rät doch der gewöhnliche Verstand«, meinte das bengalische Licht, das in bessere Laune kam.

»Der gewöhnliche Verstand, allerdings«, entrüstete sich die Rakete, »aber Sie vergessen, daß ich sehr ungewöhnlich und besonders bin. Gewöhnlichen Verstand kann jeder haben, vorausgesetzt, er hat keine Phantasie. Aber ich habe Phantasie, denn ich denke an die Dinge nie, wie sie wirklich sind; ich denke mir sie immer ganz verschieden und anders. Und was das Trockenhalten betrifft, so ist hier offenbar kein einziger, der überhaupt eine empfindsame Natur zu schätzen weiß. Glücklicherweise mache ich mir nichts daraus. Das einzige, was einem durch das Leben hilft, ist das Bewußtsein von der ungeheuren Inferiorität alles andern, und das ist ein Gefühl, das ich immer kultiviert habe. Herz hat von euch ja niemand. Ihr lacht hier und treibt Possen, gerade so als ob der Prinz und die Prinzessin nicht Hochzeit machten.«

»Ja, aber weshalb denn nicht?« rief eine kleine Feuerkugel aus, »weshalb denn nicht? Die Hochzeit ist doch eine höchst freudige Gelegenheit, und wenn ich in die Luft hinaufschwebe, habe ich mir vorgenommen, den Sternen alles darüber zu berichten. Du wirst sie zwinkern sehen, wenn ich ihnen von der hübschen Braut erzähle.«

»Was für eine triviale Lebensauffassung du hast!« sagte die Rakete.

»Aber ich habe von dir nichts anderes erwartet. Es steckt nichts in dir; du bist hohl und leer. Vielleicht wohnen der Prinz und die Prinzessin einmal in einem Lande, wo ein tiefer Fluß ist, und vielleicht haben sie auch einen einzigen Sohn, einen kleinen blondlockigen Knaben mit Veilchenaugen wie der Prinz selber; der geht vielleicht eines Tages mit seiner Amme aus, und die Amme schläft unter einem großen Fliederbaum ein; und dann fällt der Knabe vielleicht in den Fluß und ertrinkt. Was für ein schreckliches Unglück! Arme Menschen, die ihr einziges Kind so verlieren! Es ist zu traurig! Ich werde es niemals verwinden!«

»Aber sie haben ja gar nicht ihr einziges Kind verloren!« sagte die römische Kerze. »Es ist ihnen gar kein Unglück passiert.«

»Das habe ich auch gar nicht behauptet«, antwortete die Rakete, »ich sagte nur, es könnte passieren. Wenn sie ihren einzigen Sohn wirklich verloren hätten, dann hätte es gar keinen Zweck mehr, davon zu sprechen. Ich hasse Menschen, die wegen verschütteter Milch ein Geschrei machen. Aber wenn ich denke, daß sie ihren einzigen Sohn verlieren könnten, so affiziert mich das sehr.«

»Dich natürlich«, rief das bengalische Feuer, »du bist aber auch das affektierteste Geschöpf, das mir je vorgekommen ist.«

»Und du bist das brutalste Geschöpf, dem ich je begegnet bin«, sagte die Rakete, »und du kannst meine Freundschaft für den Prinzen selbstverständlich nicht begreifen.«

»Du kennst ihn ja gar nicht«, knurrte die römische Kerze.

»Ich habe nie behauptet, daß ich ihn kenne«, antwortete die Rakete. »Ich behaupte sogar, daß ich sicher sein Freund nicht wäre, wenn ich ihn kennen würde. Es ist eine sehr gefährliche Sache, seine Freunde zu kennen.«

»Gib lieber darauf acht, dich trocken zu halten«, sagte die Leuchtkugel, »das ist die Hauptsache.«

»Für dich wohl, davon bin ich überzeugt«, bemerkte die Rakete, »aber ich weine, wenn es mir beliebt.« Und jetzt brach sie tatsächlich in wirkliche Tränen aus, die den Stab herunterliefen wie Regentropfen, so daß zwei kleine Käfer beinahe darin ertrunken wären, die gerade daran dachten, sich ein eigenes Heim zu gründen und sich nach einer trockenen Stelle dafür umsahen. »Sie muß wirklich sehr romantisch veranlagt sein«, sagte das Feuerrad, »denn sie weint, wo gar nichts zu weinen ist«, und es stieß einen tiefen Seufzer aus und dachte an seine Spanschachtel. Aber die römische Kerze und das bengalische Feuer waren sehr indigniert und riefen ganz laut »Schwindel! Schwindel!« Sie waren außerordentlich praktisch gesinnt, und wenn ihnen etwas nicht paßte, nannten sie es immer gleich Schwindel. Da ging der Mond auf wie ein wundervoller silberner Schild, und die Sterne begannen zu leuchten, und Musik tönte vom Palast her. Der Prinz und die Prinzessin führten den Tanz. Sie tanzten so schön, daß die hohen weißen Lilien durch das Fenster hinein zuschauten, und die großen roten Klatschrosen wiegten die Köpfe und schlugen den Takt.

Dann tönte die Uhr zehn und dann elf und dann zwölf, und mit dem letzten Schlag Mitternacht kamen sie alle heraus auf die Terrasse, und der König schickte nach dem Hofpyrotechniker.

»Das Feuerwerk soll beginnen«, sagte der König, und der Hofpyrotechniker machte eine tiefe Verbeugung und begab sich hinüber an das Ende des Parkes. Er hatte sechs Gehilfen bei sich, und jeder von ihnen trug an einer langen Stange eine brennende Fackel. Es war ein herrliches Schauspiel.

»Uitz! Uitz!« machte das Feuerrad, als es sich immer rundum drehte. »Bum! Bum!« dröhnte die römische Kerze. Dann tanzten die Schwärmer über den ganzen Platz, und das bengalische Feuer machte alles scharlachrot. »Lebt wohl!« rief die Feuerkugel, als sie fortschwirrte und kleine blaue Funken niederschickte. »Krak! Krak!« antworteten die Feuerfrösche, die sich herrlich amüsierten. So hatte jedes einen großen Erfolg mit Ausnahme der bedeutenden Rakete. Sie war vom Weinen so feucht geworden, daß sie überhaupt nicht auffliegen konnte. Denn das Beste an ihr war das Schießpulver, und das war von den Tränen so naß, daß es versagte. Alle ihre armseligen Verwandten, zu denen sie nie anders als mit einem höhnischen Lächeln sprach, stiegen zum Himmel auf wie wundervolle goldene Blumen mit feurigen Blüten. »Hurra! Hurra!« rief der Hof, und die kleine Prinzessin lachte laut auf vor Vergnügen.

»Ich vermute, sie heben mich für eine ganz besonders große Gelegenheit auf«, sagte die Rakete, »ja, ja, so ist es«, und sie sah hochmütiger aus als je.

Am nächsten Morgen kamen die Arbeitsleute, um alles wieder in Ordnung zu bringen. »Das ist sicher eine Deputation, ich will sie mit gebührender Würde empfangen«, sagte die Rakete und steckte die Nase hoch in die Luft und runzelte streng die Stirn, als ob sie über etwas sehr Wichtiges nachdächte. Aber die Leute nahmen gar keine Notiz von ihr. Erst als sie weggehen wollten, erblickte sie einer. »Da ist noch eine schlechte Rakete«, rief er und warf sie über die Mauer in den Graben.

»Schlechte Rakete? Schlechte Rakete?« sagte sie, als sie durch die Luft wirbelte. »Unmöglich? Schöne Rakete hat der Mann natürlich gesagt. Schön und schlecht, das klingt so ähnlich und ist oft dasselbe«, und sie fiel in den Schlamm.

»Behaglich ist es ja hier nicht«, bemerkte sie, »aber es wird wohl irgendein fashionabler Badeort sein, und sie haben mich hergeschickt, damit sich meine angegriffene Gesundheit kräftigt. Meine Nerven sind ohne Zweifel etwas irritiert, und ich brauche Ruhe.«

Da schwamm ein kleiner Frosch mit glänzenden gelben Augen und in einem grün gesprenkelten Rock auf sie zu.

»Ein neuer Gott wohl!« sagte der Frosch. »Es geht ja auch wahrhaftig nichts über den Schlamm. Sehen Sie, hab ich nur regnerisches Wetter und einen Graben, so bin ich vollkommen glücklich. Glauben Sie, daß es heut nachmittag regnen wird? Ich möchte es sehr wünschen, aber der Himmel ist ganz blau, und kein Wölkchen ist darauf. Wie schade!«

»Ehem! Ehem!« sagte die Rakete und begann zu husten.

»Was Sie für eine schöne Stimme haben!« rief der Frosch. »Sie klingt genau wie von einer Krähe, und die ist für mich die schönste Musik der Welt. Sie sollten heut abend unsern Gesangverein hören. Wir haben unsern Sitz in dem alten Entenpfuhl neben dem Pächterhaus, und sobald der Mond aufgeht, fangen wir an. Es ist so hinreißend, daß die Menschen wach im Bett liegen, um uns zuzuhören. Erst gestern hörte ich, wie die Pächterfrau zu ihrer Mutter sagte, daß sie unseretwegen die ganze Nacht kein Auge zutun könnte. Es freut einen doch sehr, wenn man so beliebt ist.«

»Ehem! Ehem!« sagte die Rakete geärgert. Sie ärgerte sich schrecklich, daß sie kein Wort dazwischenreden konnte.

»Eine köstliche Stimme«, fuhr der Frosch fort. »Hoffentlich kommen Sie mal zum Entenpfuhl rüber. Jetzt muß ich mal nach meinen Töchtern sehen. Ich habe nämlich sechs schöne Töchter und fürchte, der Hecht möchte ihnen begegnen. Er ist ein vollendetes Ungeheuer und würde sich keinen Augenblick bedenken, sie zum Frühstück zu verspeisen. Also, auf Wiedersehen! Ich kann Ihnen die Versicherung geben, daß mich unsere Unterhaltung sehr erfreut hat.«

»Eine nette Unterhaltung das«, sagte die Rakete. »Sie haben die ganze Zeit allein gesprochen. Das nenne ich keine Unterhaltung.« »Einer muß zuhören«, antwortete der Frosch, »und ich übernehme das Sprechen gern. Das spart Zeit und läßt keinen Streit aufkommen.« »Aber ich mag Streit gern«, sagte die Rakete.

»Hoffentlich nicht«, sagte der Frosch höflich. »Streit ist etwas ganz Ordinäres, denn in der guten Gesellschaft haben alle dieselbe Meinung. Also nochmals: auf Wiedersehen – da drüben sind meine Töchter«, und der kleine Frosch schwamm fort.

»Sie sind eine aufdringliche Person«, sagte die Rakete, »und ohne jede Erziehung. Ich hasse Leute, die wie Sie immer von sich selbst reden, wenn man wie ich von sich reden will. Das nenne ich Egoismus, und Egoismus ist etwas ganz Abscheuliches, besonders für jemand von meinem Temperament, denn ich bin wegen meines sympathischen Naturells allgemein beliebt. Sie sollten sich wirklich an mir ein Beispiel nehmen, Sie könnten gar kein besseres Vorbild finden. Und jetzt, wo sich die Gelegenheit bietet, sollten Sie sie nutzen, denn ich gehe sehr bald wieder zurück zu Hof, wo ich sehr beliebt bin. Mir zu Ehren wurden gestern der Prinz und die Prinzessin verheiratet. Natürlich wissen Sie von alledem nichts, denn Sie sind vom Lande.«

»Es hat keinen Zweck, ihm was zu erzählen«, sagte eine Libelle, die auf einer großen braunen Binse saß, »gar keinen Zweck, denn er ist schon weg.«

»Das ist sein Schade, nicht der meine«, erwiderte die Rakete. »Ich denke nicht daran, bloß deshalb mit ihm zu sprechen aufzuhören, weil er nicht zuhört. Ich höre mich selbst sehr gern sprechen. Es ist mein größtes Vergnügen. Ich führe oft lange Unterhaltungen mit mir selber, und ich bin so gescheit, daß ich manchmal nicht ein Wort von alledem verstehe, was ich sage.«

»Dann sollten Sie Vorlesungen über Philosophie halten«, sagte die Libelle; und sie breitete ein paar entzükkende Gazeflügel aus und schwirrte davon.

»Wie töricht von ihr, daß sie nicht hierblieb«, sagte die Rakete. »Ich bin überzeugt, sie findet nicht oft eine solche Gelegenheit, etwas für ihre Bildung zu tun. Aber mir ist das schließlich gleichgültig. Ein Genie wie ich findet früher oder später seine Anerkennung«; und sie sank noch ein bißchen tiefer in den Schlamm.

Nach einer Weile kam eine große weiße Ente angeschwommen. Sie hatte gelbe Beine und Schwimmhäute an den Füßen und galt für eine große Schönheit wegen ihres Watschelns.

»Quak, quak, quak«, sagte sie, »was für ein komisches Gestell du bist! Darf ich fragen, ob du schon so auf die Welt gekommen bist oder ob das die Folge eines Unfalls ist?«

»Es ist klar, daß Sie immer nur auf dem Lande gelebt haben«, bemerkte die Rakete, »sonst würden Sie wissen, wer ich bin. Übrigens verzeihe ich Ihnen Ihre Unwissenheit. Es wäre unbillig, von andern Leuten zu verlangen, daß sie so ungewöhnlich und außerordentlich sind, wie man selber ist. Es wird Sie zweifellos überraschen zu hören, daß ich zum Himmel fliegen und in einem Schauer von goldnem Regen wieder auf die Erde herunterkommen kann.«

»Davon halte ich nicht so viel«, sagte die Ente, »denn ich seh nicht ein, wozu das gut sein soll. Ja, wenn du Felder pflügen könntest wie der Ochse oder einen Wagen ziehen wie das Pferd oder die Schafe hüten wie der Schäferhund, das wäre noch was.«

»Ach Sie Ärmste!« rief die Rakete sehr überlegen, »ich sehe, daß Sie zum untern Stand gehören. Jemand von meinem Rang ist nie nützlich. Wir haben eine gewisse Bildung, und das ist mehr als genügend. Ich habe keinerlei Sympathie für irgendwelche Tätigkeit, am allerwenigsten für eine, die Sie da zu empfehlen scheinen. Ich bin immer der Meinung gewesen, daß zur Arbeit nur jene Leute ihre Zuflucht nehmen, die gar nichts zu tun haben.«

»Jaja«, sagte die Ente, die sehr friedselig war und nie mit irgend jemandem Streit anfing, »jaja, der Geschmack ist verschieden. Aber ich hoffe doch, daß Sie sich hier dauernd niederlassen, nicht?«

»Fällt mir nicht ein!« rief die Rakete. »Ich bin nur zu Besuch hier, ein vornehmer Besuch. Und finde den Ort höchst langweilig. Hier ist weder Gesellschaft noch Einsamkeit. Es ist wie in einer Vorstadt. Wahrscheinlich geh ich wieder zu Hof zurück, denn ich weiß, ich bin dazu bestimmt, Aufsehen in der Welt zu erregen.«

»Ich hatte mich auch einst mit dem Gedanken beschäftigt, ins öffentliche Leben zu treten«, bemerkte die Ente, »es gibt da so vieles, was reformbedürftig ist. Ich habe auch wirklich einmal den Vorsitz in einer Versammlung geführt, und wir faßten Resolutionen, die alles verurteilten, was wir nicht leiden mochten. Aber es scheint, daß sie nicht viel erreicht haben. Jetzt geh ich ganz in der Häuslichkeit auf und kümmere mich nur noch um meine Familie.«

»Ich bin für das öffentliche Leben geschaffen«, sagte die Rakete, »ich und alle meine Verwandten bis zu den geringsten von ihnen. Wann immer wir erscheinen, erregen wir

Aufsehen. Ich bin selbst noch nicht öffentlich aufgetreten, aber wenn es dazu kommt, wird es ein ganz herrlicher Anblick sein. Was die Häuslichkeit angeht, macht einen die früh alt und lenkt einen von den höheren Dingen ab.«

»Ach ja, die höheren Dinge des Lebens, die sind schön!« sagte die Ente; »und das erinnert mich daran, wie hungrig ich bin.« Sie schwamm den Bach hinunter und machte »quak, quak, quak.«

»Komm doch zurück! Komm zurück!« schrie die Rakete, »ich hab dir noch eine ganze Menge zu sagen«; aber die Ente kümmerte sich gar nicht mehr um sie.

»Ich bin froh, daß sie fort ist«, sagte sich die Rakete, »sie hat entschieden was Kleinbürgerliches«, und sie sank noch ein bißchen tiefer in den Schlamm und begann über die Einsamkeit des Genies nachzudenken, als auf einmal zwei kleine Jungen in weißen Kitteln den Graben entlanggelaufen kamen, mit einem Kessel und einem Reisigbündel.

»Das muß die Deputation sein«, sagte die Rakete und versuchte, sehr würdig dreinzuschauen.

»Holla!« rief einer der Buben, »schau mal da den alten Stecken! Wie der wohl dahergekommen ist«, und er holte die Rakete aus dem Schlamm heraus.

»Alter Stecken?« sagte die Rakete, »Unsinn! Er sagte natürlich gold'ner Stock, und das ist ein großes Kompliment. Er hält mich wahrscheinlich für einen Hofwürdenträger.«

»Wir wollen ihn ins Feuer legen«, sagte der andere Junge, »dann kocht unser Topf schneller.«

Also richteten sie das Reisig, legten die Rakete oben drauf und zündeten ein Feuer an.

»Das ist herrlich!« rief die Rakete, »sie lassen mich bei hellem Tageslicht aufsteigen, damit mich jeder sehen kann.«

»Jetzt wollen wir ein wenig schlafen«, sagten die Jungen,

»und wenn wir aufwachen, wird das Wasser kochen.« Und sie legten sich ins Gras und schlossen die Augen.

Die Rakete war sehr feucht, und es brauchte eine lange Weile, bis sie Feuer fing. Endlich kam sie doch ins Brennen.

»Jetzt steig ich auf«, rief die Rakete und machte sich ganz steif und gerade. »Ich weiß, daß ich viel höher steigen werde als die Sterne, viel höher als der Mond, viel höher als die Sonne. Ich werde so hoch steigen, daß –«

»Fizz! Fizz! Fizz!« und sie stieg kerzengerade in die Luft.

»Herrlich!« rief sie. »Und so geht's nun weiter in alle Ewigkeit. Was ein Sukzeß!«

Aber niemand sah sie. Da fühlte sie ein eigentümliches Prickeln im ganzen Leibe.

»Jetzt werde ich explodieren«, rief sie. »Ich werde die ganze Welt in Brand setzen und dabei einen solchen Lärm machen, daß ein ganzes Jahr lang kein Mensch von was anderem wird sprechen können.« Und sie explodierte wirklich. »Krach! Krach! Pffft!« machte das Schießpulver. Darüber gab's keinen Zweifel.

Aber niemand hörte sie, nicht einmal die zwei kleinen Jungen, denn die waren fest eingeschlafen.

»Um Gottes willen!« schrie die Gans auf, »es regnet Stöcke!«, und sie schoß ins Wasser.

»Ich wußte doch, ich würde ein riesiges Aufsehen machen«, hauchte die Rakete und ging aus.

Ein Granatapfelhaus

Übersetzt von Christine Hoeppener

Der junge König

Es war der Abend vor dem anberaumten Tag seiner Krönung, und der junge König saß allein in seinem schönen Gemach. All seine Höflinge hatten sich, nach dem zeremoniellen Brauch der Zeit die Köpfe bis zum Boden neigend, empfohlen und in den großen Saal des Palastes zurückgezogen, um von dem Oberhofzeremonienmeister ein paar letzte Vorschriften entgegenzunehmen, da es einige unter ihnen gab, die noch ganz natürliche Manieren hatten, und das ist, ich brauche es kaum zu erwähnen, bei einem Höfling ein sehr schweres Vergehen.

Der Knabe – denn er war noch ein Knabe mit seinen nur sechzehn Jahren – war nicht traurig über ihren Abgang und hatte sich mit einem tiefen Seufzer der Erleichterung auf die weichen Kissen seines bestickten Ruhelagers zurückgeworfen, wo er nun scheuen Blicks und offenen Mundes lag wie ein brauner Waldfaun oder ein junges, soeben von den Jägern gefangenes Tier des Waldes.

Und tatsächlich waren es die Jäger, die ihn gefunden hatten, die fast durch Zufall auf ihn gestoßen waren, als er, barbeinig und die Hirtenpfeife in der Hand, der Herde des armen Ziegenhirten folgte, der ihn aufgezogen und für dessen Sohn er sich stets gehalten hatte. Das Kind der einzigen Tochter des alten Königs aus heimlicher Ehe mit einem, der an Rang tief unter ihr stand – einem Fremden, sagten manche, der die junge Prinzessin durch den wunderbaren Zauber seines Flötenspiels dahin gebracht hatte, ihn zu lieben, während andere von einem Künstler aus Rimini sprachen, dem die Prinzessin viel, möglicherweise allzuviel Ehre erwiesen hatte und der plötzlich, ohne seine Arbeit in der Kathedrale vollendet zu haben, aus der Stadt verschwunden war –, hatte man ihn, erst eine Woche alt, heimlich von der Seite seiner schlafenden Mutter geraubt und einem gemeinen Bauern und seiner Frau in Obhut gegeben, die keine eigenen Kinder besaßen und in einem entlegenen Teil des Waldes, mehr als einen Tagesritt von der Stadt entfernt, lebten. Kummer oder die Pest, wie der Hofarzt erklärte, oder, wie manche flüsterten, ein schnell wirkendes italienisches Gift, in einem Becher Würzwein gereicht, tötete eine Stunde nach dem Erwachen das bleiche Mädchen, das ihn gebar, und als sich der verläßliche Bote, der das Kind über dem Sattelbogen trug, von seinem müden Pferd niederbeugte und bei der Hütte des Ziegenhirten an die rohe Tür klopfte, wurde der Leichnam der Prinzessin in ein offenes Grab gesenkt, das man auf einem verlassenen Friedhof jenseits der Stadttore geschaufelt hatte, ein Grab, in dem, wie es hieß, noch ein Leichnam lag, der eines jungen Mannes von wundersamer und fremdländischer Schönheit, dessen Hände mit einem geflochtenen Strick auf dem Rücken gebunden waren und dessen Brust durchbohrt war von vielen roten Wunden.

So lautete zumindest die Geschichte, die sich die Leute zuraunten. Gewiß war, daß der alte König, ob von Reue bewegt über seine große Sünde oder nur, weil er seinem Geschlecht das Königreich zu erhalten wünschte, auf seinem Totenbett nach dem Knaben geschickt und ihn im Beisein des Kronrats als seinen Erben anerkannt hatte.

Und es scheint, als habe er vom ersten Augenblick seiner Anerkennung an Zeichen jener sonderbaren Leidenschaft für Schönheit offenbart, die bestimmt war, einen so großen Einfluß auf sein Leben auszuüben. Die ihn zu der Zimmerflucht geleiteten, die seinem persönlichen Gebrauch vorbehalten war, sprachen oft von dem Freudenschrei, der von seinen Lippen brach, als er die erlesenen Gewänder und die kostbaren Juwelen erblickte, die für ihn bereitlagen, und von dem fast wilden Entzücken, mit dem er sein derbes, ledernes Unterkleid und seinen plumpen Schaffellmantel beiseite warf. Mitunter freilich vermißte er die schöne Freiheit seines Lebens im Walde, und stets war er geneigt, sich über die langweiligen Hofzeremonien zu ereifern, die soviel von jedem Tag in Anspruch nahmen; aber der wundervolle Palast – ›Joyeuse‹, wie er genannt wurde –, als dessen Herr er sich nun sah, erschien ihm wie eine neue, jüngst zu seiner Lust erschaffene Welt, und sobald er der Ratsversammlung oder dem Audienzzimmer entwischen konnte, lief er die breite Treppe mit ihren Löwen aus vergoldeter Bronze und ihren Stufen aus schimmerndem Porphyr hinab und wanderte von Zimmer zu Zimmer und von Gang zu Gang wie einer, der in Schönheit ein Mittel gegen Schmerz zu finden sucht, so etwas wie Genesung von Krankheit. Bei diesen Entdeckungsreisen, wie er sie zu nennen pflegte – und für ihn waren sie tatsächlich wahre Reisen durch ein Wunderland –, begleiteten ihn zuweilen die schlanken, blonden Hofpagen mit ihren wehenden Mänteln und lustig flatternden Bändern; doch häufiger ging er allein, weil er mit einem gewissen regen Instinkt, der fast einer Ahnung gleichkam, fühlte, daß man die Geheimnisse der Kunst am besten im geheimen lernt und daß Schönheit, wie Weisheit, die einsamen Anbeter liebt.

Viele sonderbare Geschichten wurden aus dieser Zeit über ihn erzählt. Es hieß, ein wackerer Bürgermeister, der gekommen war, um im Namen der Bürger seiner Stadt eine oratorisch blumige Ansprache an ihn zu richten, habe ihn in echter Anbetung vor einem großen Gemälde knien sehen, das gerade aus Venedig gebracht worden war und von der Verehrung einiger neuer Götter zu künden schien. Bei einer anderen Gelegenheit hatte man ihn mehrere Stunden vermißt und nach längerem Suchen in der kleinen Kammer eines der nach Norden gelegenen Palasttürmchen entdeckt, wo er wie ein Verzückter auf eine griechische Gemme starrte, in welche die Gestalt des Adonis geschnitten war. Man hatte ihn gesehen, so ging die Sage, wie er seine warmen Lippen auf die Marmorstirn einer antiken Statue drückte, die beim Bau der Steinbrücke im Flußbett gefunden wurde und den Namen des bithynischen Sklaven Hadrians eingeprägt trug. Eine volle Nacht hatte er verbracht, die Wirkung des Mondlichts auf eine silberne Bildsäule des Endymion zu beobachten.

Alle seltenen und kostbaren Werkstoffe übten unfehlbar einen großen Zauber auf ihn aus, und in seiner Begier, sie zu erlangen, hatte er viele Kaufleute ausgeschickt, manche, um bei dem rauhen Fischervolk der Nordmeere Bernstein einzuhandeln, manche nach Ägypten, daß sie nach dem seltsamen grünen Türkis fahndeten, der nur in Königsgräbern zu finden ist und von dem es heißt, er besitze magische Eigenschaften, manche nach Persien, um Seidenteppiche und bemaltes Tongeschirr, und andere nach Indien, Flor und gefärbtes Elfenbein zu kaufen, Mondsteine und Armbänder aus Jade, Sandelholz und blaue Emaillen und Schals aus feiner Wolle.

Doch was ihn am meisten beschäftigt hatte, war das Gewand, das er zu seiner Krönung tragen sollte, das Gewand aus gewebtem Gold, und die rubinbesetzte Krone und das Zepter mit seinen Reihen und Ringen aus Perlen.

Das war es, woran er an diesem Abend dachte, als er auf seinem verschwenderisch ausgestatteten Lager ruhte und auf das große Kiefernscheit blickte, das im Kamin verbrannte. Die Entwürfe, von der Hand der berühmtesten Künstler jener Zeit, waren ihm viele Monate zuvor unterbreitet worden, und er hatte Befehl gegeben, daß die Handwerker sich Tag und Nacht mühen sollten, sie auszuführen, und daß die ganze Welt durchsucht werde nach Juwelen, die ihrer Arbeit würdig wären. In Gedanken sah er sich in dem makellos schönen Gewand eines Königs vor dem Hochaltar der Kathedrale stehen, und ein Lächeln spielte um seine knabenhaften Lippen und verweilte dort und erhellte seine dunklen Waldaugen mit einem leuchtenden Glanz.

Nach einer Weile stand er auf, lehnte sich an den geschnitzten Kaminvorsprung und blickte sich in dem matt erhellten Gemach um. Die Wände waren mit kostbaren Wirktapeten behängt, die den Triumph der Schönheit darstellten. Ein großer mit Achat und Lapislazuli inkrustierter Schrank füllte eine Ecke aus, und dem Fenster gegenüber stand ein zierlich gearbeitetes Schränkchen mit vielen Schubladen, dessen lackierte Füllungen mit Goldstaub und Goldmosaik geschmückt waren und auf dem ein paar hauchzarte Trinkschalen aus venezianischem Glas und ein Kelch aus dunkelgeädertem Onyx standen. Blasse Mohnblüten waren auf die seidene Bettdecke gestickt, als wären sie den müden Händen des Schlafes entfallen, und hohe Rundstäbe aus geriffeltem Elfenbein trugen den samtenen Betthimmel, aus dem große Buschen Straußenfedern wie weißer Schaum zu dem bleichen Silber der Kassettendecke aufstiegen. Ein lachender Narcissus aus grüner Bronze hielt einen glänzenden Spiegel über seinem Kopf. Auf dem Tisch stand eine flache Schale aus Amethyst.

Draußen konnte er, wie eine Seifenblase über den düsteren Häusern schimmernd, die mächtige Kuppel der Kathedrale und die müden Wachen sehen, die auf der nebligen Terrasse am Fluß auf und nieder gingen. Weit fort, in einem Obstgarten, sang eine Nachtigall. Ein schwacher Duft von Jasmin drang durch das offene Fenster. Er strich sich die braunen Locken von der Stirn zurück, nahm eine Laute auf und ließ die Finger über ihre Saiten streifen.

Seine schweren Lider senkten sich, und eine sonderbare Trägheit überkam ihn. Nie zuvor hatte er so eindringlich oder mit so tiefer Freude den Zauber und das Geheimnis schöner Dinge gespürt.

Als es vom Turm Mitternacht schlug, griff er nach einer Glocke, und seine Pagen traten ein und kleideten ihn unter viel Zeremonien aus, gossen Regenwasser über seine Hände und streuten Blumen auf sein Kopfkissen. Wenige Augenblicke später hatten alle den Raum verlassen, und er schlief ein.

Und als er schlief, träumte er einen Traum, und dies war sein Traum:

Er glaubte in einer langen, niedrigen Dachstube zu stehen, im Schwirren und Klappern vieler Webstühle. Das spärliche Tageslicht schaute durch die vergitterten Fenster herein und zeigte ihm die über ihre Rahmen gebeugten Elendsgestalten der Weber. Blasse, krank aussehende Kinder kauerten auf den mächtigen Kreuzbalken. Wenn die Weberschiffchen durch die Kette fuhren, hoben sie die schwere Lade, und hielten die Schiffchen an, so ließen sie die Lade fallen und preßten die Fäden zusammen. Ihre Gesichter waren eingefallen vom Hungern, und ihre dünnen Hände zitterten. Ein paar abgehärmte Frauen saßen an einem Tisch und nähten. Ein abscheulicher Geruch erfüllte den Raum. Die Luft war verdorben und schwer, und von den Wänden tropften und rieselten die Ausdünstungen.

Der junge König ging zu einem der Weber und stellte sich neben ihn und sah ihm zu.

Und der Weber blickte ihn zornig an und sagte: »Warum siehst du mir zu? Bist zu ein Spion, den unser Herr auf uns gehetzt hat?«

»Wer ist dein Herr?« fragte der junge König.

»Unser Herr?« rief der Weber erbittert aus. »Er ist ein Mensch wie ich. Wahrhaftig, es gibt nur diesen Unterschied zwischen uns – daß er feine Kleider trägt, während ich in

74

Lumpen gehe, und daß er, während ich schwach bin vor Hunger, nicht wenig leidet an Übersättigung.«

»Das Land ist frei«, sagte der junge König, »und du bist keines Menschen Sklave.«

»Im Krieg«, antwortete der Weber, »macht der Starke den Schwachen zum Sklaven, und im Frieden macht der Reiche den Armen zum Sklaven. Wir müssen arbeiten, um zu leben, und sie geben uns so geringen Lohn, daß wir sterben. Wir placken uns für sie den ganzen Tag, und sie häufen Gold in ihren Schatzkammern, und unsere Kinder welken vor der Zeit dahin, und die Gesichter derer, die wir lieben, werden hart und böse. Wir keltern Trauben, und andere trinken den Wein. Wir säen das Korn, und unser eigener Tisch ist leer. Wir tragen Ketten, obgleich kein Auge sie sieht, und sind Sklaven, obgleich uns die Menschen frei nennen.«

»Ist das bei allen so?« fragte er.

»Es ist bei allen so«, erwiderte der Weber, »bei den Jungen wie bei den Alten, bei den Frauen wie bei den Männern, bei den kleinen Kindern wie bei den Betagten. Die Kaufleute schinden uns, und wir müssen schlechterdings tun, was sie befehlen. Der Priester reitet vorbei und betet seinen Rosenkranz, und kein Mensch kümmert sich um uns. Durch unsere sonnenlosen Gassen kriecht die Armut mit ihren hungrigen Augen, und die Sünde mit ihrem aufgedunsenen Gesicht folgt ihr auf den Fersen. Die Not weckt uns am Morgen, und die Schande sitzt bei uns in der Nacht. Aber was gehen dich diese Dinge an? Du bist keiner von uns. Dein Gesicht ist zu glücklich.« Und er wandte sich mit finsterer Miene ab und warf das Schiffchen durch den Webstuhl, und der junge König sah, daß er mit einem Goldfaden durchzogen wurde.

Und ein tiefes Entsetzen packte ihn, und er fragte den Weber. »Was für ein Gewand ist es, das du webst?«

»Es ist das Gewand für die Krönung des jungen Königs«, antwortete er, »was geht dich das an?«

Und der junge König stieß einen lauten Schrei aus und erwachte, und siehe, er lag in seinem eigenen Gemach, und durch das Fenster sah er den großen, honigfarbenen Mond in der dämmerigen Luft hängen.

Und er schlief abermals ein und träumte, und dies war sein Traum:

Er glaubte auf dem Deck einer riesigen Galeere zu liegen, die von hundert Sklaven gerudert wurde. Auf einem Teppich neben ihm saß der Herr der Galeere. Er war schwarz wie Ebenholz, und sein Turban war aus karmesinroter Seide. Große silberne Ohrringe zogen seine dicken Ohrläppchen nach unten, und in seinen Händen hielt er eine Waage aus Elfenbein.

Die Sklaven waren nackt bis auf einen zerfetzten Lendenschurz, und jeder war an seinen Nebenmann gekettet. Die heiße Sonne traf sie mit grellem Glanz, und die Neger liefen in dem Gang auf und nieder und peitschten sie mit Peitschen aus Tierhaut. Sie streckten ihre mageren Arme aus und zogen die schweren Ruder durch das Wasser. Der salzige Schaum flog von den Ruderblättern.

Schließlich erreichten sie eine kleine Bucht und begannen zu loten. Ein leichter Wind blies von der Küste und überzog das Deck und das große Lateinsegel mit einem feinen roten Staub. Drei Araber kamen auf Wildeseln geritten und warfen Speere nach ihnen. Der Herr der Galeere nahm einen bemalten Bogen und schoß einen von ihnen in die Kehle. Er fiel schwer in die Brandung, und seine Gefährten galoppierten davon. Eine Frau in einem gelben Schleier folgte auf einem Kamel und blickte ab und an zurück nach dem Leichnam.

Sobald sie Anker geworfen und das Segel eingeholt hatten, gingen die Neger in den Kielraum und brachten eine lange, mit Blei beschwerte Strickleiter herauf. Der Herr der Galeere warf sie über Bord und befestigte die Enden an zwei eisernen Pfosten. Dann packten die Neger den jüngsten Sklaven, schlugen ihm die Fußfesseln ab, verstopften ihm die Nasenlöcher und Ohren mit Wachs und banden ihm einen großen Stein um die Hüften. Müde kroch er die Leiter hinab und verschwand im Meer. Ein paar Blasen stiegen auf, wo er versank. Einige der anderen Sklaven blickten neugierig über Bord. Am Bug der Galeere hockte ein Haifischbeschwörer und schlug eintönig auf eine Trommel.

Nach einer Weile stieg der Taucher aus dem Wasser und klammerte sich, eine Perle in der Rechten, keuchend an die Leiter. Die Neger entrissen sie ihm und warfen ihn zurück. Die Sklaven schliefen über ihren Rudern ein.

Wieder und wieder kam er herauf, und jedesmal brachte er eine schöne Perle mit. Der Herr der Galeere wog sie und steckte sie in einen kleinen Beutel aus grünem Leder. Der junge König versuchte zu sprechen, aber die Zunge schien ihm am Himmel zu kleben, und seine Lippen wollten sich nicht bewegen. Die Neger schwatzten miteinander und begannen über eine Schnur schimmernder Perlen zu streiten. Zwei Kraniche kreisten wieder und wieder um das Schiff.

Dann kam der Taucher zum letztenmal herauf, und die Perle, die er mitbrachte, war makelloser als alle Perlen des Ormuzd, denn sie war geformt wie der Vollmond und weißer als der Morgenstern. Aber sein Gesicht war auffallend bleich, und als er auf das Deck fiel, strömte ihm das Blut aus Ohren und Nase. Er zitterte noch eine kleine Weile, und dann lag er still. Die Neger zuckten die Schultern und warfen den Leichnam über Bord.

Und der Herr der Galeere lachte und streckte die Hand aus und nahm die Perle, und als er sie sah, drückte er sie an die Stirn und verneigte sich. »Sie soll für das Zepter des jungen Königs sein«, sagte er und gab den Negern ein Zeichen, den Anker heraufzuholen.

Und als der junge König dies hörte, stieß er einen lauten Schrei aus und erwachte, und durch das Fenster sah er die langen grauen Finger der Dämmerung nach den verblassenden Sternen greifen.

Und wieder schlief er ein und träumte, und dies war sein Traum:

Er glaubte durch einen düsteren Wald zu wandern, in dem seltsame Früchte und schöne, giftige Blüten hingen. Die Nattern zischten ihn an, als er vorbeiging, und die leuchtenden Papageien flogen kreischend von Ast zu Ast. Riesige Schildkröten lagen schlafend in dem heißen Schlamm. Die Bäume waren voller Affen und Pfauen. Weiter und weiter ging er, bis er den Saum des Waldes erreichte, und dort sah er eine ungeheure Menschenmenge im Bett eines eingetrockneten Flusses arbeiten. Sie kletterten wie Ameisen den Felsen hinauf. Sie gruben tiefe Schächte in den Boden und stiegen in sie hinab. Manche spalteten die Felsen mit großen Äxten, andere wühlten im Sand. Sie rissen den Kaktus an seinen Wurzeln aus und zertraten die scharlachroten Blüten. Sie hasteten umher, riefen einander zu, und keiner war müßig.

Aus dem Dunkel einer Höhle sahen ihnen der Tod und die Habsucht zu, und der Tod sagte: »Ich bin müde, gib mir ein Drittel von ihnen und laß mich gehen.«

Aber die Habsucht schüttelte den Kopf. »Sie sind meine Diener«, antwortete sie.

Und der Tod sprach zu ihr: »Was hast du in deiner Hand?«

»Drei Getreidekörner«, antwortete sie, »was geht dich das an?«

»Gib mir eines davon«, rief der Tod, »daß ich es in meinen Garten pflanze, nur eins davon, und ich werde fortgehen.«

»Nichts werde ich dir geben«, sagte die Habsucht, und sie barg die Hand in den Falten ihres Kleides.

Und der Tod lachte und nahm einen Becher und tauchte ihn in einen Wassertümpel, und aus dem Becher stieg die Malaria. Sie ging durch die große Menge, und ein Drittel von ihnen lag tot. Ein kalter Nebel folgte ihr, und die Wasserschlangen eilten an ihrer Seite dahin.

Und als die Habsucht sah, daß ein Drittel der Menge tot war, schlug sie sich an die Brust und weinte. Sie schlug an ihren dürren Busen und schrie. »Du hast ein Drittel meiner Diener getötet«, schrie sie, »scher dich fort. Es ist Krieg in den Bergen der Tatarei, und die Könige beider Seiten rufen nach dir. Die Afghanen haben den schwarzen Ochsen getötet und marschieren in die Schlacht. Sie haben mit ihren Speeren an ihre Schilde geschlagen und ihre Helme von Eisen aufgesetzt. Was ist dir mein Tal, daß du darin säumen solltest? Scher dich fort und komm nicht mehr her.«

»Nein«, antwortete der Tod, »ehe du mir nicht ein Getreidekorn gegeben hast, werde ich nicht gehen.«

Aber die Habsucht schloß ihre Hand und biß die Zähne aufeinander. »Nichts werde ich dir geben«, murmelte sie.

Und der Tod lachte und hob einen schwarzen Stein auf und warf ihn in den Wald, und aus einem Dickicht wilden Schierlings kam das Fieber in einem Flammengewand. Und es ging durch die Menge und berührte sie, und jeder, den es berührte, starb. Das Gras welkte unter seinem Fuß, wo es ging.

Und die Habsucht schauderte und streute Asche auf ihr Haupt. »Du bist grausam«, schrie sie, »du bist grausam. Es ist Hungersnot in den umwallten Städten Indiens, und die Zisternen in Samarkand sind ausgetrocknet. Der Nil hat nicht seine Ufer überflutet, und die Priester haben Isis und Osiris verflucht. Scher dich fort zu denen, die dich brauchen, und laß mir meine Diener.«

»Nein«, antwortete der Tod, »ehe du mir nicht ein Getreidekorn gegeben hast, werde ich nicht gehen.«

»Nichts werde ich dir geben«, sagte die Habsucht.

Und wieder lachte der Tod und pfiff durch die Finger, und ein Weib kam durch die Luft geflogen. ›Pest‹ stand auf ihrer Stirn geschrieben, und eine Schar magerer Geier umkreiste sie. Sie bedeckte das Tal mit ihren Schwingen, und keiner blieb am Leben.

Und die Habsucht floh schreiend durch den Wald, und der Tod sprang auf sein rotes Pferd und galoppierte davon, und sein Galopp war schneller als der Wind. Und aus dem Schlamm am Grunde des Tales krochen Drachen und gräßliche Geschöpfe mit Schuppen, und die Schakale kamen über den Sand getrabt und sogen die Luft in ihre Nüstern.

Und der junge König weinte und fragte: »Wer waren diese Menschen, und wonach suchten sie?«

»Nach Rubinen für eines Königs Krone«, antwortete einer, der hinter ihm stand.

Und der junge König erschrak, und als er sich umwandte, erblickte er einen als Pilger gekleideten Mann, der einen silbernen Spiegel in der Hand hielt.

Und er wurde bleich und fragte: »Welchen Königs?«

Und der Pilger antwortete: »Schau in diesen Spiegel, und du wirst ihn sehen.«

Und er schaute in den Spiegel, und als er sein eigenes Gesicht erblickte, stieß er einen lauten Schrei aus und erwachte, und das helle Sonnenlicht strömte ins Zimmer, und auf den Bäumen im Park und im Lustgarten sangen die Vögel.

Und der Kämmerer und die hohen Staatsbeamten kamen herein und verneigten sich vor ihm, und die Pagen brachten ihm das Gewand aus gewebtem Gold und legten die Krone und das Zepter vor ihn nieder.

Und der junge König betrachtete sie, und sie waren schön. Schöner waren sie als irgend etwas, was er je gesehen hatte. Aber er entsann sich seiner Träume und sagte zu seinen hohen Würdenträgern: »Nehmt diese Dinge fort, denn ich will sie nicht tragen.«

Und die Höflinge verwunderten sich, und manche lachten, da sie glaubten, er scherze.

Doch ernst sprach er abermals zu ihnen und sagte: »Nehmt diese Dinge fort und verbergt sie vor mir. Obgleich es der Tag meiner Krönung ist, will ich sie nicht tragen. Denn auf dem Webstuhl der Sorge und von den bleichen Händen des Leidens wurde dies mein Gewand gewoben. Blut ist im Herzen des Rubins und Tod im Herzen der Perle.« Und er erzählte ihnen seine drei Träume.

Und als die Höflinge sie vernahmen, sahen sie einander an und flüsterten: »Wahrlich, er ist toll, denn was ist ein Traum anderes als ein Traum und eine Erscheinung anderes als eine Erscheinung? Sie sind keine wirklichen Dinge, daß man ihrer achten sollte. Und was haben wir mit dem Leben jener zu schaffen, die sich für uns abmühen? Soll ein Mensch kein Brot essen, ehe er den Sämann geschaut, und keinen Wein trinken, ehe er mit dem Winzer gesprochen hat?«

Und der Kämmerer sprach zu dem jungen König und sagte: »Herr, ich bitte dich, laß ab von diesen deinen düsteren Gedanken und lege dies schöne Gewand an und setze diese Krone auf dein Haupt. Denn wie soll das Volk wissen, daß du ein König bist, wenn du nicht eines Königs Kleider trägst?«

Und der junge König blickte ihn an. »Ist es wirklich so?«

fragte er. »Werden sie mich nicht als einen König erkennen, wenn ich nicht eines Königs Kleider trage?«

»Sie werden dich nicht erkennen, Herr«, rief der Kämmerer.

»Ich glaubte, es habe Männer gegeben, die königlich waren«, antwortete er, »aber es mag sein, wie du sagst. Und doch will ich dies Gewand nicht tragen, noch will ich mit dieser Krone gekrönt werden, sondern so wie ich zum Palast kam, so will ich von ihm fortgehen.«

Und er gebot allen, ihn zu verlassen, ausgenommen einen Pagen, den er als Gefährten behielt, einen Knaben, der ein Jahr jünger war als er selbst. Ihn behielt er zu seiner Bedienung, und nachdem er in klarem Wasser gebadet hatte, öffnete er eine große, bemalte Truhe, und aus ihr nahm er das lederne Unterkleid und den rauhen Schaffellmantel, die er getragen hatte, als er am Hügelhang die zottigen Geißen des Ziegenhirten hütete. Diese legte er an, und in die Hand nahm er seinen plumpen Hirtenstab.

Und der kleine Page riß vor Verwunderung seine großen blauen Augen auf und sagte lächelnd zu ihm: »Herr, ich sehe dein Gewand und dein Zepter, wo aber ist deine Krone?«

Und der junge König brach einen Zweig des wilden Dornbusches, der über den Balkon kletterte, und bog ihn und wand ihn zu einem kleinen Reif und setzte ihn auf sein Haupt.

»Dies soll meine Krone sein«, antwortete er.

Und so gekleidet ging er aus seinem Gemach in den großen Saal, wo die Edlen auf ihn warteten.

Und die Edlen machten sich lustig über ihn, und manche riefen ihm zu: »Herr, das Volk wartet auf seinen König, und du zeigst ihm einen Bettler«, und andere waren zornig und sagten: »Er bringt Schande über unsern Staat und ist nicht wert, unser Gebieter zu sein.« Doch er erwiderte ihnen kein Wort, sondern ging weiter und die schimmernde Porphyrtreppe hinab und hinaus durch die Bronzetore und stieg auf sein Pferd und ritt der Kathedrale zu, während der kleine Page neben ihm herlief.

Und das Volk lachte und sprach: »Es ist der Narr des Königs, der da reitet«, und sie spotteten über ihn.

Und er zog den Zügel an und sagte: »Nein, ich bin der König«. Und er erzählte ihnen seine drei Träume.

Und ein Mann trat aus der Menge und sprach bitteren Tones zu ihm und sagte: »Herr, weißt du nicht, daß die Üppigkeit der Reichen den Armen zu leben gibt? Euer Pomp nährt uns, und eure Laster geben uns Brot. Für einen gestrengen Herrn zu arbeiten ist bitter, aber keinen Herrn zu haben, für den man arbeiten kann, ist noch bitterer. Meinst du, die Raben werden uns füttern? Und welch ein Heilmittel hast du für diese Dinge? Willst du dem Käufer sagen: ›Du sollst für soundsoviel kaufen?‹ und dem Verkäufer: ›Du sollst zu diesem Preis verkaufen?‹ Doch wohl nicht. Deshalb geh zurück in deinen Palast und lege deinen Purpur und dein feines Leinen an. Was hast du mit uns und mit dem, was wir leiden, zu schaffen?«

»Sind nicht der Reiche und der Arme Brüder?« fragte der junge König.

»Ja«, antwortete der Mann, »und der Name des reichen Bruders ist Kain.«

Und die Augen des jungen Königs füllten sich mit Tränen, und er ritt weiter durch das Murren des Volkes, und der kleine Page bekam Angst und verließ ihn.

Und als er bei dem großen Portal der Kathedrale anlangte, streckten die Soldaten ihre Hellebarden vor und sagten: »Was suchst du hier? Niemand tritt durch diese Tür als der König.«

Und sein Gesicht flammte vor Zorn, und er sprach zu ihnen:

»Ich bin der König«, und schob ihre Hellebarden beiseite und ging hinein.

Und als ihn der alte Bischof in seinem Hirtenkleid kommen sah, erhob er sich verwundert von seinem Sitz und ging ihm entgegen und sprach zu ihm: »Mein Sohn, ist dies eines Königs Kleidung? Und mit welcher Krone soll ich dich krönen, und welches Zepter soll ich in deine Hand legen? Wahrlich, dies sollte ein Tag der Freude für dich sein und nicht ein Tag der Erniedrigung.«

»Soll die Freude tragen, was der Kummer schuf?« entgegnete der junge König. Und er erzählte ihm seine drei Träume.

Und als der Bischof sie vernommen hatte, runzelte er die Stirn und sagte: »Mein Sohn, ich bin ein alter Mann und stehe im Winter meiner Tage, und ich weiß, daß viel üble Dinge in der weiten Welt getan werden. Die wilden Räuber kommen von den Bergen herab und entführen die kleinen Kinder und verkaufen sie an die Mauren. Die Löwen lauern den Karawanen auf und springen auf die Kamele. Das Wildschwein zerwühlt das Korn im Tal, und die Füchse zernagen die Weinstöcke auf dem Hügel. Die Seeräuber verheeren die Küste und verbrennen die Boote der Fischer und nehmen ihnen ihre Netze. In den Salzsümpfen leben die Aussätzigen; ihre Häuser sind aus geflochtenem Schilfrohr, und niemand darf ihnen nahen. Die Bettler wandern durch die Städte und essen ihre Speise mit den Hunden. Kannst du bewirken, daß diese Dinge nicht geschehen? Willst du den Aussätzigen zu deinem Bettgenoß machen und den Bettler an deinen Tisch setzen? Soll der Löwe tun nach deinem Geheiß und das Wildschwein dir gehorchen? Ist nicht Er, der das Elend schuf, weiser als du? Deshalb lobe ich dich nicht für das, was du getan hast, sondern fordere dich auf, in den Palast zurückzukehren und dein Gesicht zu erheitern und die Kleidung anzulegen, die einem

König geziemt, und mit der Krone aus Gold werde ich dich krönen, und das Zepter aus Perlen werde ich in deine Hand legen. Und was deine Träume betrifft, so denke nicht mehr an sie. Die Bürde dieser Welt ist zu groß, als daß ein Mensch sie trage, und das Leid der Welt zu schwer, als daß ein Herz es erdulde.«

»Sprichst du so in diesem Hause?« sagte der junge König, und er schritt an dem Bischof vorbei und stieg die Altarstufen hinauf und stand vor dem Bilde Christi.

Er stand vor dem Bilde Christi, und zu seiner Rechten und zu seiner Linken standen die wundervollen Gefäße aus Gold, der Abendmahlskelch mit dem gelben Wein und die Phiole mit dem heiligen Öl. Er kniete vor dem Bilde Christi nieder, und hell brannten die großen Kerzen neben dem juwelenbesetzten Schrein, und der Qualm des Weihrauchs kräuselte in dünnen, blauen Girlanden durch die Kuppel. Er beugte sein Haupt im Gebet, und die Priester in ihren steifen Chormänteln schlichen vom Altar fort.

Und plötzlich kam von der Straße draußen ein wilder Tumult, und herein traten die Edlen mit gezückten Degen und nickenden Federbüschen und Schilden aus blankem Stahl. »Wo ist dieser Träumeträumer?« riefen sie. »Wo ist dieser König, der wie ein Bettler gekleidet ist – dieser Knabe, der Schande über unsern Staat bringt? Wahrlich, wir wollen ihn töten, denn er ist nicht wert, über uns zu herrschen.«

Und abermals beugte der junge König sein Haupt und betete, und als er sein Gebet beendet hatte, stand er auf und wandte sich um und blickte sie traurig an. Und siehe! Durch die gemalten Fenster kam das Sonnenlicht auf ihn herabgeströmt, und die Sonnenstrahlen woben ein Gewand aus zartem Gewebe um ihn, das schöner war als das zu seiner Freude geschaffene Gewand. Der verdorrte Stab blühte und trug Lilien, die weißer waren als Perlen. Der dürre Dorn blühte und trug Rosen, die röter waren als Rubine. Weißer als reine Perlen waren die Lilien, und ihre Stiele waren von blankem Silber. Röter als edle Rubine waren die Rosen, und ihre Blätter waren von gehämmertem Gold.

Er stand da in der Kleidung eines Königs, und die Türen des juwelenbesetzten Schreins flogen auf, und von dem Kristall der vielstrahligen Monstranz ging ein wunderbares, geheimnisvolles Licht aus. Er stand da in eines Königs Kleidung, und die Glorie Gottes erfüllte den Raum, und die Heiligen in ihren geschnitzten Nischen schienen sich zu bewegen. In der makellos schönen Kleidung eines Königs stand er vor ihnen, und die Orgel ließ ihre Musik erbrausen, und die Trompeter bliesen auf ihren Trompeten, und die Sängerknaben sangen.

Und das Volk fiel in Ehrfurcht auf die Knie, und die Edlen stießen den Degen in die Scheide und huldigten ihm, und des Bischofs Gesicht wurde bleich, und seine Hände zitterten. »Ein Größerer als ich hat dich gekrönt«, rief er aus, und er kniete vor ihm nieder.

Und der junge König kam vom Hochaltar herab und ging mitten durch das Volk heim. Aber niemand wagte zu seinem Gesicht aufzublicken, denn es glich dem Antlitz eines Engels.

Der Geburtstag der Infantin

Es war der Geburtstag der Infantin. Sie war just zwölf Jahre alt, und die Sonne schien hell in den Gärten des Palastes.

Obgleich sie eine richtige Prinzessin und die Infantin von Spanien war, hatte sie nur einen einzigen Geburtstag in jedem Jahr, geradeso wie die Kinder ganz armer Leute, deshalb war es natürlich für das ganze Land eine Sache von höchster Wichtigkeit, daß sie aus diesem Anlaß einen wahrhaft schönen Tag habe. Und ein wahrhaft schöner Tag war es zweifellos. Die hohen, gestreiften Tulpen standen kerzengerade auf ihren Stengeln wie lange Reihen Soldaten und blickten über den Rasen herausfordernd zu den Rosen und sagten: »Wir sind jetzt genauso prächtig wie ihr.« Die purpurnen Schmetterlinge flatterten mit Goldstaub auf den Flügeln umher und besuchten der Reihe nach alle Blumen, die kleinen Eidechsen krochen aus den Rissen in der Mauer und sonnten sich in dem blendendweißen Glast, und die Granatäpfel brachen in der Hitze auf und zeigten ihre blutenden Herzen. Selbst die blaßgelben Zitronen, die in solcher Überfülle an den verwitterten Spalieren und in den dämmrigen Bodengängen hingen, schienen von dem herrlichen Sonnenlicht eine lebhaftere Färbung erhalten zu haben, und die Magnolienbäume öffneten ihre großen, kugelförmigen Elfenbeinblüten und erfüllten die Luft mit einem süßen, schweren Duft.

Die kleine Prinzessin selbst spazierte mit ihren Gefährten auf der Terrasse hin und her und spielte Versteck um die steinernen Vasen und die alten, moosbewachsenen Statuen. An gewöhnlichen Tagen durfte sie nur mit Kindern ihres Ranges spielen; aber ihr Geburtstag war eine Ausnahme, und der König hatte verfügt, sie solle einladen, wen von ihren jungen Freunden sie bei sich haben wolle, daß sie sich mit ihr vergnügten. Eine stolze Anmut lag um diese schlanken spanischen Kinder mit ihren gleitenden Bewegungen, die Knaben in ihren Hüten mit großen Federn und ihren kurzen, flatternden Mänteln und die Mädchen, die die Schleppen ihrer langen Brokatgewänder rafften und ihre Augen mit riesigen Fächern in Schwarz und Silber vor der Sonne schützten. Doch die Infantin war die Anmutigste von allen und am geschmackvollsten gekleidet nach der etwas hinderlichen Mode der Zeit. Ihr Gewand war aus grauem Atlas, am Saum und an den weiten, gepufften Ärmeln reich mit Silber bestickt, und das steife Mieder war mit Reihen schöner Perlen besetzt. Zwei winzige Pantöffelchen mit blaßroten Rosetten guckten, wenn sie ging, unter ihrem Kleid hervor. Blaßrot und perlgrau war ihr großer Gazefächer, und in dem Haar, das wie ein Strahlenkranz aus verblichenem Gold steif um ihr blasses Gesichtchen stand, trug sie eine schöne weiße Rose.

Von einem Fenster des Palastes aus sah ihnen der traurige, schwermütige König zu. Hinter ihm stand sein Bruder, Don Pedro von Aragon, den er haßte, und sein Beichtvater, der Großinquisitor von Granada, saß neben ihm. Trauriger noch als sonst war der König, denn als er auf die Infantin blickte, wie sie sich mit kindlicher Würde vor den herbeikommenden Höflingen verneigte oder hinter ihrem Fächer über die grimmige Herzogin von Albuquerque, ihre ständige Begleiterin, lachte, da mußte er an die junge Königin, ihre Mutter denken, die erst vor kurzem – so schien es ihm – aus dem heiteren Frankreich gekommen und in der düsteren Pracht des spanischen Hofes dahingewelkt war; sie starb sechs Monate nach der Geburt ihres Kindes und ehe sie die Mandelbäume im Obstgarten zum zweitenmal hatte blühen sehen oder die zweite Frucht des

Jahres von dem alten, knorrigen Feigenbaum gepflückt hatte, der in der Mitte des nun mit Gras überwachsenen Hofes stand. So groß war seine Liebe zu ihr gewesen, daß er nicht einmal dem Grab gestattet hatte, sie vor ihm zu verbergen. Sie wurde von einem maurischen Arzt einbalsamiert, dem zum Dank für seine Dienste das Leben gewährt wurde, das, wie die Leute sagten, wegen Ketzerei und des Verdachtes magischer Künste bereits der Inquisition verfallen war, und ihr Leichnam lag immer noch auf der mit Teppichen behangenen Bahre in der schwarzen Marmorkapelle des Palastes, so wie die Mönche sie an jenem stürmischen Märztag vor nahezu zwölf Jahren hineingetragen hatten. Einmal im Monat ging der König, in einen dunklen Mantel gehüllt und eine abgeblendete Laterne in der Hand, dorthin und kniete an ihrer Seite nieder und rief: »Mi reina! Mi reina!«, und zuweilen durchbrach er die steife Etikette, die in Spanien jede persönliche Lebensäußerung beherrscht und selbst dem Schmerz eines Königs Grenzen setzt, und griff in wildem Herzeleid nach der bleichen, juwelengeschmückten Hand und versuchte mit seinen wahnsinnigen Küssen das kalte, bemalte Gesicht zu erwecken.

An diesem Tag schien er sie wieder vor sich zu sehen, wie er sie zum erstenmal im Schloß Fontainebleau erblickt hatte, als sie erst fünfzehn Jahre alt war und er noch jünger. Bei dieser Gelegenheit waren sie in Anwesenheit des französischen Königs und des gesamten Hofes von dem päpstlichen Nuntius in aller Form einander anverlobt worden, und er war in den Escorial zurückgekehrt, wohin er eine kleine Locke gelben Haares und die Erinnerung an zwei kindliche Lippen mitnahm, die sich niederbeugten, um seine Hand zu küssen, als er in seinen Wagen stieg. Später folgten die eilig in Burgos, einem kleinen Städtchen an der Grenze zwischen den beiden Ländern, vollzogene Eheschließung und der prächtige öffentliche Einzug in Madrid mit der üblichen Feier der Hochmesse in der Kirche Nuestra Señora de Atocha und einem feierlicheren Autodafé als sonst, bei dem nahezu dreihundert Ketzer, darunter viele Engländer, dem weltlichen Arm zur Verbrennung überliefert wurden.

Wahrlich, er hatte sie wahnsinnig geliebt und, wie viele meinten, zum Verderben seines Landes, das damals wegen der Herrschaft über die Neue Welt mit England im Krieg lag. Er hatte ihr kaum jemals gestattet, ihm aus den Augen zu geraten; um ihretwillen hatte er alle ernsten Staatsgeschäfte vernachlässigt oder schien sie außer acht zu lassen, und in jener schrecklichen Blindheit, mit welcher die Leidenschaft ihre Knechte schlägt, hatte er nicht wahrgenommen, daß die sorgfältig vorbereiteten Zeremonien, mit denen er sie zu ergötzen trachtete, die sonderbare Krankheit, an der sie litt, nur verschlimmerten. Als sie starb, war er eine Zeitlang wie einer, der seiner Vernunft beraubt ist. Tatsächlich gibt es keinen Zweifel darüber, daß er in aller Form abgedankt und sich in das große Trappistenkloster in Granada zurückgezogen hätte, dessen Titularprior er bereits war, wenn er nicht Angst gehabt hätte, die kleine Infantin der Gewalt seines Bruders auszuliefern, dessen Grausamkeit selbst in Spanien berüchtigt war und der von vielen verdächtigt wurde, den Tod der Königin durch ein Paar vergifteter Handschuhe herbeigeführt zu haben, die er ihr anläßlich ihres Besuches auf seinem Schloß in Aragon geschenkt hatte. Selbst nach Ablauf der drei Jahre währenden öffentlichen Trauer, die er durch ein königliches Edikt für seinen gesamten Herrschaftsbereich angeordnet hatte, erlaubte er seinen Ministern nie, über eine neue Heirat zu sprechen, und als der Kaiser selbst zu ihm sandte und ihm die Hand der lieblichen Erzherzogin von Böhmen, seiner Nichte, zur Ehe anbot, hieß er die Gesandten ihrem Herrn sagen, der König von Spanien sei bereits mit der Trauer vermählt, und obgleich sie eine unfruchtbare Braut sei, liebe er sie mehr als die Schönheit, eine Antwort, die seiner Krone die reichen Provinzen der Niederlande kostete, die sich bald darauf auf Anstiftung des Kaisers unter der Führung einiger Fanatiker der Reformierten Kirche gegen ihn erhoben.

Sein ganzes eheliches Leben mit seinen leidenschaftlichen, glühend gefärbten Freuden und der entsetzlichen Qual seines jähen Endes schien ihm an diesem Tag wiederzukehren, als er der Infantin bei ihrem Spiel auf der Terrasse zusah. Sie hatte in ihrem Betragen bereits ganz und gar den reizenden Übermut der Königin, die gleiche eigenwillige Art, den Kopf zurückzuwerfen, den gleichen stolz geschwungenen, schönen Mund, das gleiche wundervolle Lächeln – in der Tat das *vrai sourire de France* –, wenn sie hin und wieder zu dem Fenster aufblickte oder den vornehmen spanischen Herren die Hand zum Kuß entgegenstreckte. Doch das schrille Gelächter der Kinder verletzte seine Ohren, und das helle, erbarmungslose Sonnenlicht verhöhnte seinen Kummer, und ein dumpfiger Geruch fremdartiger Spezereien, wie sie zum Einbalsamieren gebraucht werden, schien – oder war es nur Einbildung? – die klare Morgenluft zu verpesten. Er vergrub sein Gesicht in den Händen, und als die Infantin abermals hochblickte, waren die Vorhänge zugezogen, und der König hatte sich entfernt.

Sie zog ein Mäulchen der Enttäuschung und zuckte die Achseln. An ihrem Geburtstag hätte er doch wahrhaftig bei ihr bleiben können. Was kam es auf die dummen Staatsgeschäfte an? Oder war er zu der düsteren Kapelle gegangen, in der ständig Kerzen brannten und in die sie nie eintreten durfte? Wie töricht von ihm, da die Sonne so strahlend schien und jedermann so glücklich war! Außerdem würde er den gespielten Stierkampf versäumen, zu dem schon die Trompete erscholl, gar nicht zu reden von dem Puppenspiel und den anderen wundervollen Dingen. Ihr Onkel und der Großinquisitor waren viel gescheiter. Sie waren auf die Terrasse herausgekommen und machten ihrer Nichte Komplimente. Also warf sie ihren hübschen Kopf zurück, nahm Don Pedro bei der Hand und schritt langsam die Stufen hinab zu einem langen Zelt aus purpurner Seide, das am Ende des Gartens errichtet war, und die anderen Kinder folgten ihr in strenger Rangordnung, die mit den längsten Namen als erste.

Ein feierlicher Zug phantastisch als Toreadore gekleideter adliger Knaben kam ihr aus dem Zelt entgegen, und der junge Graf von Tierra-Nueva, ein wunderschöner Knabe von etwa vierzehn Jahren, entblößte seinen Kopf mit der ganzen Anmut eines geborenen Hidalgos und Granden von Spanien und führte sie feierlich hinein zu einem kleinen Sessel aus Gold und Elfenbein, der auf einer erhöhten Estrade über der Arena stand. Die Kinder gruppierten sich überall in der Runde, bewegten ihre großen Fächer und flüsterten miteinander, und Don Pedro und der Großinquisitor standen lachend am Eingang. Selbst die Herzogin – die Camarera mayor, wie sie genannt wurde –, ein mageres Weib mit harten Zügen und einer gelben Halskrause, sah nicht ganz so übellaunig aus wie sonst, und so etwas wie ein frostiges Lächeln flog über ihr runzliges Gesicht und zuckte um ihre dünnen, blutlosen Lippen.

Es war zweifellos ein herrlicher Stierkampf und viel hübscher, dachte die Infantin, als der richtige Stierkampf, zu dem man sie in Sevilla geführt hatte, als der Herzog von Parma ihren Vater besuchte. Einige der Knaben paradierten auf prächtig herausgeputzten Steckenpferden und schwangen lange Wurfspieße mit bunten Fähnchen aus leuchtenden Bändern, andere gingen zu Fuß und schwenkten ihre

scharlachroten Mäntel vor dem Stier und sprangen mühelos über die Barriere, wenn er sie angriff, und was den Stier
selbst betraf, so glich er haargenau einem lebendigen Stier,
obgleich er aus Flechtwerk und gedehnter Haut gemacht
war und sich mitunter darauf versteifte, auf seinen Hinter-
beinen rund um die Arena zu laufen, was sich ein lebendi-
ger Stier nie im Traum einfallen läßt. Er lieferte auch einen
herrlichen Kampf, und die Kinder wurden so aufgeregt,
daß sie sich von ihren Bänken erhoben und mit ihren Spit-
zentaschentüchern winkten und »Bravo toro! Bravo toro!«
riefen, genauso verständig, als wären sie erwachsene Leute.
Am Ende jedoch, nach einem verlängerten Kampf, bei dem
mehrere Steckenpferde ganz und gar durchbohrt und ihre
Reiter aus dem Sattel gehoben wurden, zwang der junge
Graf von Tierra-Nueva den Stier in die Knie, und nachdem
er von der Infantin die Erlaubnis erhalten hatte, ihm den
coup de grâce zu geben, stieß er dem Tier seinen hölzernen
Degen mit solcher Gewalt in den Nacken, daß sogleich der
Kopf abfiel und das lachende Gesicht des kleinen Monsieur
de Lorraine zum Vorschein kam, des Sohns des französischen Gesandten in Madrid.

Darauf wurde die Arena unter großem Beifall geräumt,
und die toten Steckenpferde wurden von zwei maurischen
Pagen in gelbschwarzen Livreen feierlich abgeschleppt,
und nach einem kurzen Zwischenspiel, das ein französischer Akrobat auf dem Straffseil ausfüllte, erschienen ein
paar italienische Marionetten in der halb klassischen Tragödie ›Sophonisbe‹ auf der Bühne eines kleinen Theaters,
das zu diesem Zweck aufgebaut worden war. Sie spielten
so gut, und ihre Bewegungen waren so über die Maßen
natürlich, daß die Augen der Infantin zum Schluß des Stük-
kes von Tränen getrübt waren. Tatsächlich weinten einige
Kinder regelrecht und mußten mit Zuckerwerk getröstet
werden, und der Großinquisitor selbst war so ergriffen,

daß er nicht umhin konnte, zu Don Pedro zu bemerken, es erscheine ihm ungeheuerlich, daß Geschöpfe, die einfach aus Holz und gefärbtem Wachs gemacht wären und mechanisch durch Drähte bewegt würden, so unglücklich sein und so schrecklichen Mißgeschicken begegnen könnten.

Es folgte ein afrikanischer Gaukler, der einen großen, flachen mit einem roten Tuch bedeckten Korb hereintrug, und nachdem er ihn mitten in die Arena gestellt hatte, entnahm er seinem Turban eine zierliche Rohrpfeife und blies darauf. Nach wenigen Augenblicken begann sich das Tuch zu bewegen, und als die Pfeife schriller und schriller wurde, streckten zwei grüngoldene Schlangen ihre seltsamen, keilförmigen Köpfe hervor und erhoben sich langsam, wobei sie sich zu der Musik hin und her wiegten, wie sich eine Pflanze im Wasser wiegt. Doch die Kinder fürchteten sich vor ihren gefleckten Hauben und den flink hervorschießenden Zungen, und es gefiel ihnen viel besser, als der Gaukler einen winzigen Orangenbaum aus dem Sand wachsen und zierliche weiße Blüten und Büschel richtiger Früchte tragen ließ, und als er den Fächer der kleinen Tochter des Grafen von Las-Torres nahm und in einen blauen Vogel verwandelte, der rund um das ganze Zelt flog und sang, da kannte ihr Entzücken und Staunen keine Grenzen. Auch das feierliche Menuett, das die kindlichen Tänzer aus der Kirche Nuestra Señora del Pilar vorführten, war bezaubernd. Nie zuvor hatte die Infantin diese wundervolle Zeremonie gesehen, die alljährlich im Mai vor dem Hochaltar der Jungfrau und ihr zu Ehren stattfindet; freilich hatte niemand aus der königlichen Familie Spaniens die große Kathedrale in Saragossa betreten, seit ein wahnsinniger Priester, von dem viele glaubten, er stünde im Solde Elisabeths von England, dem Prinzen von Asturien eine vergiftete Hostie zu geben versucht hatte. So hatte sie ›den Tanz Unsrer Lieben Frauen‹, wie er genannt wurde, nur vom Hörensagen gekannt, und es war wirklich ein schöner Anblick. Die Knaben trugen altmodische Hofgewänder aus weißem Samt, und ihre sonderbaren dreispitzigen Hüte waren mit silbernen Fransen verziert und überragt von riesigen Büscheln Straußenfedern; das blendende Weiß ihrer Kostüme, als sie sich so im Sonnenlicht bewegten, wurde noch mehr hervorgehoben durch ihre dunklen Gesichter und ihr langes schwarzes Haar. Alle waren entzückt über die gemessene Würde, mit der sie sich durch die verschlungenen Figuren des Tanzes bewegten, und über die vollendete Anmut ihrer langsamen Gesten und vornehmen Verneigungen, und als sie ihre Vorführung beendet hatten und ihre großen Federhüte vor der Infantin zogen, nahm sie ihre Huldigung mit großer Höflichkeit entgegen und gelobte, für den Altar Unsrer Lieben Frau von Pilar zum Dank für das Vergnügen, das sie ihr bereitet, eine große Wachskerze zu stiften.

Dann betrat eine Truppe hübscher Ägypter – wie die Zigeuner zu jener Zeit genannt wurden – die Arena; sie setzten sich mit gekreuzten Beinen im Kreise und begannen leise auf ihren Zithern zu spielen, wobei sie den Körper nach der Melodie bewegten und mit halber Stimme ein leises, träumerisches Lied sangen. Als sie Don Pedros ansichtig wurden, warfen sie finstere Blicke auf ihn, und manchen von ihnen sah man die Furcht an, denn erst wenige Wochen zuvor hatte er zwei ihres Stammes wegen Hexerei auf dem Marktplatz von Sevilla hängen lassen; aber die hübsche Infantin, wie sie sich zurücklehnte und mit ihren großen blauen Augen über den Fächer guckte, bezauberte sie, und sie waren überzeugt, daß ein so liebliches Geschöpf wie sie niemals grausam gegen jemanden sein könne. So spielten sie weiter, sehr sanft und indem sie die Saiten der Zither nur eben mit den langen, spitzen Nägeln berührten, und ihre Köpfe sanken nieder, als fielen sie in Schlaf. Plötzlich, mit einem so gellenden Schrei, daß alle Kinder erschraken und Don Pedros Hand nach dem Achatknauf seines Dolches griff, sprangen sie auf die Füße und wirbelten wie toll in der Arena herum, ihre Tamburins schlagend und in ihrer seltsamen, gutturalen Sprache irgendein wildes Liebeslied singend. Dann, auf ein anderes Zeichen, warfen sie sich alle wieder zu Boden und lagen ganz still, das eintönige Klimpern der Zithern war der einzige Laut, der die Stille durchbrach. Nachdem sie dies mehrmals getan hatten, verschwanden sie für einen Augenblick und kehrten mit einem zottigen braunen Bären zurück, den sie an der Kette führten, und ein paar kleinen Berberaffen, die sie auf der Schulter trugen. Der Bär stand mit äußerster Würde auf dem Kopf, und die runzligen Äffchen trieben allerlei Possen mit zwei Zigeunerbuben, die ihre Lehrmeister zu sein schienen, und fochten mit winzigen Schwertern und feuerten Kanonen ab und vollführten ein regelrechtes Exerzieren, geradeso wie des Königs Leibwache. Die Zigeuner waren in der Tat ein großer Erfolg.

Der spaßigste Teil der ganzen Vormittagsunterhaltung war jedoch zweifellos das Tanzen des kleinen Zwerges. Als er, auf seinen krummen Beinen torkelnd und mit dem großen, mißgestalteten Kopf wackelnd, in die Arena stolperte, brachen die Kinder in lautes Jubelgeschrei aus, und selbst die Infantin lachte so sehr, daß sich die Camarera genötigt sah, sie an folgende Tatsache zu erinnern: Wenn es auch in Spanien viele Fälle gäbe, da eine Königstochter vor ihresgleichen geweint habe, so gäbe es doch kein einziges Beispiel dafür, daß eine Prinzessin von königlichem Geblüt so vergnügt gewesen sei in Anwesenheit solcher, die ihr an Herkunft nachstünden. Doch der Zwerg war wirklich ganz unwiderstehlich, und selbst am spanischen Hofe, der von jeher dafür bekannt war, seiner Leidenschaft für das Gräßliche zu frönen, hatte man nie eine so wunderliche kleine Mißgeburt gesehen. Es war auch sein erstes Auftreten. Erst tags zuvor war er, als er wie wild durch den Wald lief, von zwei Adligen entdeckt worden, die zufällig mit anderen in einem entlegenen Teil des großen Korkeichenwaldes jagten, der die Stadt umgibt, und sie hatten ihn als eine Überraschung für die Infantin in den Palast gebracht, da sein Vater, ein armer Köhler, nur allzu froh war, ein so häßliches und nutzloses Kind loszuwerden. Vielleicht war das Ergötzlichste an ihm, daß er überhaupt keine Ahnung davon hatte, wie grotesk er aussah. In der Tat schien er durchaus glücklich zu sein und munterster Laune. Wenn die Kinder lachten, dann lachte er so unbefangen und fröhlich wie nur irgendeines, und am Ende jedes Tanzes verbeugte er sich vor allen auf die drolligste Weise und lächelte und nickte ihnen zu, als gehöre er wirklich zu ihnen und wäre nicht ein mißgestaltetes kleines Geschöpf, das die Natur in einer sonderbaren Laune erschaffen hatte, damit andere ihren Spaß an ihm hätten. Und die Infantin bezauberte ihn ganz und gar. Er konnte seine Augen nicht von ihr abwenden und schien nur für sie zu tanzen, und als sie sich am Schluß seiner Darbietung daran erinnerte, wie sie vornehmen Damen des Hofes dem berühmten italienischen Sopranisten Caffarelli, den der Papst aus seiner Kapelle nach Madrid geschickt hatte, damit er durch den lieblichen Wohlklang seiner Stimme den König von seiner Schwermut heile, Blumensträuße zugeworfen hatten, und als sie aus ihrem Haar die schöne weiße Rose löste und sie ihm, halb aus Spaß, halb um die Camarera zu ärgern, mit ihrem süßesten Lächeln durch die Arena zuwarf, da nahm er die ganze Sache durchaus für Ernst und drückte die Blume an seine rauhen, dicken Lippen, legte die Hand auf sein Herz und sank vor ihr in die Knie, von einem Ohr bis zum andern grinsend und ein Funkeln der Freude in seinen blanken kleinen Augen.

Das überwältigte die Würde der Infantin so sehr, daß sie

noch lange, nachdem der kleine Zwerg aus der Arena gelaufen war, weiterlachte und ihrem Onkel den Wunsch kundgab, der Tanz solle augenblicklich wiederholt werden. Die Camarera entschied jedoch, unter dem Vorwand, die Sonne brenne zu heiß, daß es besser wäre, wenn Ihre Hoheit ohne Zögern in den Palast zurückkehre, wo bereits ein herrliches Festmahl für sie bereitstünde, einschließlich eines richtigen Geburtstagskuchens mit ihren Initialen aus buntem Zucker und einem allerliebsten silbernen Fähnchen, das von der Spitze wehe. Also erhob sich die Infantin, höchst würdevoll, und nachdem sie Befehl gegeben hatte, daß der kleine Zwerg nach der Siestastunde abermals vor ihr tanzen solle, und nachdem sie dem jungen Grafen von Tierra-Nueva ihren Dank für den reizenden Empfang ausgesprochen hatte, ging sie zurück in ihre Gemächer, und die Kinder folgten ihr in der gleichen Rangordnung, in der sie eingetreten waren. –

Als nun der kleine Zwerg vernahm, daß er ein zweites Mal und auf ihren ausdrücklichen Befehl vor der Infantin tanzen sollte, war er so stolz, daß er in den Garten hinauslief und in alberner Wonneverzückung die weiße Rose küßte und sich in den wunderlichsten und unbeholfensten Gebärden erging.

Die Blumen waren ganz entrüstet über seine Dreistigkeit, in ihre schöne Heimstatt einzudringen, und als sie ihn die Spazierwege auf- und niederhüpfen und auf eine so lächerliche Weise die Arme über dem Kopf schwenken sahen, konnten sie ihre Gefühle nicht länger zurückhalten.

»Er ist wahrhaftig bei weitem zu häßlich, um an einem Ort spielen zu dürfen, an dem wir uns befinden«, riefen die Tulpen. »Er sollte Mohnsaft trinken und tausend Jahre schlafen«, sagten die großen Feuerlilien und wurden ganz hitzig und wütend.

»Er ist ein wahrer Graus!« schrie der Kaktus. »Er ist ja ganz krumm und klotzig, und sein Kopf steht in gar keinem Verhältnis zu seinen Beinen. Mich prickelt es richtig bei seinem Anblick, und wenn er mir in die Nähe kommt, werde ich ihn mit meinen Stacheln pieken.«

»Und er hat tatsächlich eine meiner besten Blüten«, rief der weiße Rosenstrauch. »Ich gab sie heute morgen selber der Infantin als Geburtstagsgeschenk, und er hat sie ihr gestohlen.« Und er rief, so laut er konnte: »Dieb, Dieb, Dieb!«

Selbst die roten Geranien, die sich sonst nicht hervortaten und dafür bekannt waren, daß sie selber eine Unmenge armer Verwandter besaßen, rümpften vor Abscheu die Nase, als sie ihn sahen, und als die Veilchen sanft bemerkten, er sei zwar höchst unschön, doch das könne er nicht ändern, erwiderten sie sehr zu Recht, das sei gerade sein Hauptfehler, und es gäbe keinen Grund, warum man einen Menschen bewundern solle, weil er unheilbar sei, und tatsächlich hatten einige Veilchen selber das Gefühl, daß die Häßlichkeit des kleinen Zwerges nahezu protzig war und daß er viel besseren Geschmack bewiesen hätte, wenn er traurig oder zumindest nachdenklich aussähe, statt fröhlich umherzuhüpfen und sich auf so groteske und alberne Gebärden zu verlegen.

Was die alte Sonnenuhr betraf, die eine höchst bemerkenswerte Persönlichkeit war und die einstmals keinem Geringeren als Kaiser Karl V. die Tageszeit angegeben hatte, so war sie dermaßen bestürzt über das Äußere des kleinen Zwerges, daß sie fast zwei volle Minuten mit ihrem langen Schattenfinger anzuzeigen vergaß und nicht umhin konnte, zu dem prächtigen, milchweißen Pfau, der sich auf der Balustrade sonnte, zu bemerken, jedermann wisse, daß die Königskinder Könige wären und die Köhlerkinder Köhler, und es sei gegen alle Vernunft, zu behaupten, dem sei nicht so; eine Feststellung, mit welcher der Pfau völlig einverstanden war; und tatsächlich schrie er mit einer so lauten, mißtönenden Stimme: »Gewiß, gewiß!«, daß die Goldfische, die in dem Becken des kühlen, sprühenden Springbrunnens wohnten, die Köpfe aus dem Wasser streckten und die riesigen steinernen Tritonen fragten, was in aller Welt denn nur los sei.

Aber den Vögeln gefiel er irgendwie. Sie hatten ihn oft im Wald gesehen, wenn er wie ein Kobold hinter den wirbelnden Blättern hertanzte oder in der Höhlung einer alten Eiche kauerte und seine Nüsse mit den Eichhörnchen teilte. Ihnen machte es nicht das geringste aus, daß er häßlich war. Je nun, schließlich war nicht einmal die Nachtigall, die des Nachts so süß in den Orangenhainen sang, daß sich zuweilen der Mond herniederbeugte, um zu lauschen, besonders ansehnlich, und außerdem war er so freundlich gegen sie gewesen, und in jenem schrecklich bitterkalten Winter, als keine Beeren an den Bäumen hingen und der Boden hart war wie Eisen und die Wölfe auf der Suche nach Futter bis zu den Toren der Stadt herabgekommen waren, hatte er sie niemals vergessen, sondern ihnen stets Krumen von seinem kleinen Kanten Schwarzbrot abgegeben und sein Frühstück mit ihnen geteilt, wie karg es auch sein mochte.

So umkreisten sie ihn immerfort, nur eben seine Wange im Vorbeifliegen mit den Flügeln streifend, und zwitscherten miteinander, und der kleine Zwerg freute sich so sehr, daß er ihnen unbedingt die schöne weiße Rose zeigen und ihnen erzählen mußte, daß die Infantin selbst sie ihm geschenkt habe, weil sie ihn liebe.

Sie verstanden nicht ein einziges Wort von dem, was er sagte, aber das machte nichts; denn sie legten die Köpfe auf die Seite und blickten verständig drein, was geradesogut ist, wie eine Sache verstehen, und sehr viel bequemer.

Auch die Eidechsen faßten große Zuneigung zu ihm, und als er vom Umherlaufen müde wurde und sich ins Gras niederwarf, um auszuruhen, spielten und tollten sie auf ihm herum und versuchten ihn so gut zu unterhalten, wie sie nur konnten. »Nicht jeder kann so schön sein wie eine Eidechse«, riefen sie, »das hieße zuviel erwarten. Und obgleich es absurd klingt, so etwas zu sagen, alles in allem ist er eigentlich gar nicht so häßlich, vorausgesetzt natürlich, man macht die Augen zu und sieht ihn nicht an.« Die Eidechsen waren von Natur aus höchst philosophisch und hockten oft, wenn nichts anderes zu tun oder wenn das Wetter zum Ausgehen zu regnerisch war, Stunden und Stunden beisammen und dachten nach.

Doch die Blumen waren im höchsten Grade verärgert über ihr Benehmen und über das Benehmen der Vögel. »Das beweist nur«, sagten sie, »welch eine erniedrigende Wirkung dies dauernde Umherrennen und -fliegen hat. Wohlerzogene Leute bleiben stets an genau demselben Platz, so wie wir es tun. Keiner hat uns je die Wege auf- und niederhopsen oder wie verrückt durch das Gras nach Libellen rennen sehen. Wenn wir eine Luftveränderung brauchen, schicken wir nach dem Gärtner, und er setzt uns in ein anderes Beet. Das ist würdevoll und so, wie es sein sollte. Aber Vögel und Eidechsen haben keinen Sinn für Ruhe, und die Vögel haben wahrhaftig nicht einmal eine ständige Adresse. Sie sind bloß Vagabunden wie die Zigeuner und sollten auf genau die gleiche Weise behandelt werden.« So reckten sie ihre Nasen in die Luft und blickten sehr hochmütig drein und waren sehr froh, als sie nach geraumer Zeit den Zwerg aus dem Gras krabbeln und seines Weges gehen sahen, über die Terrasse zu dem Palast.

»Man sollte ihn wirklich für den Rest seines Erdenlebens im Hause halten«, sagten sie. »Seht nur seinen buckligen Rücken und seine krummen Beine«, und sie kicherten.

Doch der kleine Zwerg wußte von all dem nichts. Ihm gefielen die Vögel und die Eidechsen über die Maßen, und die Blumen hielt er für das Wundervollste auf der ganzen Welt, ausgenommen natürlich die Infantin; aber die hatte ihm auch die schöne weiße Rose gegeben, und sie liebte ihn, und das machte einen großen Unterschied. Wie sehr wünschte er sich, er wäre mit ihr zurückgegangen! Sie hätte ihn zu ihrer Rechten befohlen und ihn angelächelt, und nie wäre er von ihrer Seite gewichen, sondern wäre ihr Spielgefährte geworden und hätte sie alle nur erdenklichen herrlichen Kunststücke gelehrt. Denn obgleich er nie zuvor in einem Palast gewesen war, kannte er eine Unmenge wundervoller Dinge. Er konnte aus Binsen kleine Käfige für die Grashüpfer machen, daß sie darin zirpten, und den langgliedrigen Bambus zu einer Pfeife schneiden, die Pan so gern hört. Er kannte den Ruf jeden Vogels und konnte die Stare aus dem Baumwipfel und den Reiher vom See herbeilocken. Er kannte die Spur jedes Tieres und konnte den Hasen nach seinen schwachen Fußabdrücken und den Keiler nach den niedergetrampelten Blättern verfolgen. Alle Tänze des Windes kannte er, den tollen Tanz in rotem Gewand mit dem Herbst, den frohen Tanz in blauen Sandalen über dem Korn, den Tanz mit weißen Schneewehen im Winter und den Blütentanz durch die Obstgärten im Frühling. Er wußte, wo die Waldtauben ihre Nester bauten, und einmal, als ein Vogelsteller die Vogeleltern gefangen hatte, zog er die Jungen selber auf und baute ihnen im Riß einer gekappten Ulme einen kleinen Taubenschlag. Sie waren ganz zahm und fraßen ihm jeden Morgen aus den Händen. Sie würden ihr gefallen, und auch die Kaninchen, die in dem hohen Farn umherliefen, und die Häher mit ihren stahlblauen Federn und schwarzen Schnäbeln und die Igel, die sich zu stachligen Bällen einrollten, und die großen, weisen Schildkröten, die bedächtig umherkrochen, ihre

Köpfe schüttelten und an den jungen Blättern knabberten. Ja, sie mußte bestimmt in den Wald kommen und mit ihm spielen. Er würde ihr sein eigenes Bettchen geben und bis zum Morgengrauen draußen vor dem Fenster wachen und aufpassen, daß ihr das wilde Hornvieh nichts zuleide tat oder daß sich die mageren Wölfe nicht zu nahe an die Hütte heranschlichen. Und wenn es dämmerte, würde er an die Fensterläden pochen und sie wecken, und sie würden hinausgehen und den ganzen Tag zusammen tanzen. Es war wirklich kein bißchen einsam im Wald. Manchmal ritt auf seinem weißen Maultier ein Bischof durch den Wald und las aus einem buntbemalten Buch. Manchmal kamen in ihren grünen Samtkappen und Wämsen aus gegerbtem Hirschleder die Falkeniere vorbei, die aufgekappten Falken auf dem Handgelenk. Zur Zeit der Weinlese kamen die Kelterer mit purpurroten Händen und Füßen, mit blankem Efeu umkränzt, und trugen tropfende Weinschläuche, und die Köhler saßen des Nachts um ihre riesigen Kohlenpfannen und beobachteten, wie die trockenen Scheite langsam im Feuer verkohlten, und rösteten Kastanien in der Asche, und die Räuber kamen aus ihren Höhlen und schmausten mit ihnen. Einmal hatte er auch eine schöne Prozession gesehen, die sich die lange staubige Straße nach Toledo hinaufwand. Voran gingen mit holdem Gesang die Mönche und trugen lichte Banner und Kreuze von Gold, und dann kamen in silberner Rüstung mit Musketen und Piken die Soldaten, und in ihrer Mitte gingen drei barfüßige Männer in seltsamen, gelben Gewändern, die über und über mit wundervollen Figuren bemalt waren, und trugen angezündete Kerzen in den Händen. Wirklich, es gab im Wald eine Unmenge zu sehen, und wenn sie müde wäre, würde er ihr eine weiche Moosbank suchen oder sie auf den Armen tragen; denn er war sehr stark, wenn auch nicht groß, wie er wußte. Er würde ihr eine Halskette aus den roten Beeren der Zaunrebe machen, die wäre dann genauso hübsch wie die weißen Beeren an ihrem Kleid, und wenn sie ihrer überdrüssig war, konnte sie sie wegwerfen, und er würde ihr andere suchen. Er würde ihr Eichelnäpfe und mit Tau gefüllte Anemonen bringen und winzige Glühwürmchen als Sterne für das blasse Gold ihres Haars.

Doch wo war sie? Er fragte die weiße Rose, aber sie gab ihm keine Antwort. Der ganze Palast schien zu schlafen, und selbst wo die Läden nicht geschlossen waren, hatte man schwere Vorhänge vor die Fenster gezogen, um das blendende Licht auszuschließen. Er wanderte um den ganzen Palast und suchte nach einer Stelle, wo er hineingelangen könnte, und schließlich erblickte er eine kleine verborgene Tür, die offenstand. Er schlüpfte hindurch und sah sich in einem herrlichen Saal, viel herrlicher, fürchtete er, als der Wald; denn überall war soviel mehr Vergoldetes, und selbst der Fußboden war aus großen, bunten Steinen, die zu einer Art geometrischem Muster zusammengefügt waren. Aber die kleine Infantin war nicht da, nur ein paar wundervolle weiße Statuen, die von ihren Jaspispiedestalen mit traurigen, leeren Augen und seltsam lächelnden Lippen auf ihn niederblickten.

Am Ende des Saales hing ein reichbestickter Vorhang aus schwarzem Samt, mit Sonnen und Sternen, den Lieblingssymbolen des Königs, besät und auf jene Farbe gestickt, die ihm die liebste war. Vielleicht verbarg sie sich dahinter? Er wollte es auf jeden Fall erforschen.

Deshalb schlich er sich leise hin und zog ihn beiseite. Nein, da war nur ein zweiter Raum, wenngleich noch hübscher, wie ihm schien, als jener, den er soeben verlassen hatte. Die Wände waren mit einem handgearbeiteten, an Bildern reichen grünen Arrazo behangen, der eine Jagd darstellte, das Werk flämischer Künstler, die mehr als sieben Jahre gebraucht hatten, es zu schaffen. Einst hatte das

Gemach Jean le Fou gehört, wie er genannt wurde, jenem wahnsinnigen König, der so verliebt in die Jagd gewesen war, daß er in seiner Geistesverwirrung oft versucht hatte, die mächtigen, sich bäumenden Pferde zu besteigen und den Hirsch hinabzuziehen, den die großen Hetzhunde ansprangen, wozu er sein Hifthorn blies und mit seinem Dolch nach dem matten, fliehenden Wild stach. Jetzt wurde es als Beratungszimmer benutzt, und auf dem Mitteltisch lagen die roten Portefeuilles der Minister mit den in Gold geprägten Tulpen Spaniens und dem Wappen und den Emblemen des Hauses Habsburg.

Der kleine Zwerg blickte verwundert um sich und fürchtete sich fast, weiterzugehen. Die seltsamen, schweigenden Reiter, die so hurtig durch die langen Lichtungen galoppierten, ohne das mindeste Geräusch zu verursachen, erschienen ihm wie jene schrecklichen Gespenster, von denen er die Köhler hatte sprechen hören – die Comprachos, die nur des Nachts jagen, und wenn sie einem Menschen begegnen, verwandeln sie ihn in eine Hindin und hetzen ihn. Doch er dachte an die hübsche Infantin und faßte sich ein Herz. Er wollte sie finden, wenn sie allein war, und ihr sagen, daß auch er sie liebe. Vielleicht war sie in dem nächsten Zimmer.

Er lief über die weichen maurischen Teppiche und öffnete die Tür. Nein! Dort war sie auch nicht. Der Raum war ganz leer.

Es war ein Thronsaal, der zum Empfang ausländischer Gesandter benutzt wurde, wenn der König einwilligte, was in der letzten Zeit nicht oft geschehen war, ihnen eine Privataudienz zu gewähren, der gleiche Raum, in dem vor vielen Jahren Gesandte aus England erschienen waren, um Abmachungen über die Heirat ihrer Königin, die damalige zählte zu den katholischen Souveränen Europas, mit dem ältesten Sohn des Kaisers zu treffen. Die Wandbekleidung war aus vergoldetem Korduanleder, und ein schwerer vergoldeter Kronleuchter mit Armen für dreihundert Wachskerzen hing von der schwarzweißen Decke. Unter einem großen Baldachin aus Goldgewebe, auf den mit Staubperlen die Löwen und Türme von Kastilien gestickt waren, stand der Thron, mit einer kostbaren Hülle aus schwarzem Samt, die mit silbernen Tulpen besät und kunstvoll mit Silber und Perlen besetzt war. Auf der zweiten Thronstufe stand der Knieschemel der Infantin mit seinem Kissen aus Silberbrokat, und noch tiefer und abseits vom Bereich des Thronhimmels befand sich der Sessel für den päpstlichen Nuntius, der als einziger das Recht hatte, in Gegenwart des Königs bei jedem öffentlichen Zeremoniell zu sitzen, und dessen Kardinalshut mit den gedrehten scharlachroten Quasten auf einem purpurnen Taburett davor lag. An der Wand gegenüber dem Thron hing ein lebensgroßes Bild Karls V. in Jagdkleidung, mit einer riesigen Bulldogge an seiner Seite, und ein Bild Philipps II., wie er die Huldigung der Niederlande empfängt, nahm die Mitte der anderen Wand ein. Zwischen den Fenstern stand ein Schrank aus schwarzem Ebenholz mit eingelegten Elfenbeintafeln, in die Gestalten aus Holbeins Totentanz geschnitten waren — von der Hand jenes berühmten Meisters selbst, wie manche behaupteten.

Doch der kleine Zwerg kümmerte sich nicht um die ganze Herrlichkeit. Er hätte seine Rose nicht hergegeben für alle Perlen vom Thronhimmel, nicht ein weißes Blütenblatt für den Thron selbst. Was er sich wünschte, war, die Infantin zu sehen, ehe sie zu dem Zelt hinabging, und sie zu bitten, sie möge mit ihm fortgehen, wenn er seinen Tanz beendet habe. Hier im Palast war die Luft bedrückend und schwer, doch im Wald blies der Wind ungehemmt, und das Sonnenlicht schob mit unsteten Goldhänden die zitternden Blätter beiseite. Es gab auch Blumen im Wald, nicht so prächtig vielleicht wie die Blumen im Garten, aber dennoch süßer duftend: Hyazinthen im Vorfrühling, die mit wogendem Purpur die kühlen Schluchten und die grasbewachsenen Hügelkuppen überfluteten, gelbe Schlüsselblumen, die sich in kleinen Büscheln an die knorrigen Wurzeln der Eichen schmiegten, leuchtendes Schöllkraut und blauer Ehrenpreis und Iris in Lila und Gold. An den Haselbüschen hingen graue Kätzchen, und der rote Fingerhut neigte sich unter dem Gewicht seiner ständig von Bienen besuchten getüpfelten Stübchen. Die Kastanie hatte ihre Spitztürme weißer Sterne und der Weißdorn seine bleichen Monde der Schönheit. Ja, bestimmt würde sie mitbekommen, wenn er sie nur finden könnte! Sie würde mit ihm kommen in den schönen Wald, und den ganzen Tag würde er zu ihrer Freude tanzen. Ein Lächeln erhellte bei diesem Gedanken seine Augen, und er ging in den nächsten Raum.

Von allen Räumen war dies der prächtigste und schönste. Die Wände waren mit in sich geblümtem blaßrotem Lucceser Damast bespannt, der ein Muster von Vögeln und zierlichen silbernen Blüten trug; die Möbel aus massivem Silber schmückten Blumengirlanden und schaukelnde Liebesgötter; vor den beiden gewaltigen Kaminen standen große, mit Papageien und Pfauen bestickte Paravents, und der Fußboden aus meergrünem Onyx schien sich weit in die Ferne zu dehnen. Er befand sich auch nicht allein. Unter dem Schatten des Türbogens am äußersten Ende des Raumes sah er eine kleine Gestalt stehen, die ihn beobachtete. Sein Herz bebte, ein Freudenschrei löste sich von den Lippen, und er trat hinaus in das Sonnenlicht. Als er es tat, trat auch die Gestalt hervor, und er nahm sie deutlich wahr.

Die Infantin? Eine Mißgeburt war es, die lächerlichste Mißgeburt, die er je gesehen hatte. Nicht ansehnlich von Gestalt wie alle anderen Leute, sondern bucklig und krummbeinig, mit einem mächtigen Hängekopf und einer Zottelmähne schwarzen Haares. Der kleine Zwerg runzelte die Stirn, und die Mißgeburt runzelte ebenfalls die Stirn. Er lachte, und sie lachte mit und hielt sich die Seiten, geradeso wie er selbst. Er machte ihr eine spöttische Verbeugung, und sie erwiderte sie mit einer tiefen Reverenz. Er ging auf sie zu, und sie kam ihm entgegen, jeden Schritt nachahmend, den er tat, und blieb stehen, wenn er selbst stehenblieb. Er jauchzte vor Vergnügen und lief vorwärts und streckte die Hand aus, und die Hand der Mißgeburt berührte die seine, und sie war kalt wie Eis. Er bekam Angst und führte seine Hand über die Brust, und die Hand der Mißgeburt machte es ihr hurtig nach. Er versuchte, vorwärtszudrängen, aber etwas Glattes und Hartes gebot ihm Einhalt. Das Gesicht der Mißgeburt war jetzt dicht vor dem seinen und schien voller Entsetzen. Er strich sich das Haar aus den Augen. Sie äffte ihn nach. Er schlug nach ihr, und sie gab ihm Schlag für Schlag zurück. Er zeigte seinen Abscheu vor ihr, und sie schnitt ihm abscheuliche Gesichter. Er zog sich zurück, und sie entfernte sich von ihm.

Was war das? Er überlegte einen Augenblick und sah sich nach dem anderen Teil des Raumes um. Es war sonderbar, aber alles schien in dieser unsichtbaren Wand aus klarem Wasser sein Ebenbild zu haben. Ja, Bild für Bild wiederholte sich und ein Ruhebett um das andere. Der schlafende Faun, der in dem Alkoven neben dem Türbogen lag, hatte seinen schlummernden Zwillingsbruder, und die silberne Venus, die im Sonnenlicht stand, hielt ihre Arme einer ebenso lieblichen Venus entgegen.

War es das Echo? Er hatte es einmal im Tal angerufen, und es hatte ihm Wort für Wort geantwortet. Konnte es das Auge narren, wie es die Stimme nachäffte? Konnte es eine Scheinwelt schaffen, geradeso wie die richtige Welt? Konnten die Schatten der Dinge Farbe, Leben und Bewegung haben? Konnte es sein, daß ...? Er erschrak, und während er von seiner Brust die schöne weiße Rose nahm, drehte er sich um und küßte sie. Die Mißgeburt hatte auch eine Rose, Blatt für Blatt die gleiche! Sie küßte sie mit gleichen Küssen und drückte sie mit gräßlichen Gebärden an die Brust.

Als ihm die Wahrheit dämmerte, stieß er einen wilden Schrei der Verzweiflung aus und fiel schluchzend zu Boden. Also war er es, der mißgestalt und bucklig, widerwärtig anzusehen und lächerlich war. Er selbst war die Mißgeburt, und über ihn hatten alle Kinder gelacht, und die kleine Prinzessin, von der er geglaubt hatte, sie liebe ihn – auch sie hatte sich nur über seine Häßlichkeit lustig gemacht und ihren Spaß gehabt an seinen verdrehten Beinen. Warum hatten sie ihn nicht im Wald gelassen, wo es keinen Spiegel gab, der ihm erzählte, wie abscheulich er war? Warum hatte ihn sein Vater nicht lieber getötet, als ihn zu seiner Schmach zu verkaufen? Heiße Tränen rannen über seine Wangen hernieder, und er zerpflückte die weiße Rose. Die auf dem Boden liegende Mißgeburt tat das gleiche und warf die welken Blütenblätter in die Luft. Sie lag bäuchlings am Boden, und wenn er sie ansah, beobachtete sie ihn mit schmerzverzerrtem Gesicht. Er kroch fort, damit er sie nicht sähe, und bedeckte die Augen mit den Händen. Er kroch wie ein verwundetes Geschöpf in den Schatten und blieb dort stöhnend liegen.

Und in diesem Augenblick kam die Infantin mit ihren Gefährten durch die offene Fenstertür herein, und als sie den häßlichen kleinen Zwerg sahen, wie er da an der Erde lag und auf die wunderlichste und überspannteste Weise mit seinen geballten Fäusten auf den Boden schlug, da brachen sie in einen Jubel glücklichen Gelächters aus und stellten sich um ihn und beobachteten ihn.

»Sein Tanzen war drollig«, sagte die Infantin, »aber

seine Schauspielkunst ist noch drolliger. Er ist wahrhaftig beinahe so gut wie die Marionetten, nur selbstredend nicht ganz so natürlich.« Und sie bewegte ihren großen Fächer und applaudierte.

Aber der kleine Zwerg blickte nicht hoch, und sein Schluchzen wurde schwächer und schwächer, und plötzlich japste er auf sonderbare Weise nach Luft und griff sich in die Seite. Und dann fiel er wieder zurück und lag ganz still.

»Famos«, sagte die Infantin nach einer Pause, »aber jetzt mußt du für mich tanzen.«

»Ja«, riefen alle Kinder, »du mußt aufstehen und tanzen, denn du bist so geschickt wie die Berberaffen und viel komischer.«

Doch der kleine Zwerg gab keine Antwort.

Und die Infantin stampfte mit dem Fuß auf und rief ihren Onkel an, der draußen auf der Terrasse mit dem Kämmerer spazierte und einige Depeschen las, die soeben aus Mexico angelangt waren, wo man vor kurzem die Inquisition eingesetzt hatte. »Mein drolliger kleiner Zwerg schmollt«, rief sie, »du mußt ihn aufrütteln und ihm befehlen, daß er für mich tanzt.« Sie lächelten einander zu und schlenderten hinein, und Don Pedro beugte sich nieder und schlug dem Zwerg mit seinem gestickten Handschuh auf die Wange. »Du mußt tanzen, *petit monstre*«, sagte er. »Du mußt tanzen. Die Infantin von Spanien und den beiden Indien wünscht, unterhalten zu werden.«

Doch der kleine Zwerg rührte sich nicht.

»Man sollte einen Auspeitscher kommen lassen«, sagte Don Pedro müde und ging wieder auf die Terrasse. Der Kämmerer machte jedoch ein ernstes Gesicht und kniete sich neben den kleinen Zwerg und legte die Hand auf sein Herz. Und wenige Augenblicke später zuckte er die Achseln und stand auf, und nach einer tiefen Verneigung vor der Infantin sagte er: »*Mi bella princesa*, Euer drolliger kleiner Zwerg wird nie wieder tanzen. Schade drum, denn er ist so häßlich, daß er vielleicht den König zum Lächeln gebracht hätte.«

»Aber warum wird er nicht tanzen?« fragte die Infantin lachend.

»Weil ihm das Herz gebrochen ist«, antwortete der Kämmerer.

Und die Infantin runzelte die Stirn und warf in reizender Verachtung die hübschen rosenblättrigen Lippen auf. »In Zukunft laßt die, die zu mir spielen kommen, keine Herzen haben«, rief sie und lief hinaus in den Garten.

Der Fischer und seine Seele

Jeden Abend fuhr der junge Fischer aufs Meer hinaus und warf seine Netze ins Wasser.

Wenn der Wind vom Land blies, fing er nichts oder bestenfalls nur wenig, denn es war ein böser Wind mit schwarzen Schwingen, und steile Wogen hoben sich ihm entgegen. Blies jedoch der Wind zur Küste hin, dann kamen die Fische aus der Tiefe herbei und schwammen in die Maschen seiner Netze, und er brachte sie zum Markt und verkaufte sie.

Jeden Abend fuhr er aufs Meer hinaus, und eines Abends war das Netz so schwer, daß er es kaum ins Boot zu ziehen vermochte. Und er lachte und sprach zu sich: ›Wahrlich, entweder habe ich alle Fische gefangen, die da schwimmen, oder ein gewaltiges Ungeheuer, das die Menschen wie ein Wunder anstaunen werden, oder etwas Grausiges nach dem Begehr der großen Königin‹, und indem er seine ganze Kraft aufbot, zerrte er an den rauhen Leinen, bis, wie eine Zeichnung aus blauer Emaille auf einer Bronzevase, die langen Adern an seinen Armen hervortraten. Er zerrte an den dünnen Leinen, und näher kam der Ring flacher Korke, und endlich stieg das Netz an die Oberfläche des Wassers.

Aber kein einziger Fisch war darin noch irgendein Ungeheuer oder etwas Grausiges, nur eine kleine Seejungfrau, die in tiefem Schlummer lag.

Ihr Haar war wie ein nasses goldenes Vlies und jedes einzelne Haar wie eine Ader von feinem Gold in einem gläsernen Kelch. Ihr Leib glich weißem Elfenbein, und ihr Schwanz war von Silber und Perlen. Von Silber und Perlen war ihr Schwanz, und die grünen Algen des Meeres wanden sich um ihn, und wie Seemuscheln waren die Ohren, und ihre Lippen waren wie Seekorallen. Die kalten Wogen spülten über ihre kalten Brüste, und das Salz glitzerte auf ihren Lidern.

So schön war sie, daß der junge Fischer bei ihrem Anblick von Staunen erfüllt war, und er streckte die Hand aus und zog das Netz nahe an sich heran, und er beugte sich über Bord und umfing sie mit seinen Armen. Und als er sie berührte, stieß sie einen Schrei aus wie eine aufgeschreckte Seemöwe und erwachte und sah ihn mit Entsetzen in ihren Purpuramethystaugen an und wand sich, um zu entfliehen. Doch er hielt sie fest an sich gepreßt und wollte sie nicht entfliehen lassen.

Und als sie sah, daß sie ihm auf keine Weise zu entrinnen vermochte, begann sie zu weinen und sagte: »Ich bitte dich, laß mich fort, denn ich bin eines Königs einzige Tochter, und mein Vater ist alt und allein.«

Aber der junge Fischer antwortete: »Ich will dich nicht fortlassen, wenn du mir nicht das Versprechen gibst, stets zu kommen, wenn ich dich rufe, und für mich zu singen, denn die Fische lauschen gern dem Gesang des Meervolks, und so werden meine Netze voll sein.«

»Wirst du mich wirklich und wahrhaftig fortlassen, wenn ich dir das verspreche?« rief die Seejungfrau.

»Wirklich und wahrhaftig werde ich dich ziehen lassen«, sagte der junge Fischer.

So gab sie ihm das gewünschte Versprechen und beschwor es mit dem Eid des Meervolks. Und er löste die Arme von ihr, und sie tauchte ins Wasser, zitternd in einem unbekannten Bangen.

Jeden Abend fuhr der junge Fischer aufs Meer hinaus und rief die Seejungfrau, und sie stieg aus dem Wasser und sang für ihn. Rund um sie schwammen die Delphine, und die wilden Möwen kreisten über ihrem Kopf.

Und sie sang ein wundersames Lied. Denn sie sang von

dem Meervolk, das seine Herden von Höhle zu Höhle treibt und die kleinen Kälber auf den Schultern trägt; von den Tritonen, die lange grüne Bärte und eine behaarte Brust haben und die auf gedrehten Muscheln blasen, wenn der König vorbeizieht; von dem Palast des Königs, der ganz aus Bernstein ist, mit einem Dach aus reinem Smaragd und einem Boden aus schimmernden Perlen; und von den Gärten des Meeres, wo den ganzen Tag die großen Filigranfächer aus Korallen wedeln und die Fische gleich silbernen Vögeln umherschießen und die Anemonen sich an die Felsen klammern und die Nelken aus dem gerippten gelben Sand sprießen. Sie sang von den großen Walen, die aus den Nordmeeren kommen und spitze Eiszapfen an ihren Flossen haben; von den Sirenen, die von so wundersamen Dingen erzählen, daß die Kaufleute ihre Ohren mit Wachs verstopfen müssen, damit sie sie nicht hören und ins Wasser springen und ertrinken; von den gesunkenen Galeeren mit ihren hohen Masten und den erstarrten Matrosen, die im Takelwerk hängen, und den Makrelen, die durch die offenen Ladeluken ein- und ausschwimmen; von den kleinen Entenmuscheln, die große Reisende sind und sich an den Kiel der Schiffe heften und rund um die Welt fahren; und von den Tintenfischen, die im Klippenhang wohnen und ihre langen schwarzen Arme ausstrecken und es Nacht werden lassen, wenn sie wollen. Sie sang von dem Nautilus, der sein eigenes Boot hat, aus einem Opal geschnitten und durch ein seidenes Segel getrieben; von den glücklichen Meermännern, die auf Harfen spielen und den großen Kraken in Schlaf zaubern können; von den kleinen Kindern, die die schlüpfrigen Tümmler packen und lachend auf ihren Rücken reiten; von den Seejungfrauen, die im weißen Schaum liegen und den Seeleuten die Arme entgegenstrekken, und von den Seelöwen mit ihren gebogenen Hauern und den Seepferden mit ihren wehenden Mähnen.

Und wenn sie sang, kamen alle Thunfische aus der Tiefe herbei, um ihr zu lauschen, und der junge Fischer warf seine Netze um sie und fing sie, und andere fing er mit dem Spieß. Und wenn sein Boot wohlbeladen war, lächelte ihm die Seejungfrau zu und sank ins Meer hinab.

Niemals kam sie ihm jedoch so nahe, daß er sie zu berühren vermochte. Oftmals rief er und bat er sie; aber sie wollte nicht, und wenn er sie zu fassen versuchte, tauchte sie wie ein Seehund ins Wasser, und er sah sie den ganzen Tag nicht wieder. Und jeden Tag klang ihm ihre Stimme süßer in den Ohren. So süß war ihre Stimme, daß er seine Netze und seine List vergaß und sich nicht um sein Gewerbe kümmerte. Mit scharlachroten Flossen und Augen von gebuckeltem Gold kamen die Thunfische in Schwärmen vorbei, doch er achtete ihrer nicht. Sein Spieß lag unbenutzt neben ihm, und seine Körbe aus geflochtenen Weidenruten blieben leer. Mit geöffneten Lippen und Augen, die dunkel waren vor Staunen, saß er müßig in seinem Boot und lauschte, lauschte, bis die Seenebel um ihn krochen und der wandernde Mond seine braunen Glieder mit Silber überzog.

Und eines Abends rief er sie und sagte: »Kleine Seejungfrau, kleine Seejungfrau, ich liebe dich. Nimm mich zum Bräutigam, denn ich liebe dich.« Doch die Seejungfrau schüttelte den Kopf. »Du hast eine Menschenseele«, antwortete sie. »Nur wenn du deine Seele fortschicken würdest, könnte ich dich lieben.«

Und der junge Fischer sprach zu sich: ›Was nützt mir meine Seele? Ich kann sie nicht sehen. Ich kann sie nicht fühlen. Ich kenne sie nicht. Wahrlich, ich will sie fortschicken, und großer Freude werde ich teilhaftig sein.‹ Und ein Schrei des Entzückens löste sich von seinen Lippen, und er stand auf in dem bemalten Boot und streckte die Arme nach der Seejungfrau aus. »Ich werde meine Seele fortschicken«, rief er, »und du sollst meine Braut sein, und ich will dein Bräutigam sein, und in der Tiefe des Meeres werden wir zusammen wohnen, und alles, wovon du gesungen hast, sollst du mir zeigen, und alles, was du begehrst, werde ich tun, und unser beider Leben soll eins sein.«

Und die kleine Seejungfrau lachte vor Freude und barg das Gesicht in den Händen.

»Aber wie soll ich meine Seele von mir schicken?« rief der junge Fischer. »Sag mir, wie ich es tun kann, und siehe, es soll getan werden.«

»Ach, ich weiß es nicht«, sagte die kleine Seejungfrau, »das Meervolk hat keine Seelen.« Und sie blickte ihn singend an und sank in die Tiefe hinab.

Früh am nächsten Morgen, ehe noch die Sonne die Spanne einer Männerhand hoch über dem Hügel stand, ging der junge Fischer zum Hause des Priesters und klopfte dreimal an die Tür.

Der Novize blickte durch die Türklappe hinaus, und als er sah, wer es war, zog er den Riegel zurück und sagte zu ihm: »Tritt ein.«

Und der junge Fischer ging hinein und kniete auf den süß duftenden Binsen am Boden nieder und rief den Priester an, der aus der Bibel las, und sagte zu ihm: »Vater, ich liebe eine vom Meervolk, und meine Seele hindert mich, mein Verlangen zu erfüllen. Sage mir, wie ich meine Seele von mir schicken kann, denn wahrhaftig, ich brauche sie nicht. Welchen Wert hat meine Seele für mich? Ich kann sie nicht sehen. Ich kann sie nicht fühlen. Ich kenne sie nicht.«

Und der Priester schlug sich an die Brust und antwortete: »Wehe, wehe, du bist toll oder hast von einem giftigen Kraut gegessen, denn die Seele ist der edelste Teil des Menschen und wurde uns von Gott gegeben, damit wir uns ihrer auf edle Weise bedienen. Nichts Kostbareres gibt es als eine Menschenseele, noch kann irgend etwas Irdisches mit ihr verglichen werden. Sie wiegt alles Gold der Erde auf und ist kostbarer als die Rubine der Könige. Deshalb, mein Sohn, denke nicht mehr an diese Sache; denn sie ist eine Sünde, die keine Vergebung kennt. Und was das Meervolk betrifft, so ist es verloren, und die mit ihm Umgang haben, sind gleichfalls verloren. Es ist wie die Tiere auf dem Felde, die nicht Gut von Böse unterscheiden können, und nicht für sie ist der Herr gestorben.«

Des jungen Fischers Augen füllten sich mit Tränen, als er die strengen Worte des Priesters hörte, und er erhob sich von den Knien und sagte zu ihm: »Vater, die Faune leben im Wald und sind fröhlich, und auf den Felsen sitzen die Meermänner mit ihren Harfen aus rotem Gold. Ich bitte dich, laß mich sein, wie sie sind, denn ihre Tage sind die Tage der Blumen. Und was meine Seele betrifft, was ist mir meine Seele nütze, wenn sie zwischen mir und dem Ge-schöpf steht, das ich liebe?«

»Die Liebe des Leibes ist ruchlos«, rief der Priester und runzelte die Brauen, »und ruchlos und verderbt sind die heidnischen Wesen, die Gott durch seine Welt schwärmen läßt. Verflucht seien die Faune des Waldes und verflucht die Sänger des Meeres! Ich habe sie zur Nachtzeit gehört, und sie versuchten, mich von meinem Rosenkranz fortzulok-ken. Sie klopfen ans Fenster und lachen. Sie wispern mir die Zahl ihrer verwegenen Freuden in die Ohren. Sie versu-chen mich mit Versuchungen, und wenn ich bete, schneiden sie mir Gesichter. Sie sind verloren, sage ich dir, sie sind verloren. Für sie gibt es weder Himmel noch Hölle, und in keinem von beiden sollen sie Gottes Namen preisen.«

»Vater«, rief der junge Fischer, »du weißt nicht, was du sprichst. Einmal fing ich in meinem Netz die Tochter eines Königs. Sie ist schöner als der Morgenstern und weißer als der Mond. Für ihren Leib würde ich meine Seele hergeben, und für ihre Liebe würde ich auf den Himmel verzichten.

Sag mir, wonach ich dich frage, und laß mich in Frieden ziehen.«

»Hinweg! Hinweg!« rief der Priester. »Deine Buhle ist verloren, und du wirst mit ihr verloren sein.« Und er gab ihm nicht seinen Segen, sondern trieb ihn von seiner Tür.

Und der junge Fischer ging hinab zum Marktplatz, und er wanderte langsam und gesenkten Kopfes, wie einer, der Kummer hat.

Und als ihn die Kaufleute kommen sahen, begannen sie untereinander zu flüstern, und einer trat zu ihm und rief ihm beim Namen und fragte ihn: »Was hast du zu verkaufen?«

»Ich will dir meine Seele verkaufen«, antwortete er; »ich bitte dich, kaufe sie mir ab; denn sie ist mir lästig. Was ist mir meine Seele nütze? Ich kann sie nicht sehen. Ich kann sie nicht fühlen. Ich kenne sie nicht.«

Doch die Kaufleute verlachten ihn und sagten: »Was ist uns eines Menschen Seele nütze? Sie ist keine beschnittene Silbermünze wert. Verkaufe uns deinen Leib als Sklave, und wir werden dich in Meerespurpur kleiden und dir einen Ring an den Finger stecken und dich zum Liebling der großen Königin machen. Aber rede nicht von der Seele, denn für uns bedeutet sie nichts, noch hat sie irgendeinen Wert zu unserem Nutzen.«

Und der junge Fischer sprach zu sich: ›Welch sonderbare Sache ist das doch! Der Priester sagt mir, die Seele sei alles Gold der Erde wert, und die Kaufleute sagen, sie sei keine beschnittene Silbermünze wert.‹ Und er verließ den Marktplatz und ging hinab zum Meeresstrand und begann darüber nachzudenken, was er tun sollte.

Und gegen Mittag erinnerte er sich, daß ihm einer seiner Gefährten, der Meerfenchel sammelte, von einer jungen Hexe erzählt hatte, die im Vorgebirge der Bucht in einer Höhle wohnte und sehr erfahren war in ihrer Zauberei.

Und er machte sich auf und lief, so begierig war er, seine Seele loszuwerden, und eine Staubwolke folgte ihm, als er durch den Sand um die Küste eilte. Das Jucken ihrer Handfläche kündigte der jungen Hexe sein Kommen an, und sie lachte und ließ ihr rotes Haar herab. Mit ihrem roten Haar, das um sie niederfiel, stand sie in der Öffnung der Höhle, und in der Hand hielt sie einen Zweig wilden Schierlings, der blühte.

»Was begehrst du? Was begehrst du?« rief sie, als er keuchend den steilen Hang hinaufkam und sich vor ihr niederbeugte. »Fische für dein Netz, wenn der Wind widrig ist? Ich habe eine kleine Rohrpfeife, und wenn ich darauf blase, kommen die Meeräschen in die Bucht geschwommen. Aber sie hat ihren Preis, hübscher Junge, sie hat ihren Preis. Was begehrst du? Was begehrst du? Einen Sturm, daß die Schiffe zerschellen und die Kisten mit reichen Schätzen an den Strand spülen? Ich habe mehr Stürme als der Wind, denn ich diene einem, der stärker ist als der Wind, und mit einem Sieb und einem Kübel Wasser kann ich die großen Galeeren auf den Grund des Meeres schicken. Aber ich habe meinen Preis, hübscher Junge, ich habe meinen Preis. Was begehrst du? Was begehrst du? Ich kenne eine Blume, die im Tal wächst, niemand als ich kennt sie. Sie hat purpurne Blätter und einen Stern im Herzen, und ihr Saft ist weiß wie Milch. Solltest du mit dieser Blume die harten Lippen der Königin berühren, so würde sie dir durch die ganze Welt folgen. Aus dem Bett des Königs würde sie aufstehen, und durch die ganze Welt würde sie dir folgen. Doch sie hat ihren Preis, hübscher Junge, sie hat ihren Preis. Was begehrst du? Was begehrst du? Ich kann eine Kröte in einem Mörser zerstampfen und eine Brühe daraus bereiten und die Brühe mit eines Toten Hand umrühren. Benetze deinen Feind damit, wenn er schläft, und er wird sich in eine schwarze Natter verwandeln, und seine eigene

Mutter wird ihn erschlagen. Mit einem Rad kann ich den Mond vom Himmel locken, und in einem Kristall kann ich dir den Tod zeigen. Was begehrst du? Was begehrst du? Sag mir dein Begehr, und ich will es dir erfüllen, und du sollst mir einen Preis zahlen, hübscher Junge, du sollst mir einen Preis zahlen.«

»Mein Begehr steht nur nach einer kleinen Sache«, sagte der junge Fischer, »aber der Priester hat mir gezürnt und mich davongejagt. Es ist nur eine kleine Sache, und die Kaufleute haben mich verlacht und abgewiesen. Deshalb bin ich zu dir gekommen, obgleich die Menschen dich böse nennen, und welches auch dein Preis sein mag, ich werde ihn zahlen.«

»Was willst du?« fragte die Hexe und näherte sich ihm.

»Ich will meine Seele von mir schicken«, antwortete der junge Fischer. Die Hexe wurde bleich und schauderte und barg das Gesicht in ihrem blauen Mantel. »Hübscher Junge, hübscher Junge«, murmelte sie, »das zu tun ist eine schreckliche Sache.«

Er schüttelte seine braunen Locken und lachte.

»Meine Seele bedeutet mir nichts«, antwortete er. »Ich kann sie nicht sehen. Ich kann sie nicht fühlen. Ich kenne sie nicht.«

»Was willst du mir geben, wenn ich es dir sage?« fragte die Hexe und blickte mit ihren schönen Augen auf ihn nieder.

»Fünf Goldstücke«, sagte er, »und meine Netze und das Haus aus Flechtwerk, in dem ich wohne, und das bemalte Boot, in dem ich segle. Sage mir nur, wie ich meine Seele loswerde, und ich will dir alles geben, was ich besitze.«

Sie lachte spöttisch über ihn und schlug ihn mit dem Schierlingszweig. »Ich kann die Herbstblätter in Gold verwandeln«, antwortete sie, »und wenn ich will, kann ich die bleichen Mondstrahlen zu Silber weben. Er, dem ich diene, ist reicher als alle Könige dieser Welt und Herr über ihre Gebiete.«

»Was sonst soll ich dir geben«, rief er, »wenn dein Preis weder Gold noch Silber ist?«

Die Hexe strich sich mit der zarten, weißen Hand übers Haar. »Du mußt mit mir tanzen, hübscher Junge«, sagte sie leise, und sie lächelte ihn an, als sie sprach.

»Nichts als das?« rief der junge Fischer verwundert aus und erhob sich.

»Nichts als das«, antwortete sie und lächelte ihn abermals an.

»Dann werden wir bei Sonnenuntergang an einem verschwiegenen Ort miteinander tanzen«, sagte er, »und wenn wir getanzt haben, sollst du mir sagen, was ich zu wissen wünsche.«

Sie schüttelte den Kopf. »Wenn der Mond voll ist, wenn der Mond voll ist«, murmelte sie.

Dann schaute sie suchend in die Runde und lauschte. Ein blauer Vogel flog kreischend aus seinem Nest auf und kreiste über den Dünen, und drei gesprenkelte Vögel raschelten durch das harte graue Gras und pfiffen einander zu. Sonst kein Laut als das Geräusch einer Welle, die unten an den glatten Kieseln nagte. Also streckte sie die Hand aus, zog ihn dicht an sich heran und legte ihre trockenen Lippen an sein Ohr.

»Heute nacht mußt du zum Gipfel des Berges kommen«, raunte sie. »Es ist ein Sabbat, und Er wird da sein.«

Der junge Fischer fuhr zurück und sah sie an, und sie zeigte ihre weißen Zähne und lachte.

»Wer ist Er, von dem du sprichst?« fragte er.

»Das tut nichts zur Sache«, antwortete sie. »Komm heute nacht und stelle dich unter die Äste der Weißbuche und warte auf mich. Läuft ein schwarzer Hund auf dich zu, so schlage ihn mit einer Weidenrute, und er wird fortgehen. Spricht eine Eule zu dir, so gib keine Antwort. Wenn der Mond voll ist, werde ich bei dir sein, und wir werden auf dem Gras miteinander tanzen.«

»Aber du schwörst mir, daß du mir sagen wirst, wie ich meine Seele von mir schicken kann?« fragte er.

Sie trat in das Sonnenlicht hinaus, und durch ihr rotes Haar strich in Wellen der Wind. »Bei den Hufen der Geiß schwöre ich es«, gab sie zur Antwort.

»Du bist die beste aller Hexen«, rief der junge Fischer, »und ich will ganz gewiß heute nacht mit dir auf dem Gipfel des Berges tanzen. Ich wünschte freilich, du hättest Gold oder Silber von mir verlangt. Aber so wie dein Preis ist, sollst du ihn haben, denn er ist nur gering.« Und er zog seine Mütze vor ihr und beugte tief den Kopf und lief, von großer Freude erfüllt, zurück in die Stadt.

Und die Hexe sah ihm nach, wie er davonlief, und als er außer Sicht war, trat sie in die Höhle, und nachdem sie einem Kasten aus geschnitzten Zedernholz einen Spiegel entnommen hatte, stellte sie ihn in einen Rahmen, verbrannte davor Eisenkraut auf angezündeten Holzkohlen und spähte durch die Rauchwirbel. Und nach einer Weile ballte sie zornig die Hände. »Er hätte mein sein sollen«, murmelte sie, »ich bin so schön wie sie.«

Und am Abend, als der Mond aufgestiegen war, kletterte der junge Fischer auf den Gipfel des Berges und stellte sich unter die Äste der Weißbuche. Wie ein Schild aus blankem Metall lag zu seinen Füßen das Meeresrund, und die Schatten der Fischerboote bewegten sich in der kleinen Bucht. Eine große Eule mit schwefelgelben Augen rief ihn bei seinem Namen, aber er gab keine Antwort. Ein schwarzer Hund lief auf ihn zu und knurrte. Er schlug ihn mit einer Weidenrute, und er lief winselnd davon.

Um Mitternacht kamen die Hexen wie Fledermäuse

durch die Luft geflogen. »Pfui!« riefen sie, als sie auf den Boden aufsetzten. »Hier ist einer, den wir nicht kennen!«, und sie schnüffelten herum und schwatzten miteinander und gaben sich Zeichen. Als letzte von allen kam die junge Hexe, ihr rotes Haar flatterte im Wind. Sie trug ein Gewand aus Goldgewebe, das mit Pfauenaugen bestickt war, und auf dem Kopf ein Häubchen aus grünem Samt.

»Wo ist er, wo ist er?« kreischten die Hexen, als sie ihrer ansichtig wurden, aber sie lachte nur und lief zu der Weißbuche, und nachdem sie den jungen Fischer bei der Hand genommen hatte, führte sie ihn hinaus in das Mondlicht und begann zu tanzen.

Rundherum und rundherum wirbelten sie, und die junge Hexe sprang so hoch, daß er die scharlachroten Hacken ihrer Schuhe sehen konnte. Dann fuhr mitten durch die Tanzenden der Laut eines galoppierenden Pferdes; aber kein Pferd war zu sehen, und er fürchtete sich.

»Schneller«, schrie die Hexe, und sie warf die Arme um seinen Hals, und ihr Atem lag heiß auf seinem Gesicht. »Schneller, schneller!« schrie sie, und die Erde schien sich unter seinen Füßen zu drehen, und sein Verstand verwirrte sich, und ein großes Entsetzen kam über ihn, als belauere ihn ein böses Wesen, und schließlich wurde er gewahr, daß unterm Schatten eines Felsens eine Gestalt stand, die zuvor nicht dagewesen war.

Es war ein Mann, gekleidet in einen nach spanischer Mode geschnittenen Anzug aus schwarzem Samt. Sein Gesicht war auffallend bleich, aber seine Lippen glichen einer stolzen roten Blume. Er sah müde aus und lehnte sich an, während er achtlos mit dem Knauf seines Dolches spielte. Neben ihm im Gras lagen ein Federhut und ein Paar Reithandschuhe mit Goldborten an den Stulpen und mit Staubperlen benäht, die zu einem seltsamen Symbol gefügt waren. Ein kurzer, mit Zobel gefütterter Mantel hing ihm von der Schulter, und seine feinen, weißen Hände schmückten Ringe. Schwere Lider senkten sich über seine Augen.

Der junge Fischer sah ihn an wie einer, den ein Zauber gefangenhält. Am Ende trafen sich ihre Blicke, und wo er auch tanzte, schien ihm, als ruhten die Augen des Mannes auf ihm. Er hörte die Hexe lachen und faßte sie um den Leib und wirbelte sie wie toll im Kreise herum.

Plötzlich bellte ein Hund im Wald, und die Tanzenden hielten inne und gingen paarweise hinauf, knieten nieder und küßten die Hände des Mannes. Als sie es taten, strich ein leichtes Lächeln über seine stolzen Lippen, wie eines Vogels Flügel über das Wasser streicht und es heiter macht. Aber es lag Verachtung darin. Unverwandt blickte er auf den jungen Fischer.

»Komm! Laß uns anbeten«, flüsterte die Hexe, und sie führte ihn hinauf, und ein großes Verlangen packte ihn, zu tun, worum sie ihn bat, und er folgte ihr. Doch als er nahe war, schlug er, ohne zu wissen, warum er es tat, auf seiner Brust das Zeichen des Kreuzes und rief den heiligen Namen an.

Kaum hatte er es getan, da kreischten die Hexen wie Habichte und flogen davon, und das bleiche Gesicht dessen, der ihn belauscht hatte, verzog sich in einem Krampf des Schmerzes. Der Mann ging zu einem Wäldchen hinüber und pfiff. Ein kleines spanisches Pferd mit silberner Schabracke kam ihm entgegengelaufen. Als er in den Sattel sprang, drehte er sich um und sah den jungen Fischer traurig an.

Und die Hexe mit dem roten Haar versuchte ebenfalls davonzufliegen; doch der junge Fischer packte sie an den Handgelenken und hielt sie fest.

»Laß mich los«, schrie sie, »und halte mich nicht zurück. Denn du hast genannt, was nicht genannt werden sollte, und das Zeichen sehen lassen, das nicht erblickt werden darf.«

»Nein«, antwortete er, »ich will dich nicht gehen lassen, ehe du mir nicht das Geheimnis mitgeteilt hast.«

»Welches Geheimnis?« fragte die Hexe, die wie eine Wildkatze mit ihm rang und sich auf die schaumbedeckten Lippen biß.

»Du weißt es«, erwiderte er.

Ihre grasgrünen Augen trübten sich mit Tränen, und sie sagt zu dem Fischer: »Verlange alles von mir, nur nicht das!«

Er lachte und hielt sie nur um so fester.

Und als sie sah, daß sie sich nicht befreien konnte, flüsterte sie ihm zu: »Wahrlich, ich bin so schön wie die Töchter des Meeres und so anmutig wie die, die in den blauen Wassern wohnen«, und sie schmiegte sich an ihn und legte ihr Gesicht an das seine.

Doch finsteren Blickes stieß er sie zurück und sagte: »Wenn du das Versprechen nicht hältst, das du mir gegeben hast, werde ich dich als eine falsche Hexe töten.«

Sie wurde grau wie eine Blüte am Judasbaum und schauderte. »So sei es denn«, murmelte sie. »Es ist deine Seele und nicht meine. Mach mit ihr, was du willst.« Und sie nahm aus ihrem Gürtel ein kleines Messer mit einem Griff aus grüner Schlangenhaut und gab es ihm. »Was soll mir das nützen?« fragte er sie verwundert.

Sie schwieg eine kleine Weile, und ein Ausdruck des Entsetzens kam in ihr Gesicht. Dann strich sie sich das Haar aus der Stirn und sagte mit einem seltsamen Lächeln: »Was die Menschen den Schatten des Leibes nennen, ist nicht der Schatten des Leibes, sondern der Leib der Seele. Stell dich an den Strand, mit dem Rücken zum Mond, und schneide rings um deine Füße deinen Schatten ab, der der Leib deiner Seele ist, und gebiete deiner Seele, dich zu verlassen, und sie wird es tun.«

Der junge Fischer erbebte. »Ist das wahr?« murmelte er.

»Es ist wahr, und ich wollte, ich hätte dir nicht davon erzählt«, rief sie und umklammerte weinend seine Knie. Er schob sie von sich zum Berghang, wobei er das Messer in den Gürtel steckte, und begann hinabzuklettern.

Und seine Seele, die in ihm wohnte, rief ihn an und sprach: »Siehe! Ich habe all diese Jahre mit dir gelebt und dir gedient. Schicke mich jetzt nicht fort von dir, denn was habe ich dir Böses getan?«

Und der junge Fischer lachte. »Du hast mir nichts Böses getan, aber ich brauche dich nicht«, antwortete er. »Die Welt ist weit, und da sind auch Himmel und Hölle und das dunkle Zwielichthaus, das zwischen beiden liegt. Gehe, wohin du willst, aber störe mich nicht, denn meine Liebste ruft nach mir.«

Und seine Seele flehte ihn jammernd an, aber er achtete ihrer nicht, sondern sprang von Klippe zu Klippe, denn er war sicher auf den Füßen wie die Wildziegen, und erreichte schließlich den ebenen Boden und den gelben Meeresstrand.

Mit bronzenen Gliedern und wohlgestalt wie eine von einem Griechen geschaffene Statue stand er, mit dem Rücken zum Mond, im Sand, und aus dem Schaum hoben sich weiße Arme und winkten ihm, und aus den Wogen stiegen dunkle Gestalten und huldigten ihm. Vor ihm lag sein Schatten, der der Leib seiner Seele war, und hinter ihm hing der Mond in der honigfarbenen Luft.

Und seine Seele sprach zu ihm: »Wenn du mich wirklich von dir jagen mußt, so schicke mich nicht fort ohne Herz. Die Welt ist grausam, gib mir dein Herz mit.«

Er schüttelte den Kopf und lächelte. »Womit sollte ich meine Liebste lieben, wenn ich dir mein Herz gäbe?« rief er.

»Sei barmherzig«, sagte seine Seele, »gib mir dein Herz, denn die Welt ist sehr grausam, und ich fürchte mich.«

»Mein Herz gehört meiner Liebsten«, antwortete er, »deshalb säume nicht, sondern scher dich fort.«

»Soll nicht auch ich lieben?« fragte seine Seele.

»Scher dich fort, denn ich brauche dich nicht«, rief der junge Fischer, und er nahm das kleine Messer mit dem Griff aus grüner Schlangenhaut und schnitt rings um seine Füße seinen Schatten ab, und der Schatten erhob sich und stand vor ihm und sah ihn an, und er war wie er selbst.

Er wich zurück und stieß das Messer in seinen Gürtel, und ein Gefühl heiliger Scheu überkam ihn. »Scher dich fort«, murmelte er, »und laß mich nie wieder dein Gesicht sehen.«

»Nein, wir müssen uns wieder treffen«, sagte die Seele. Ihre Stimme war leise und glich einer Flöte, und ihre Lippen bewegten sich kaum, als sie sprach.

»Wie sollen wir uns treffen?« rief der junge Fischer. »Du wirst mir doch nicht in die Tiefen des Meeres folgen?«

»Einmal in jedem Jahr werde ich zu diesem Ort kommen und dich rufen«, sagte die Seele. »Mag sein, daß du meiner bedarfst.«

»Wozu sollte ich deiner bedürfen?« rief der junge Fischer. »Aber sei es, wie du wünschst«, und er sprang ins Wasser, und die Tritonen bliesen auf ihren Hörnern, und die kleine Seejungfrau hob sich ihm entgegen und schlang die Arme um seinen Hals und küßte ihn auf den Mund.

Und die Seele stand an dem einsamen Strand und sah ihnen zu. Und als sie im Meer versunken waren, ging sie weinend über die Marschen davon.

Und als ein Jahr vorüber war, kam die Seele zum Strand hinab und rief den jungen Fischer, und er stieg aus der Tiefe empor und fragte: »Warum rufst du mich?«

Und die Seele antwortete: »Komm näher, damit ich mit

dir sprechen kann, denn ich habe wundersame Dinge erlebt.«

Also kam er näher und streckte sich in das seichte Wasser und stützte den Kopf in die Hand und lauschte.

Und die Seele sprach zu ihm: »Als ich dich verließ, wandte ich das Gesicht gen Osten und wanderte. Vom Osten kommt alles, was weise ist. Sechs Tage wanderte ich, und am Morgen des siebenten Tages kam ich zu einem Hügel, der im Lande der Tataren liegt. Ich setzte mich in den Schatten einer Tamariske, um mich vor der Sonne zu schützen. Das Land war dürr und von der Hitze verbrannt. Die Leute kamen und gingen über die Ebene wie Fliegen, die auf einer blanken Kupferscheibe umherkriechen.

Als es Mittag war, stieg eine rote Staubwolke von dem flachen Rand des Landes auf. Als die Tataren ihrer gewahr wurden, spannten sie ihre bemalten Bogen, sprangen auf ihre kleinen Pferde und galoppierten ihr entgegen. Die Weiber flohen kreischend zu den Wagen und verbargen sich hinter den Filzvorhängen.

In der Dämmerung kehrten die Tataren zurück, aber fünf fehlten, und von denen, die wiederkamen, waren nicht wenige verwundet. Sie spannten ihre Pferde vor die Wagen und fuhren eilends davon. Drei Schakale kamen aus einer Höhle und schauten ihnen nach. Dann sogen sie die Luft in die Nüstern ein und trabten in entgegengesetzter Richtung fort.

Als der Mond aufstieg, sah ich das Lagerfeuer auf der Ebene brennen und ging darauf zu. Eine Schar Kaufleute saß auf Teppichen um das Feuer. Ihre Kamele waren hinter ihnen angepflockt, und die Neger, die ihre Diener waren, schlugen Zelte aus gegerbten Fellen im Sand auf und errichteten eine hohe Mauer aus Feigendisteln.

Als ich mich ihnen näherte, stand der Anführer der Kaufleute auf und zog seinen Säbel und fragte nach meinem Begehr.

Ich antwortete, ich sei ein Fürst in meinem Lande und vor den Tataren geflohen, die versucht hätten, mich zu ihrem Sklaven zu machen. Der Anführer lächelte und zeigte mir fünf Köpfe, die auf langen Bambusrohren steckten. Dann fragte er mich, wer der Prophet Gottes sei, und ich erwiderte: ›Mohammed.‹

Als er den Namen des falschen Propheten hörte, verneigte er sich und nahm mich bei der Hand und ließ mich an seiner Seite sitzen. Ein Neger brachte mir Stutenmilch in einer hölzernen Schale und ein Stück geröstetes Lammfleisch.

Bei Tagesanbruch machten wir uns auf den Weg. Ich ritt auf einem rothaarigen Kamel neben dem Anführer, und ein Läufer, der einen Speer trug, lief vor uns her. Zu beiden Seiten ritten die Krieger, und die Maultiere folgten mit den Waren. Vierzig Kamele gingen in der Karawane, und der Maultiere waren zweimal vierzig an der Zahl.

Wir zogen vom Land der Tataren in das Land derer, die dem Mond fluchen. Wir sahen auf den weißen Felsen die Greifen ihr Gold bewachen und in ihren Höhlen die schuppigen Drachen schlafen. Als wir über das Gebirge zogen, hielten wir den Atem an, damit die Schneemassen nicht auf uns niederstürzten, und jeder band sich einen Gazeschleier vor die Augen. Als wir durch die Täler kamen, schossen die Pygmäen aus ihren Baumhöhlen mit Pfeilen nach uns, und zur Nachtzeit hörten wir die Wilden ihre Trommeln schlagen. Als wir zum Turm der Affen kamen, setzten wir ihnen Früchte vor, und sie taten uns nichts zuleide. Als wir zum Turm der Schlangen kamen, gaben wir ihnen warme Milch in Messingschüsseln, und sie ließen uns vorbeiziehen. Dreimal auf unseren Reisen kamen wir zu den Ufern des Oxus. Wir überquerten ihn auf Holzflößen mit großen Schwimmblasen aus Tierhaut. Die Flußpferde wüteten gegen uns und versuchten uns zu töten. Als die Kamele ihrer ansichtig wurden, zitterten sie.

Die Könige jeder Stadt erhoben Zoll von uns, duldeten jedoch nicht, daß wir durch ihre Tore einzogen. Sie warfen uns Brot über die Mauern, kleine, in Honig gebackene Maiskuchen und mit Datteln gefüllte Kuchen aus feinem Mehl. Für je hundert Körbe gaben wir ihnen eine Bernsteinperle.

Wenn uns die Bewohner der Dörfer kommen sahen, vergifteten sie die Brunnen und flohen auf die Höhen der kleinen Berge. Wir kämpften gegen die Magadäer, die alt geboren und von Jahr zu Jahr jünger werden und als kleine Kinder sterben, und gegen die Laktroiten, die behaupten, Söhne von Tigern zu sein, und sich gelb und schwarz anmalen, und gegen die Auranten, die ihre Toten in Baumwipfeln beisetzen und selber in dunklen Höhlen leben, damit die Sonne, die ihr Gott ist, sie nicht erschlage, und gegen die Krimnier, die ein Krokodil anbeten und ihm Ohrgehänge aus grünem Glas darbringen und es mit Butter und frischem Geflügel füttern, und gegen die Agazonbiten, die ein Hundegesicht haben, und gegen die Sibaner, die Pferdehufe haben und schneller laufen als Pferde. Ein Drittel unserer Schar starb im Kampf, und ein Drittel starb an Entbehrung. Die übrigen murrten wider mich und sagten, ich hätte ihnen Unglück gebracht. Ich zog eine Viper unter einem Stein hervor und ließ mich von ihr beißen. Als sie sahen, daß ich nicht krank wurde, bekamen sie Angst.

Im vierten Monat erreichten wir die Stadt Illel. Es war Nacht, als wir zu dem Wäldchen kamen, das sich außerhalb der Mauern befindet, und die Luft war schwül, denn der Mond stand im Skorpion. Wir holten die reifen Granatäpfel von den Bäumen, brachen sie auf und tranken ihren süßen Saft. Dann legten wir uns auf unsere Teppiche nieder und erwarteten die Morgendämmerung.

Und im Morgendämmern standen wir auf und klopften an das Tor der Stadt. Es war aus roter Bronze gefügt, in die

Meerdrachen und Drachen mit Flügeln graviert waren. Die Wächter blickten von ihren Zinnen herab und fragten uns nach unserm Begehr. Der Dolmetsch der Karawane antwortete, wir kämen mit vielen Waren von der Insel Syria. Sie nahmen Geiseln und sagten uns, um Mittag würden sie uns das Tor öffnen, und geboten uns, so lange zu warten.

Als es Mittag war, öffneten sie das Tor, und als wir einzogen, kamen die Leute in Scharen aus ihren Häusern, um uns zu sehen, und ein Ausrufer ging durch die Stadt und rief uns durch eine Muschel aus. Wir standen auf dem Marktplatz, und die Neger knüpften die Ballen mit gemusterten Stoffen auf und öffneten die Truhen aus geschnitzter Sykomore. Und als sie ihre Arbeit beendet hatten, legten die Kaufleute ihre fremdländischen Waren aus, das gewachste Leinen aus Ägypten und das bemalte Leinen aus dem Lande der Äthiopier, die Purpurschwämme aus Tyrus und die blauen Wandbehänge aus Sidon, die kühlen Bernsteinschalen und die zarten Glasgefäße und die seltsamen Gefäße aus gebranntem Ton. Vom Dach eines Hauses sah uns eine Schar Frauen zu. Eine von ihnen trug eine Maske aus vergoldetem Leder.

Und am ersten Tag kamen die Priester und trieben Tauschhandel mit uns, und am zweiten Tag kamen die Vornehmen, und am dritten Tag kamen die Handwerker und die Sklaven. Und so war es bei ihnen der Brauch mit allen Kaufleuten, solange diese in der Stadt weilten.

Und wir verweilten für die Dauer eines Mondes, und als der Mond abnahm, wurde ich dessen überdrüssig und wanderte davon durch die Straßen der Stadt und kam zu dem Garten ihres Gottes. Die Priester in ihren gelben Gewändern bewegten sich schweigend zwischen den grünen Bäumen, und auf einem Pflaster von schwarzem Marmor stand das rosenfarbene Haus, in dem der Gott seine Heimstatt hatte. Seine Türen waren aus feingemustertem Lack, und darauf waren Stiere und Pfauen in getriebenem, glänzendem Gold angebracht. Das Dach war mit Ziegeln aus meergrünem Porzellan gedeckt, und an den hervorspringenden Dachtraufen hingen Girlanden kleiner Glocken. Wenn die weißen Tauben vorbeiflogen, schlugen sie mit den Flügeln an die Glocken und ließen sie erklingen.

Vor dem Tempel befand sich ein Becken klaren Wassers, das mit geädertem Onyx ausgelegt war. Ich legte mich bei ihm nieder und berührte mit meinen bleichen Fingern die breiten Blätter. Einer von den Priestern kam auf mich zu und stellte sich hinter mich. Er trug Sandalen an den Füßen, die eine aus weicher Schlangenhaut und die andere aus Vogelfedern. Auf dem Kopf hatte er eine Mitra aus schwarzem Filz, die mit silbernen Mondsicheln geschmückt war. Sieben Schattierungen Gelb waren in sein Gewand verwoben, und sein gekräuseltes Haar war mit Antimon gefärbt.

Nach einer kleinen Weile sprach er zu mir und fragte mich nach meinem Begehr.

Ich sagte ihm, mein Begehr sei, den Gott zu sehen.

›Der Gott ist auf der Jagd‹, sagte der Priester, indem er mich aus seinen kleinen, schrägen Augen sonderbar ansah.

›Sag mir, in welchem Wald, und ich will mit ihm reiten‹, antwortete ich.

Er kämmte mit seinen langen, spitzen Nägeln die weichen Fransen seines Untergewandes aus. ›Der Gott schläft‹, murmelte er.

›Sage mir, auf welchem Lager, und ich will bei ihm wachen‹, antwortete ich.

›Der Gott ist beim Festmahl‹, rief er.

›Ist der Wein süß, so will ich mit ihm trinken, und ist er herb, so will ich ihn gleichfalls mit ihm trinken‹, war meine Antwort.

Er neigte verwundert den Kopf, und er hob mich auf, indem er mich bei der Hand faßte, und führte mich in den Tempel.

Und in dem ersten Gemach sah ich einen Götzen auf einem Thron aus Jaspis sitzen, der mit großen, schimmernden Perlen besetzt war. Er war aus Ebenholz geschnitzt und von Wuchs so groß wie ein Mann. Auf der Stirn trug er einen Rubin, und dickes Öl troff aus seinem Haar bis auf seine Schenkel. Seine Füße waren rot vom Blut eines jüngst getöteten Zickleins und seine Lenden mit einem kupfernen Gürtel gegürtet, der mit sieben Beryllen besetzt war.

Und ich fragte den Priester: ›Ist dies der Gott?‹ Und er antwortete mir: ›Dies ist der Gott.‹

›Zeige mir den Gott‹, rief ich, ›oder wahrlich, ich werde dich töten.‹ Und ich berührte seine Hand, und sie welkte.

Und der Priester flehte mich an und sprach: ›Möge mein Gebieter seinen Diener heilen, und ich will ihm den Gott zeigen.‹

Also blies ich meinen Atem auf seine Hand, und sie wurde wieder gesund, und er zitterte und führte mich in das zweite Gemach, und ich sah einen Götzen stehen auf einem Lotos aus Jade, an dem große Smaragde hingen. Er war aus Elfenbein geschnitzt und von Wuchs zweimal so groß wie ein Mann. Auf der Stirn trug er einen Chrysolith, und seine Brüste waren mit Myrrhen und Zimt gesalbt. In einer Hand hielt er ein gekrümmtes Zepter aus Jade und in der anderen einen runden Kristall. Er trug eherne Kothurne, und um seinen dicken Hals lag ein Ring Seleniten.

Und ich fragte den Priester: ›Ist dies der Gott?‹ Und er antwortete mir: ›Dies ist der Gott.‹

›Zeige mir den Gott‹, rief ich, ›oder wahrlich, ich werde dich töten.‹ Und ich berührte seine Augen, und sie wurden blind.

Und der Priester flehte mich an und sprach: ›Möge mein

Gebieter seinen Diener heilen, und ich will ihm den Gott zeigen.‹

Also blies ich meinen Atem auf seine Augen, und sie erhielten das Gesicht zurück, und abermals zitterte er und führte mich in das dritte Gemach, und siehe, darinnen war kein Götze noch irgendein Bildwerk, sondern nur ein runder Spiegel aus Metall auf einem steinernen Altar.

Und ich fragte den Priester: ›Wo ist der Gott?‹

Und er antwortete mir: ›Es gibt keinen Gott als diesen Spiegel, den du siehst, denn dies ist der Spiegel der Weisheit. Und er spiegelt alle Dinge wider, die im Himmel und auf Erden sind, ausgenommen das Gesicht dessen, der hineinblickt. Das spiegelt er nicht wider, so daß der, der hineinblickt, weise zu sein vermag. Viele andere Spiegel gibt es; aber sie sind Spiegel des Eigendünkels. Dieser allein ist der Spiegel der Weisheit. Und welche diesen Spiegel besitzen, wissen das, und nichts bleibt ihnen verborgen. Und welche ihn nicht besitzen, sind nicht im Besitz der Weisheit. Deshalb ist er der Gott, und wir beten ihn an.‹ Und ich blickte in den Spiegel, und es war, wie er mir gesagt hatte.

Und ich tat etwas Ungewöhnliches; aber was ich tat, ist einerlei, denn in einem Tal, nur eine Tagesreise von diesem Ort entfernt, habe ich den Spiegel der Weisheit versteckt. Laß mich nur wieder in dich einkehren und dir dienen, und du sollst weiser sein als alle Weisen, und die Weisheit soll dein sein. Laß mich nur wieder in dich einkehren, und niemand wird weiser sein als du.« – Aber der junge Fischer lachte. »Liebe ist besser als Weisheit«, rief er, »und die kleine Seejungfrau liebt mich.«

»Nein, es gibt nichts Besseres als Weisheit«, sagte die Seele.

»Liebe ist besser«, antwortete der junge Fischer, und er sprang in die Tiefe, und die Seele ging weinend über die Marschen davon.

Und als das zweite Jahr vorüber war, kam die Seele zum Meeresstrand herab und rief den jungen Fischer, und er stieg aus der Tiefe empor und fragte: »Warum rufst du mich?«

Und die Seele antwortete: »Komm näher, damit ich mit dir sprechen kann, denn ich habe wundersame Dinge erlebt.«

Also kam er näher und streckte sich in das seichte Wasser und stützte den Kopf in die Hand und lauschte.

Und die Seele sprach zu ihm: »Als ich dich verließ, wandte ich mein Gesicht gen Süden und wanderte. Vom Süden kommt alles, was kostbar ist. Sechs Tage wanderte ich die Heerstraßen entlang, die zu der Stadt Astrabat führen, die staubigen, rotgefärbten Heerstraßen entlang wanderte ich, die von den Pilgern benutzt werden, und am Morgen des siebenten Tages hob ich meine Augen, und siehe! da lag die Stadt zu meinen Füßen, denn sie liegt in einem Tal.

Neun Tore hat diese Stadt, und vor jedem Tor steht ein Bronzepferd, das wiehert, wenn die Beduinen von den Bergen herabkommen. Die Mauern sind mit Kupfer beschlagen und die Wachtürme auf den Mauern mit Messing gedeckt. In jedem Turm steht ein Bogenschütze mit dem Bogen in der Hand. Bei Sonnenaufgang schlägt er mit einem Pfeil an einen Gong, und bei Sonnenuntergang bläst er auf einem Horn aus Horn.

Als ich einzudringen versuchte, hielten mich die Wachen zurück und fragten mich, wer ich sei. Ich gab zur Antwort, ich sei ein Derwisch und auf meinem Wege nach der Stadt Mekka, wo es einen grünen Schleier gäbe, auf den von den Händen der Engel in silbernen Lettern der Koran gestickt sei. Sie waren von Staunen erfüllt und baten mich inständig, hineinzukommen.

Drinnen ist es geradeso wie auf einem Basar. Wahrlich, du hättest mit mir sein sollen. Quer über die engen Straßen flattern die bunten Papierlaternen gleich großen Schmetterlingen. Wenn der Wind über die Dächer bläst, steigen und fallen sie wie bunte Seifenblasen. Vor ihren Buden sitzen die Kaufleute auf seidenen Teppichen. Sie haben straffe schwarze Bärte, und ihre Turbane sind mit Goldzechinen bedeckt, und lange Ketten von Bernstein und geschnitzten Pfirsichkernen gleiten durch ihre kühlen Finger. Manche von ihnen verkaufen Galbanum und Narde und seltsame Wohlgerüche von den Inseln des Indischen Meeres und das dicke Öl roter Rosen und Myrrhen und kleine, nagelförmige Gewürznelken. Wenn man stehenbleibt, um mit ihnen zu sprechen, werfen sie Prisen Weihrauch auf ein Holzkohlebecken und machen die Luft würzig. Ich sah einen Syrer, der in den Händen eine dünne, rohrgleiche Gerte hielt. Graue Rauchfäden stiegen davon auf, und ihr Duft, als sie verbrannte, glich dem Duft des rosigen Mandelbaums im Frühling. Andere verkaufen silberne Armbänder, die über und über mit erlesenen blauen Türkisen besetzt sind, und Knöchelspangen aus Messingdraht, mit kleinen Perlen umsäumt, und Tigerkrallen, in Gold gefaßt, und ebenfalls in Gold gefaßt die Krallen der goldfarbenen Katze, des Leoparden, und Ohrgehänge aus durchbohrten Smaragden und Fingerringe von ausgehöhlter Jade. Aus den Teehäusern kommt der Klang der Gitarre, und die Opiumraucher mit ihren weißen, lächelnden Gesichtern schauen zu den Vorübergehenden hinaus.

Wahrlich, du hättest bei mir sein sollen. Die Weinverkäufer mit großen schwarzen Schläuchen über den Schultern bahnen sich mit den Ellbogen ihren Weg durch das Gedränge. Die meisten von ihnen verkaufen den Wein aus Schiras, der süß ist wie Honig. Sie reichen ihn in kleinen Metallgefäßen und streuen Rosenblätter darüber. Auf dem Marktplatz stehen die Obstverkäufer, die alle Sorten Früchte verkaufen: reife Feigen mit ihrem zerquetschten purpurnen Fleisch, Melonen, die nach Moschus riechen und gelb sind wie Topas, Limonen und Jambusen und Trauben weißen Weins, runde, rotgoldene Orangen und ovale Zitronen von grünem Gold. Einmal sah ich einen Elefanten vorbeikommen. Sein Rüssel war mit Zinnober und indischem Safran bemalt, und über den Ohren hatte er ein Netz aus karmesinroter Seidenkordel. Vor einer der Buden blieb er stehen und begann Orangen zu fressen, und der Mann lachte nur. Du kannst dir nicht vorstellen, ein wie ungewöhnliches Volk das ist. Wenn sie froh sind, gehen sie zu den Vogelverkäufern und kaufen einen Vogel im Käfig und lassen ihn frei, auf daß ihre Freude noch größer sei, und wenn sie traurig sind, geißeln sie sich mit Stacheln, auf daß ihr Schmerz nicht geringer werde.

Eines Abends begegnete ich einigen Negern, die einen schweren Palankin durch den Basar trugen. Er war aus vergoldetem Bambus gefügt, und die Stangen aus hochrotem Lack waren mit messingnen Pfauen verziert. Vor den Fenstern hingen dünne Musselinvorhänge, mit Käferflügeln und winzigen Staubperlen bestickt, und als er vorbeigetragen wurde, blickte eine bleiche Tscherkessin hinaus und lächelte mir zu. Ich ging hinterher, und die Neger beschleunigten ihren Schritt und schimpften. Aber ich kümmerte mich nicht darum. Ich fühlte mich von einer großen Neugier gepackt.

Schließlich machten sie halt vor einem viereckigen weißen Haus. Es hatte keine Fenster, nur eine kleine Tür wie die Pforte zu einer Gruft. Sie setzten den Palankin nieder und klopften dreimal mit einem kupfernen Hammer. Ein Armenier in einem Kaftan aus grünem Leder spähte durch das Klappfenster, und als er sie erblickte, öffnete er und breitete einen Teppich auf den Boden, und die Frau stieg aus. Als sie hineinging, drehte sie sich um und lächelte mir abermals zu. Nie hatte ich jemanden so bleich gesehen.

Als der Mond aufstieg, kehrte ich zu der Stelle zurück und suchte das Haus, aber es war nicht mehr da. Als ich dessen gewahr wurde, wußte ich, wer die Frau war und weshalb sie mir zugelächelt hatte.

Wahrlich, du hättest mit mir sein sollen. Am Neumondfest kam der junge Kaiser aus seinem Palast und ging in die Moschee, um zu beten. Sein Haar und sein Bart waren mit Rosenblättern gefärbt und seine Wangen mit feinem Goldstaub gepudert. Die Innenflächen seiner Füße und Hände waren gelb von Safran.

Bei Sonnenaufgang kam er aus seinem Palast in einem silbernen Gewand, und bei Sonnenuntergang kehrte er dorthin zurück in einem Gewand aus Gold. Die Leute warfen sich zu Boden und verbargen ihre Gesichter, ich aber tat nicht dergleichen. Ich stand an der Bude eines Dattelverkäufers und wartete. Als mich der Kaiser erblickte, hob er die gemalten Brauen und hielt inne. Ich stand ganz still und verneigte mich nicht vor ihm. Die Leute verwunderten sich über meine Kühnheit und rieten mir, aus der Stadt zu fliehen. Ich achtete ihrer nicht, sondern ging und setzte mich zu den Verkäufern fremder Götter, die um ihres Gewerbes willen verabscheut werden. Als ich ihnen erzählte, was ich getan hatte, schenkte mir jeder von ihnen einen Gott und bat mich inständig, sie zu verlassen.

Des Nachts, als ich in dem Teehaus, das sich in der Straße der Granatäpfel befindet, auf einem Polster lag, drangen die Wachen des Kaisers ein und führten mich zum Palast. Als ich eintrat, schlossen sie jede Tür hinter mir und legten eine Kette davor. Drinnen war ein großer Hof, um den ein Bogengang lief. Die Mauern waren aus weißem Alabaster, hier und da mit blauen und grünen Ziegeln verziert. Die Säulen waren aus grünem Marmor, und der Boden bestand aus einem Marmor, der fast die Farbe von Pfirsichblüten hatte. Nie zuvor hatte ich Ähnliches gesehen.

Als ich den Hof durchquerte, blickten zwei verschleierte Frauen von einem Balkon herab und verwünschten mich. Die Wachen hasteten weiter, und die dicken Enden ihrer Lanzen schlugen laut auf den Boden. Sie öffneten ein Tor aus kunstvoll bearbeitetem Elfenbein, und ich sah mich in einem sprühfeuchten Garten mit sieben Terrassen. Er war mit Tulpenkelchen, weißen Wucherblumen und silbrigen Aloen bepflanzt. Wie ein schlankes Schilfrohr aus Kristall schwankte eine Fontäne in der dämmrigen Luft. Die Zypressen glichen niedergebrannten Fackeln. Aus einer sang eine Nachtigall.

Am Ende des Gartens stand ein kleines Zelt. Als wir uns ihm näherten, kamen uns daraus zwei Eunuchen entgegen. Ihre fetten Leiber schwabbelten beim Gehen, und sie blickten mich aus ihren Augen unter den gelben Lidern neugierig an. Einer von ihnen zog den Hauptmann der Wache beiseite und flüsterte leise mit ihm. Der andere kaute unentwegt parfümierte Pastillen, die er mit affektierter Gebärde einer ovalen Dose aus fliederfarbener Emaille entnahm.

Wenige Augenblicke später entließ der Hauptmann der Wache die Soldaten. Sie eilten zurück in den Palast, und die Eunuchen folgten ihnen langsam und pflückten im Vorbeigehen die süßen Maulbeeren von den Bäumen. Einmal drehte sich der ältere von beiden um und lächelte mir mit einem bösen Lächeln zu.

Darauf wies mich der Hauptmann der Wache mit einer Handbewegung zum Eingang des Zeltes. Ich ging ohne zu zittern dorthin, und nachdem ich den schweren Vorhang beiseite gezogen hatte, trat ich ein.

Der junge Kaiser ruhte auf einem Lager von gefärbten Löwenfellen, und ein Geierfalke saß auf seinem Handgelenk. Hinter ihm stand ein Nubier mit bronzenem Turban, nackt bis zum Gürtel und mit schweren Ringen in den geschlitzten Ohren. Auf einem Tisch neben dem Ruhebett lag ein gewaltiger stählerner Krummsäbel.

Als mich der Kaiser erblickte, runzelte er die Stirn und sagte: ›Wie heißt du? Weißt du nicht, daß ich der Kaiser dieser Stadt bin?‹ Doch ich gab ihm keine Antwort.

Er deutete mit dem Finger auf den Krummsäbel, und der Nubier ergriff ihn, stürzte auf mich los und traf mich mit voller Wucht. Die Klinge fuhr zischend durch mich hindurch und verletzte mich nicht. Der Mann fiel platt zu Boden, und als er aufstand, klapperten ihm die Zähne vor Entsetzen, und er verbarg sich hinter dem Lager.

Der Kaiser sprang auf die Füße, nahm einen Wurfspieß aus einem Waffenständer und schleuderte ihn nach mir. Ich fing ihn im Fluge auf und brach ihn entzwei. Er schoß einen Pfeil auf mich ab, doch ich hielt meine Hände empor, und er blieb mitten in der Luft stehen. Da zog er einen Dolch aus seinem weißen Ledergürtel und durchbohrte dem Nubier die Kehle, damit der Sklave nicht von seiner Schmach erzählte. Der Mann wand sich wie eine zertretene Schlange, und roter Schaum sprudelte von seinen Lippen.

Sobald er tot war, wandte sich der Kaiser zu mir, und nachdem er sich mit einem gestickten kleinen Taschentuch aus purpurner Seide den blanken Schweiß von der Stirn gewischt hatte, sagte er zu mir: ›Bist du ein Prophet, daß ich dir nichts anhaben kann, oder der Sohn eines Propheten, daß ich dich nicht zu verletzen vermag? Ich bitte dich, verlasse noch heute nacht meine Stadt, denn solange du darin weilst, bin ich nicht mehr ihr Gebieter.‹

Und ich antwortete ihm: ›Um die Hälfte deiner Schätze will ich gehen. Gib mir die Hälfte deiner Schätze, und ich werde fortgehen.‹ Er nahm mich bei der Hand und führte mich hinaus in den Garten. Als mich der Hauptmann der Wache erblickte, verwunderte er sich. Als mich die Eunuchen erblickten, zitterten ihnen die Knie, und sie fielen vor Angst zu Boden.

Es gibt ein Gemach in dem Palast, das hat acht Wände aus rotem Porphyr und eine mit Messingschuppen belegte Decke, von der Lampen herabhängen. Der Kaiser berührte eine Wand, und sie tat sich auf, und wir traten in einen Gang, der durch viele Fackeln erhellt war. Zu beiden Seiten standen in Nischen große Weinkrüge, die bis zum Rand mit Silbermünzen gefüllt waren. Als wir die Mitte des Ganges erreicht hatten, sprach der Kaiser das Wort, das nicht ausgesprochen werden darf, und eine Tür aus Granit schwang durch eine geheime Feder zurück, und er legte die Hände vors Gesicht, damit seine Augen nicht geblendet würden.

Du kannst dir nicht vorstellen, was für ein wundervoller Raum das war. Da standen riesige Schildkrötenschalen voller Perlen und ausgehöhlte Mondsteine von großem Umfang, in denen rote Rubine aufgehäuft waren. Das Gold wurde in Truhen aus Elefantenhaut gehortet und der Goldstaub in Lederflaschen. Da waren Opale und Saphire, die einen in Kristallschalen, die anderen in Schalen aus Jade. Runde grüne Smaragde lagen säuberlich aneinandergereiht auf dünnen Elfenbeinplatten, und in einer Ecke standen Säcke aus Seide, manche mit Türkisen, andere mit Beryllen gefüllt. In den Elfenbeinhörnern türmten sich purpurne Amethyste und in den Trinkhörnern aus Messing Chalzedone und dunkelrote Karneole. An den Pfeilern aus Zedernholz hingen Ketten gelber Cordieriten. In den flachen, ovalen Schilden lagen Karfunkel, weinfarbene und solche von der Farbe des Grases. Und doch habe ich dir nur ein Zehntel von dem erzählt, was es dort gab.

Und als der Kaiser die Hände vom Gesicht genommen hatte, sagte er zu mir: ›Dies ist meine Schatzkammer, und die Hälfte von dem, was sie enthält, ist dein, so wie ich es dir versprochen habe. Und ich werde dir Kamele und Kameltreiber geben, und sie werden tun, was du sie heißt, und deinen Anteil an den Schätzen zu jedem Teil der Welt bringen, nach dem es dich zu reisen verlangt. Und es soll heute nacht geschehen, denn ich möchte die Sonne, die mein Vater ist, nicht sehen lassen, daß in meiner Stadt ein Mann weilt, den ich nicht zu töten vermag.‹

Ich aber antwortete ihm: ›Das Gold hier drinnen sei dein, und das Silber sei gleichfalls dein, und dein seien die kostbaren Juwelen und die Dinge von Wert. Ich bedarf ihrer nicht. Nichts will ich von dir nehmen außer diesem kleinen Ring, den du am Finger trägst.‹

Und der Kaiser blickte finster. ›Es ist nur ein Ring von Blei‹, rief er, ›und er hat keinen Wert. Deshalb nimm deine Hälfte von den Schätzen und verlasse meine Stadt.‹

›Nein‹, antwortete ich, ›nichts will ich nehmen als diesen bleiernen Ring, denn ich weiß, was darin geschrieben steht und zu welchem Zweck.‹

Und der Kaiser zitterte und flehte mich an und sagte: ›Nimm alle Schätze und verlasse meine Stadt. Die Hälfte, die mein ist, soll gleichfalls dein sein.‹

Und ich tat etwas Ungewöhnliches, aber was ich tat, ist einerlei; denn in einer Höhle, nur eine Tagesreise von diesem Ort entfernt, habe ich den Ring des Reichtums versteckt. Es ist nur eine Tagesreise von diesem Ort entfernt, und er wartet dein. Wer diesen Ring besitzt, ist reicher als alle Könige der Welt. Komm also und nimm ihn, und aller Reichtum der Welt wird dein sein.«

Aber der junge Fischer lachte. »Liebe ist besser als Reichtum«, rief er, »und die kleine Seejungfrau liebt mich.«

»Nein, es gibt nichts Besseres als Reichtum«, sagte die Seele.

»Liebe ist besser«, antwortete der junge Fischer, und er sprang in die Tiefe, und die Seele ging weinend über die Marschen davon.

Und als das dritte Jahr vorüber war, kam die Seele herab zum Meeresstrand und rief den jungen Fischer, und er stieg aus der Tiefe empor und fragte: »Warum rufst du mich?«

Und die Seele antwortete: »Komm näher, damit ich mit dir sprechen kann, denn ich habe wundersame Dinge erlebt.«

Also kam er näher und streckte sich in das seichte Wasser und stützte den Kopf in die Hand und lauschte.

Und die Seele sprach zu ihm. »In einer Stadt, die ich kenne, gibt es ein Wirtshaus, das an einem Fluß steht. Ich saß dort mit Seeleuten, die zwei verschiedenfarbige Weine tranken und Gerstenbrot und kleine Salzfische aßen, die auf Lorbeerblättern mit Essig gereicht wurden. Und als wir so saßen und uns gütlich taten, trat ein alter Mann zu uns herein, mit einem ledernen Teppich und einer Laute, die zwei Hörner aus Bernstein hatte. Und nachdem er den Teppich auf dem Boden ausgebreitet hatte, griff er mit einer Schlagfeder in die Drahtsaiten seiner Laute, und ein Mädchen mit verschleiertem Gesicht kam hereingelaufen und begann vor uns zu tanzen. Ihr Gesicht war verschleiert mit einem Schleier aus Gaze, aber ihre Füße waren nackt. Nackt waren ihre Füße, und sie bewegten sich über den Teppich wie kleine weiße Tauben. Nie habe ich etwas so Wundersames gesehen, und die Stadt, in der sie tanzt, ist nur eine Tagesreise von diesem Ort entfernt.«

Als nun der junge Fischer die Worte seiner Seele hörte, dachte er daran, daß die kleine Seejungfrau keine Füße besaß und nicht tanzen konnte. Und ein großes Verlangen überkam ihn, und er sagte sich: ›Es ist nur eine Tagesreise weit, und ich kann zu meiner Liebsten zurückkehren‹, und er lachte und stand aus dem seichten Wasser auf und ging mit langen Schritten dem Strand zu.

Und als er den trockenen Strand erreicht hatte, lachte er abermals und streckte seiner Seele die Arme entgegen. Und seine Seele stieß einen lauten Schrei der Freude aus und lief auf ihn zu und kehrte in ihn ein, und der junge Fischer sah vor sich auf dem Sand hingestreckt jenen Schatten des Leibes, der der Leib der Seele ist.

Und seine Seele sprach zu ihm: »Laß uns nicht säumen, sondern sogleich von hier fortgehen, denn die Meergötter sind eifersüchtig und haben Ungeheuer, die ihrem Befehl gehorchen.«

Also beeilten sie sich und wanderten die ganze Nacht unter dem Mond, und den ganzen Tag darauf wanderten sie unter der Sonne, und am Abend dieses Tages gelangten sie in eine Stadt.

Und der junge Fischer fragte seine Seele. »Ist dies die Stadt, in der jene tanzt, von der du mir gesprochen hast?«

Und seine Seele antwortete ihm: »Diese Stadt ist es nicht, sondern eine andere. Laß uns gleichwohl hineingehen.«

So gingen sie hinein und wanderten durch die Straßen, und als sie durch die Straße der Juweliere kamen, sah der junge Fischer einen schönen silbernen Becher, der in einer Bude ausgestellt war. Und seine Seele sagte zu ihm: »Nimm den silbernen Becher und verbirg ihn.«

Also nahm er den Becher und verbarg ihn in den Falten seines Untergewandes, und sie verließen eilends die Stadt.

Und nachdem sie sich eine Meile von der Stadt entfernt hatten, runzelte der junge Fischer die Brauen und warf den Becher von sich und sagte zu seiner Seele: »Warum hast du mich diesen Becher nehmen und verbergen heißen? Denn das war übel getan.«

Aber seine Seele antwortete ihm: »Sei ruhig, sei ruhig.«

Und am Abend des zweiten Tages kamen sie in eine Stadt, und der junge Fischer fragte seine Seele: »Ist dies die Stadt, in der sie tanzt, von der du mir gesprochen hast?«

Und seine Seele antwortete ihm: »Diese Stadt ist es nicht, sondern eine andere. Laß uns gleichwohl hineingehen.«

So gingen sie hinein und wanderten durch die Straßen, und als sie durch die Straße der Sandalenverkäufer kamen, sah der junge Fischer ein Kind neben einem Krug mit Wasser stehen. Und seine Seele sagte zu ihm: »Schlage das Kind.« Also schlug er das Kind, bis es weinte, und als er es getan hatte, verließen sie eilends die Stadt.

Und nachdem sie sich eine Meile von der Stadt entfernt hatten, wurde der junge Fischer zornig und sagte zu seiner Seele: »Warum hast du mich das Kind schlagen heißen? Denn das war übel getan.«

Aber seine Seele antwortete ihm: »Sei ruhig, sei ruhig.«

Und am Abend des dritten Tages kamen sie in eine Stadt, und der junge Fischer fragte die Seele: »Ist dies die Stadt, in der sie tanzt, von der du mir gesprochen hast?«

Und seine Seele antwortete ihm: »Mag sein, daß es in dieser Stadt ist, deshalb laß uns hineingehen.«

So gingen sie hinein und wanderten durch die Straßen, aber nirgendwo konnte der junge Fischer den Fluß finden oder das Wirtshaus, das an ihm stand. Und die Leute in der Stadt schauten ihn neugierig an, und er bekam Angst und sagte zu seiner Seele: »Laß uns von hier fortgehen; denn sie, die mit weißen Füßen tanzt, ist nicht hier.«

Aber seine Seele antwortete: »Nein, laß uns verweilen; denn die Nacht ist dunkel, und auf dem Weg werden Räuber sein.«

So setzte er sich auf den Marktplatz und ruhte aus, und nach einer Weile kam ein Kaufmann vorbei, der mit einer Kapuze und einem Mantel aus kostbarem tatarischen Tuch angetan war und an einem knotigen Rohr eine Laterne aus durchbrochenem Horn trug. Und der Kaufmann sprach zu ihm: »Warum sitzt du auf dem Marktplatz, da doch die Buden geschlossen und die Ballen verschnürt sind?«

Und der junge Fischer antwortete ihm: »Ich kann in dieser Stadt keine Herberge finden und habe auch keinen Verwandten, der mir Obdach geben könnte.«

»Sind wir nicht alle Brüder?« sagte der Kaufmann. »Und hat nicht ein Gott uns erschaffen? Deshalb komm mit mir, denn ich habe ein Gastzimmer.«

Also stand der junge Fischer auf und folgte dem Kaufmann zu dessen Haus. Und als er durch einen Garten mit Granatapfelbäumen gegangen und in das Haus getreten war, brachte ihm der Kaufmann in einer kupfernen Schüssel Rosenwasser, damit er seine Hände waschen könne, und reife Melonen, seinen Durst zu stillen, und setzte ihm eine Schale Reis vor und ein Stück gebratenen Zickleins.

Und als er fertig war, führte ihn der Kaufmann in das Gastzimmer und hieß ihn schlafen und wohl ruhen. Und der junge Fischer dankte ihm und küßte den Ring, den jener trug, und warf sich nieder auf die Teppiche aus gefärbtem Ziegenhaar. Und nachdem er eine Decke aus schwarzer Lammwolle über sich gezogen hatte, schlief er ein.

Und drei Stunden vor dem Morgengrauen, als es noch Nacht war, weckte ihn seine Seele und sagte zu ihm: »Steh auf und geh in das Zimmer des Kaufmanns, geh in das Zimmer, in dem er schläft, und erschlage ihn und nimm all sein Gold, denn wir brauchen es.«

Und der junge Fischer stand auf und schlich in das Zimmer des Kaufmanns, und über den Füßen des Kaufmanns lag ein Krummsäbel, und der Kasten zur Seite des Kaufmanns enthielt neun Beutel mit Gold. Und er streckte die Hand aus und griff nach dem Säbel, und als er danach griff, regte sich der Kaufmann und erwachte, und aufspringend packte er selber den Säbel und schrie den jungen Fischer an: »Dankst du Gutes mit Bösem und bezahlst mit Blutvergießen die Freundlichkeit, die ich dir erwiesen habe?«

Und seine Seele sagte zu dem jungen Fischer: »Schlag zu«, und er schlug so heftig zu, daß der Kaufmann bewußtlos niederfiel, und dann nahm er die neun Beutel Gold und floh eilends durch den Granatapfelgarten und wandte sein Gesicht dem Stern zu, der der Morgenstern ist.

Und als sie sich eine Meile von der Stadt entfernt hatten, schlug der junge Fischer an seine Brust und sagte zu seiner Seele: »Warum hast du mich den Kaufmann erschlagen und sein Gold nehmen heißen? Wahrlich, du bist böse.«

Aber seine Seele antwortete ihm: »Sei ruhig, sei ruhig.«

»Nein«, rief der junge Fischer, »ich kann nicht ruhig sein, denn alles, was du mich hast tun lassen, hasse ich. Auch dich hasse ich, und ich befehle dir, mir zu sagen, warum du in dieser Weise auf mich eingewirkt hast.«

Und seine Seele antwortete ihm: »Als du mich in die Welt hinausschicktest, gabst du mir kein Herz mit, so kam es, daß ich diese Dinge tun und lieben lernte.«

»Was sagst du da?« fragte der junge Fischer leise.

»Du weißt es«, antwortete seine Seele, »du weißt es wohl. Hast du vergessen, daß du mir kein Herz mitgabst? Doch wohl nicht. Und so quäle weder dich noch mich, sondern sei ruhig, denn da ist kein Schmerz, den du nicht austeilen sollst, und keine Lust, die du nicht empfangen sollst.«

Und als der junge Fischer diese Worte hörte, erbebte er und sprach zu seiner Seele: »Nein, du bist böse und hast mich meine Liebe vergessen lassen und hast mich mit Versuchungen versucht und hast meinen Fuß auf die Wege der Sünde geführt.«

Und seine Seele antwortete ihm: »Du weißt, daß du mir

kein Herz mitgabst, als du mich in die Welt hinausschicktest. Komm, laß uns in eine andere Stadt gehen und uns vergnügen, denn wir haben neun Beutel Gold.«

Doch der junge Fischer nahm die neun Beutel Gold und warf sie zu Boden und trat sie mit Füßen.

»Nein«, rief er, »ich will nichts mit dir zu tun haben und will auch nirgendwohin mit dir gehen, sondern so, wie ich dich zuvor fortgeschickt habe, will ich dich jetzt fortschicken, denn du hast mir nichts Gutes gebracht.« Und er kehrte den Rücken zum Mond, und mit dem kleinen Messer, das einen Griff aus grüner Schlangenhaut hatte, versuchte er, von seinen Füßen den Schatten des Leibes abzuschneiden, der der Leib der Seele ist.

Aber seine Seele wich nicht von ihm, noch achtete sie seines Gebots, sondern sprach zu ihm: »Der Zauber, den dir die Hexe verriet, nützt dir nichts mehr, denn ich kann dich nicht verlassen, und ebensowenig kannst du mich fortjagen. Einmal im Leben kann ein Mensch seine Seele fortschicken, aber wer seine Seele wieder aufnimmt, muß sie für immer bei sich behalten, und dies ist seine Strafe und sein Lohn.«

Und der junge Fischer erbleichte und ballte die Hände und schrie: »Sie war eine falsche Hexe, daß sie mir dies nicht gesagt hat.«

»Nein«, antwortete seine Seele, »sondern sie war Ihm getreu, den sie anbetet und dem sie stets dienen wird.«

Und als der junge Fischer erkannte, daß er seine Seele nicht mehr loswerden konnte und daß sie eine böse Seele war und immer bei ihm bleiben würde, fiel er auf die Erde nieder und weinte bitterlich.

Und als es Tag war, stand der junge Fischer auf und sagte zu seiner Seele: »Ich will meine Hände binden, damit ich nicht tun kann, was du mich heißt, und meine Lippen verschließen, damit ich nicht deine Worte sprechen kann, und ich will zurückkehren an den Ort, wo sie, die ich liebe, ihre Wohnstatt hat. Ja, zum Meer will ich zurückkehren und zu der kleinen Bucht, wo sie zu singen pflegt, und ich will sie rufen und ihr erzählen, was ich Böses getan habe und zu welch Bösem du mich bewogen hast.«

Und seine Seele versuchte ihn und sprach: »Wer ist deine Liebste, daß du zu ihr zurückkehren solltest? Die Welt hat viele, die schöner sind als sie. Da sind die Tänzerinnen von Samaris, die wie jederlei Vögel und anderes Getier tanzen. Ihre Füße sind mit Henna bemalt, und in den Händen halten sie kupferne Glöckchen. Sie lachen, wenn sie tanzen, und ihr Lachen ist hell wie das Lachen des Wassers. Komm mit mir, und ich will sie dir zeigen. Denn was quälst du dich um sündige Dinge? Ist nicht für den Essenden gemacht, was angenehm zu essen ist? Enthält denn Gift, was wohlig zu trinken ist? Quäle dich nicht, sondern komm mit mir in eine andere Stadt. Unweit von hier liegt eine kleine Stadt und darin ein Garten mit Tulpenbäumen. Und in diesem hübschen Garten leben weiße Pfauen und Pfauen mit blauer Brust. Ihre gegen die Sonne entfalteten Schweife gleichen Scheiben aus Elfenbein und Scheiben aus Gold. Und die sie füttert, tanzt zu ihrem Vergnügen, und manchmal tanzt sie auf den Händen, und ein andermal tanzt sie auf den Füßen. Ihre Augen sind mit Antimon gefärbt, und ihre Nüstern sind wie die Flügel einer Schwalbe geformt. An einem Häkchen in einem ihrer Nasenflügel hängt eine Blüte, die aus einer Perle geschnitten ist. Sie lacht, wenn sie tanzt, und die silbernen Ringe um ihre Fesseln klingen wie Silberglöckchen. Deshalb quäle dich nicht mehr, sondern komm mit mir in diese Stadt.«

Doch der junge Fischer gab seiner Seele keine Antwort, sondern verschloß seine Lippen mit dem Siegel des Schweigens, und mit einem festen Strick band er seine Hände und wanderte zurück zu dem Ort, von dem er gekommen, zu der kleinen Bucht, wo seine Liebste zu singen pflegte. Und unterwegs versuchte ihn seine Seele immer wieder, aber er gab ihr keine Antwort und beging auch keine der Ruchlosigkeiten, zu denen sie ihn zu bewegen versuchte, so groß war die Macht der Liebe, die in ihm wohnte.

Und als er den Meeresstrand erreicht hatte, löste er den Strick von seinen Händen und nahm das Siegel des Schweigens von den Lippen und rief die kleine Seejungfrau. Aber sie folgte seinem Ruf nicht, obgleich er den ganzen Tag nach ihr rief und sie inständig bat.

Und seine Seele verlachte ihn und sprach: »Wahrlich, deine Liebe gewährt dir nur wenig Freude. Du gleichst einem, der in Notzeiten Wasser in ein zerbrochenes Gefäß gießt. Du gibst fort, was du hast, und erhältst nichts zum Lohne. Es wäre besser für dich, du kämest mit mir, denn ich weiß, wo das Tal der Lust liegt und welche Dinge sie dort tun.«

Doch der junge Fischer gab seiner Seele keine Antwort, sondern baute sich in einer Felsspalte eine Hütte aus Flechtwerk und hauste dort ein volles Jahr. Und jeden Morgen rief er die Seejungfrau, und jeden Mittag rief er sie abermals, und des Nachts nannte er ihren Namen. Aber niemals hob sie sich ihm aus dem Meer entgegen, noch vermochte er sie irgendwo im Meer zu finden, ob er sie gleich in den Höhlen und in dem grünen Wasser suchte, in den tiefen Flutkesseln und in den Strudeln am Grunde der Tiefe.

Und immer wieder versuchte ihn seine Seele mit Bösem und raunte ihm schreckliche Dinge zu. Aber sie erlangte keine Herrschaft über ihn, so groß war die Macht seiner Liebe.

Und als das Jahr verstrichen war, dachte die Seele bei sich: ›Ich habe meinen Herrn mit Bösem versucht, und seine Liebe ist stärker als ich. So will ich ihn nun mit Gutem versuchen, und vielleicht wird er mit mir kommen.‹

Also redete sie den jungen Fischer an und sprach: »Ich

habe dir von den Freuden der Welt erzählt, und du hattest ein taubes Ohr für mich. Laß mich dir jetzt vom Leid der Welt erzählen, und vielleicht wirst du mich anhören. Denn in Wahrheit ist das Leid der Herr dieser Welt, und da ist keiner, der seinem Netz entrinnt. Manchen fehlt es an Kleidung, und manche leiden Mangel an Brot. Es gibt Witwen in Purpur und Witwen in Lumpen. Die Aussätzigen kommen und gehen über die Sümpfe und sind grausam gegeneinander. Die Bettler ziehen die Landstraßen auf und ab, und ihre Ränzel sind leer. In den Straßen der Städte geht die Hungersnot um, und an ihren Toren hockt die Pest. Komm, laß uns hingehen und diesen Dingen abhelfen und bewirken, daß sie nicht geschehen. Weshalb solltest du hier verweilen und nach deiner Liebsten rufen, da du doch siehst, daß sie deinem Ruf nicht folgt? Und was ist die Liebe, daß du ihr einen so hohen Wert beimessen solltest?«

Doch der junge Fischer antwortete mit keinem Wort, so groß war die Macht seiner Liebe. Und jeden Morgen rief er die Seejungfrau, und jeden Mittag rief er sie abermals, und des Nachts nannte er ihren Namen. Aber niemals hob sie sich ihm aus dem Meer entgegen, noch vermochte er sie irgendwo im Meer zu finden, ob er sie gleich in den Strömen des Meeres und in den Wellentälern suchte, in der bei Nacht purpurnen See und in der See, die in der Dämmerung graut.

Und als das zweite Jahr verstrichen war, sagte die Seele des Nachts zu dem jungen Fischer, als er einsam in seiner Hütte aus Flechtwerk saß: »Siehe! Nun habe ich dich mit Bösem versucht und habe dich mit Gutem versucht, und deine Liebe ist stärker als ich. Deshalb will ich dich nicht mehr versuchen, sondern ich bitte dich, laß mich in dein Herz einkehren, damit ich eins mit dir sein kann wie zuvor.«

»Freilich darfst du einkehren«, sagte der junge Fischer,

»denn in den Tagen, da du ohne Herz durch die Welt zogst, mußt du viel gelitten haben.«

»Ach!« rief seine Seele. »Ich kann keinen Eingang finden, so fest umschlossen ist dein Herz von Liebe.«

»Dennoch wollte ich, ich könnte dir helfen«, sagte der junge Fischer.

Und als er sprach, ertönte ein lauter Klageschrei vom Meer, der Schrei, den die Menschen hören, wenn einer vom Meervolk gestorben ist. Und der junge Fischer sprang auf und verließ seine Hütte aus Flechtwerk und lief hinab zum Strand. Und die schwarzen Wogen eilten dem Ufer zu und führten eine Bürde mit, die weißer war als Silber. Weiß wie die Brandung war sie, und wie eine Blüte schwankte sie auf den Wogen. Und die Brandung entriß sie den Wellen, und der Schaum entriß sie der Brandung, und der Strand nahm sie auf, und als sie zu seinen Füßen lag, erblickte der junge Fischer den toten Leib der kleinen Seejungfrau. Tot lag sie zu seinen Füßen.

Weinend wie einer, den der Schmerz überwältigt, warf er sich an ihre Seite, und er küßte das kalte Rot ihres Mundes und spielte mit dem nassen Bernstein ihres Haares. Er warf sich an ihre Seite in den Sand und weinte wie einer, der vor Glück erbebt, und mit seinen braunen Armen drückte er sie an die Brust. Kalt waren die Lippen, dennoch küßte er sie. Salz war der Honig ihres Haares, dennoch kostete er es in schmerzhaftem Entzücken. Er küßte die geschlossenen Lider, und der flüchtige Gischt, der auf ihren Augäpfeln lag, war nicht so salzig wie seine Tränen.

Und dem toten Geschöpf beichtete er. In die Muscheln ihrer Ohren ergoß er den herben Wein seines Berichtes. Er legte die kleinen Hände um seinen Nacken, und mit seinen Fingern berührte er das zarte Rohr ihres Halses. Schmerzhaft, schmerzhaft war seine Freude, und voll seltsamer Freude war sein Schmerz.

Das schwarze Meer kam näher, und der weiße Schaum stöhnte wie ein Aussätziger. Mit weißen Schaumpranken griff das Meer nach dem Strand. Aus dem Palast des Meerkönigs ertönte abermals der Schrei der Trauerklage, und weit draußen auf dem Meer bliesen die großen Tritonen mißtönend auf ihren Hörnern.

»Fliehe«, sagte seine Seele, »denn das Meer kommt näher und näher, und wenn du zögerst, wird es dich erschlagen. Fliehe, denn ich fürchte mich, da ich sehe, daß dein Herz um deiner großen Liebe willen gegen mich verschlossen ist. Flieh an einen sicheren Ort. Du willst mich doch gewiß nicht ohne Herz in eine andere Welt schicken?«

Doch der junge Fischer hörte nicht auf seine Seele, sondern rief die kleine Seejungfrau an und sprach: »Liebe ist besser als Weisheit und kostbarer als Reichtum und schöner als die Füße der Menschentöchter. Die Feuer können sie nicht zerstören, noch können die Wasser sie löschen. Ich habe dich in der Dämmerung gerufen, und du bist meinem Ruf nicht gefolgt. Der Mond hat deinen Namen vernommen, aber du achtetest meiner nicht. Denn böse habe ich dich verlassen, und zu meinem eigenen Schaden wanderte ich fort. Aber deine Liebe blieb immer bei mir, und immer war sie stark, und nichts gewann Herrschaft über sie, wie ich auch meinen Blick auf Böses und auf Gutes richten mochte. Und nun, da du tot bist, will ich fürwahr mit dir sterben.«

Und seine Seele flehte ihn an davonzugehen, aber er wollte es nicht, so groß war seine Liebe. Und das Meer kam näher und suchte ihn mit seinen Wogen zuzudecken, und als er erkannte, daß es dem Ende zuging, küßte er mit wilden Lippen die Lippen der Seejungfrau, und das Herz in seiner Brust zersprang. Und als ihm in der Fülle seiner Liebe das Herz zersprang, fand die Seele einen Eingang und kehrte in sein Herz ein und ward eins mit ihm wie zuvor.

Und das Meer deckte den jungen Fischer mit seinen Wogen zu.

Und am Morgen zog der Priester aus, das Meer zu segnen, denn es war unruhig gewesen. Und mit ihm gingen die Mönche und die Musikanten und die Kerzenträger und die Knaben, die Weihrauchfässer schwenkten, und eine große Schar. Und als der Priester an den Strand kam, sah er den jungen Fischer ertrunken in der Brandung liegen, und seine Arme hielten den toten Leib der kleinen Seejungfrau umfangen. Und er wich finsteren Blickes zurück, und nachdem er sich bekreuzigt hatte, rief er laut und sprach: »Weder das Meer noch irgend etwas darinnen will ich segnen. Verflucht sei das Meervolk, und verflucht seien alle, die mit ihm Umgang haben. Und was diesen betrifft, der um der Liebe willen Gott vergaß und deshalb von Gottes Strafe getroffen hier mit seiner Buhle liegt, so nehmt seinen Leichnam und den Leichnam seiner Buhle auf und begrabt sie in der Ecke des Schindangers und setzt ihnen kein Mal oder irgendein Zeichen, auf daß niemand ihre Ruhestatt erkenne. Denn verflucht waren sie im Leben, und verflucht sollen sie auch im Tode sein.«

Und das Volk tat, wie er ihm befahl, und in der Ecke des Schindangers, wo keine duftenden Kräuter wuchsen, gruben sie ein tiefes Grab und legten die Toten hinein.

Und als das dritte Jahr verstrichen war und an einem Tag, der ein heiliger Tag war, ging der Priester in die Kapelle hinauf, daß er dem Volk die Wunden des Herrn weise und zu ihm rede über den Zorn Gottes.

Und als er das Gewand seines Amtes angelegt hatte und eintrat und sich vor dem Altar verneigte, sah er, daß der Altar mit fremdartigen Blumen bedeckt war, wie man sie nie zuvor gesehen hatte. Seltsam waren sie anzusehen und von ungewöhnlicher Schönheit, und ihre Schönheit verwirrte ihn, und ihr Duft stieg ihm süß in die Nase. Und er fühlte sich froh und konnte nicht sagen, warum er froh war.

Und nachdem er das Tabernakel geöffnet und die Monstranz darinnen mit Weihrauch beräuchert hatte und nachdem er dem Volk die makellose Hostie gezeigt und sie wieder verborgen hatte hinter dem Schleier der Schleier, begann er zu dem Volk zu sprechen und wollte von Gottes Zorn zu ihm sprechen. Doch die Schönheit der weißen Blumen verwirrte ihn, und ihr Duft stieg ihm süß in die Nase, und ein anderes Wort kam ihm auf die Lippen, und er sprach nicht vom Zorn Gottes, sondern von dem Gott, der Liebe heißt. Und warum er so sprach, wußte er nicht.

Und als er seine Rede beendet hatte, weinte das Volk, und der Priester ging zurück in die Sakristei, und seine Augen waren voller Tränen. Und die Diakone traten ein und begannen ihn auszukleiden und nahmen ihm Albe und Zingulum ab, Manipel und Stola. Und er stand wie einer im Traum.

Und als sie ihn ausgekleidet hatten, blickte er sie an und sprach: »Was sind das für Blumen auf dem Altar, und woher stammen sie?«

Und sie antworteten ihm: »Was für Blumen es sind, können wir nicht sagen, aber sie stammen aus der Ecke des Schindangers.« Und der Priester zitterte und ging heim und betete.

Und am Morgen, als es noch dämmerte, zog er aus mit den Mönchen und den Musikanten und den Kerzenträgern und den Knaben, die Weihrauchfässer schwenkten, und einer großen Schar, und er kam zum Meeresstrand und segnete das Meer und all die wilden Geschöpfe darin. Auch die Faune segnete er und die kleinen Wesen, die im Wald tanzen, und die helläugigen Wesen, die durch die Blätter spähen. Alle Geschöpfe in Gottes Welt segnete er, und das

Volk war von Freude und Staunen erfüllt. Doch nie wieder wuchsen irgendwelche Blumen in der Ecke des Schindangers, das Feld blieb unfruchtbar wie zuvor. Auch kam das Meervolk nicht mehr in die Bucht, wie es zuvor getan, denn es zog in einen anderen Teil des Meeres.

Das Sternenkind

Es waren einmal zwei arme Holzfäller, die gingen ihres Weges heim durch einen großen Tannenwald. Es war Winter und eine bitterkalte Nacht. Dick lag der Schnee am Boden und auf den Ästen der Bäume. Wo sie gingen, knickte der Frost links und rechts die kleinen Zweige, und als sie zur Bergquelle kamen, siehe! da hing sie reglos in der Luft, denn der Eiskönig hatte sie geküßt.

So kalt war es, daß selbst die Tiere und Vögel nicht wußten, was sie davon halten sollten.

»Hu!« knurrte der Wolf, als er mit eingezogenem Schwanz durch das Dickicht humpelte. »Das ist ja ein geradezu widernatürliches Wetter. Warum kümmert sich die Regierung nicht darum?« »Twiet, twiet, twiet!« zwitscherten die grünen Hänflinge. »Die alte Erde ist tot, und man hat sie in ihrem weißen Leilach aufgebahrt.«

»Die Erde will Hochzeit halten, und dies ist ihr Brautkleid«, raunten die Turteltauben einander zu. Ihre kleinen blaßroten Füße waren ganz erfroren, aber sie hielten es für ihre Pflicht, die Umstände in einem romantischen Licht zu betrachten.

»Unsinn!« heulte der Wolf. »Ich sage euch, an all dem ist nur die Regierung schuld, und wenn ihr mir nicht glaubt, fresse ich euch.« Der Wolf hatte einen von Grund auf praktischen Sinn und war nie um ein gutes Argument verlegen.

»Nun, ich für mein Teil«, sagte der Specht, der ein geborener Philosoph war, »ich mache mir nichts aus analysierenden Betrachtungen. Wenn etwas soundso ist, dann ist es so, und gegenwärtig ist es gräßlich kalt.«

Gräßlich kalt war es zweifellos. Die kleinen Eichhörnchen, die im Innern der großen Föhre wohnten, rieben ständig ihre Nasen aneinander, um sich warm zu halten, und die Kaninchen kringelten sich in ihren Löchern zusammen und wagten nicht einmal, zum Einstieg hinauszuschauen. Die einzigen, die sich über die Kälte zu freuen schienen, waren die großen Uhus. Ihr Gefieder war ganz steif vom Rauhreif, aber das machte ihnen nichts aus, und sie rollten ihre großen gelben Augen und riefen einander durch den Wald zu: »Tu-witt! Tu-hu! Tu-witt! Tu-hu! Welch herrliches Wetter haben wir!«

Weiter und weiter gingen die beiden Holzfäller, wobei sie kräftig auf ihre Finger hauchten und mit ihren mächtigen, eisenbeschlagenen Stiefeln auf den zusammengebackkenen Schnee stampften. Einmal versanken sie in einer tiefen Schneewehe und kamen so weiß heraus wie Müller, wenn sie Steine mahlen, und einmal rutschten sie auf dem harten, glatten Eis des gefrorenen Sumpfwassers aus, und das Reisig fiel aus ihren Bündeln, und sie mußten es auflesen und wieder zusammenbinden, und einmal glaubten sie schon, sie hätten den Weg verloren, und eine Riesenangst packte sie, da sie wußten, daß der Schnee grausam ist gegen solche, die in seinen Armen einschlafen. Doch sie vertrauten auf den guten heiligen Martin, der über alle Wanderer wacht, und gingen in ihrer Spur zurück und bewegten sich umsichtig, und am Ende erreichten sie den Saum des Waldes und erblickten weit drunten in dem Tal zu ihren Füßen die Lichter des Dorfes, in dem sie wohnten. So überglücklich waren sie über ihre Errettung, daß sie lauthals lachten, und die Erde erschien ihnen wie eine Blume aus Silber und der Mond wie eine Blume aus Gold.

Doch nachdem sie gelacht hatten, wurden sie traurig, da sie ihrer Armut gedachten, und der eine von ihnen sagte zu dem anderen: »Warum war uns so vergnügt zumute, da doch das Leben für die Reichen da ist und nicht für solche wie wir? Besser, wir wären im Wald vor Kälte gestorben oder ein wildes Tier hätte uns angefallen und umgebracht.«

»Wahrhaftig«, antwortete sein Gefährte, »manchen ist viel gegeben und anderen wenig. Die Ungerechtigkeit hat die Welt aufgeteilt, und nichts als die Sorge ist uns in gleichem Maße beschieden.«

Doch während sie einander ihr Elend klagten, geschah etwas Seltsames. Vom Himmel fiel ein sehr heller und schöner Stern. Er glitt seitlich vom Himmel herab, vorbei an den anderen Sternen, und als sie ihn staunend beobachteten, schien es ihnen, als sinke er hinter einer Weidengruppe nieder, die, keinen Steinwurf entfernt, an einer kleinen Schafhürde stand.

»Ei! Da liegt ein Topf voll Gold für den, der ihn findet«, riefen sie, und sie machten sich auf und rannten, so begierig waren sie nach dem Gold.

Und der eine lief schneller als sein Gefährte und war ihm voraus und bahnte sich seinen Weg durch die Weiden und kam auf der anderen Seite heraus, und siehe, da lag wirklich etwas Goldenes im Schnee. Er eilte hin, bückte sich und legte die Hände darauf, und es war ein Mantel aus Goldgewebe, kunstvoll mit Sternen durchwirkt und in viele Falten gelegt. Und er rief seinem Gefährten zu, er habe den Schatz gefunden, der vom Himmel gefallen, und als sein Gefährte herbeigekommen war, setzten sie sich in den Schnee und lockerten die Falten des Mantels, um die Goldstücke zu teilen. Aber ach, kein Gold war darin, kein Silber noch überhaupt irgendein Schatz, sondern nur ein kleines, schlafendes Kind.

Und der eine von ihnen sagte zu dem anderen: »Das ist ein bitteres Ende unserer Hoffnung, uns ist kein Glück zuteil geworden, denn was nützt einem Menschen ein Kind? Wir wollen es hierlassen und unseres Weges gehen, denn wir sind arm und haben eigene Kinder, deren Brot wir nicht einem anderen geben können.«

Doch sein Gefährte antwortete ihm: »Nein, es wäre übel getan, ließen wir das Kind hier, daß es im Schnee umkommt, und obgleich ich so arm bin wie du und viele Münder zu stopfen und nur wenig im Topf habe, will ich es doch mit nach Hause nehmen, und mein Weib soll für das Kind sorgen.«

Ganz behutsam hob er also das Kind auf und hüllte es in den Mantel, um es vor der grimmigen Kälte zu schützen, und ging seines Weges den Hügel hinab zum Dorf, während sich sein Gefährte höchlich verwunderte über seine Torheit und Weichherzigkeit.

Und als sie zum Dorf kamen, sagte sein Gefährte zu ihm: »Du hast das Kind, also gib mir den Mantel, denn es ist recht und billig, daß wir teilen.«

Doch er antwortete ihm: »Nein, denn der Mantel ist weder mein noch dein, sondern gehört einzig und allein dem Kinde«, und er wünschte ihm einen guten Weg und ging zu seinem eigenen Hause und klopfte an.

Und als seine Frau die Tür öffnete und sah, daß ihr Mann unversehrt zu ihr zurückgekommen war, legte sie die Arme um seinen Hals und küßte ihn und nahm das Reisigbündel vom Rücken und bürstete den Schnee von seinen Stiefeln und hieß ihn eintreten.

Er aber sagte zu ihr: »Ich habe im Wald etwas gefunden und habe es dir mitgebracht, damit du es hütest«, und er rührte sich nicht von der Schwelle.

»Was ist es?« rief sie. »Zeig es mir, denn das Haus ist leer, und wir brauchen vieles.« Und er schlug den Mantel zurück und zeigte ihr das schlafende Kind.

»Meinje, lieber Mann!« klagte sie. »Haben wir nicht eigene Kinder, daß du unbedingt noch einen Wechselbalg an unsern Herd bringen mußt? Und wer weiß, ob er uns

nicht Unglück bringt? Und wie sollen wir ihn warten?«
Und sie war zornig auf ihn.

»Nein, es ist ein Sternenkind«, antwortete er, und er erzählte ihr, auf wie seltsame Weise er es gefunden hatte.

Doch sie wollte sich nicht besänftigen lassen, sondern
verlachte ihn und zürnte und sprach: »Unsere Kinder darben, und da sollen wir das Kind eines anderen füttern? Wer
sorgt denn für uns? Und wer gibt uns Nahrung?«

»Nicht so, Gott sorgt selbst für die Sperlinge und speist
sie«, antwortete er.

»Sterben nicht im Winter die Sperlinge vor Hunger?«
fragte sie. »Und ist es jetzt nicht Winter?« Der Mann gab
keine Antwort, rührte sich aber nicht von der Schwelle.

Und ein scharfer Wind vom Walde her fuhr durch die
offene Tür und ließ sie zittern, und es schauderte sie, und
sie sagte zu ihm: »Willst du nicht die Tür schließen? Ein
scharfer Wind fährt ins Haus, und ich friere.«

»Fährt nicht immer ein scharfer Wind in ein Haus, in
dem ein hartes Herz wohnt?« fragte er. Und die Frau antwortete nicht, sondern kroch näher ans Feuer.

Und nach einer Weile drehte sie sich um und sah ihn an,
und ihre Augen waren voll Tränen. Und er kam geschwind
herein und legte ihr das Kind in die Arme, und sie küßte es
und legte es in ein Bettchen, in dem das jüngste ihrer eigenen Kinder schlief. Und am Morgen nahm der Holzfäller
den wunderlichen goldenen Mantel und legte ihn in eine
große Truhe, und seine Frau nahm eine Bernsteinkette, die
das Kind um den Hals trug, und legte sie ebenfalls in die
Truhe.

So wurde das Sternenkind mit den Kindern des Holzfällers aufgezogen und saß mit ihnen am selben Tisch und war
ihr Spielgefährte. Und Jahr für Jahr ward es schöner anzusehen, so daß alle, die im Dorf wohnten, sich verwunderten, denn sie waren dunkel und schwarzhaarig, der Knabe

aber war weiß und fein wie aus Elfenbein geschnitten, und seine Locken glichen den Blütenkränzen der Osterglocke. Auch seine Lippen waren wie Blütenblätter einer roten Blume, und seine Augen waren wie Veilchen an einem Strom klaren Wassers, und sein Leib glich der Narzisse auf einem Felde, wohin der Schnitter nicht kommt.

Doch seine Schönheit verdarb ihn. Denn er wurde hoffärtig und grausam und eigensüchtig. Die Kinder des Holzfällers und die anderen Kinder im Dorf verachtete er und sagte von ihnen, sie seien niederer Herkunft, während er hochgeboren sei, da er von einem Stern abstamme, und er machte sich zum Herrn über sie und nannte sie seine Diener. Kein Mitleid hatte er mit den Armen oder mit solchen, die blind oder verkrüppelt oder auf andere Weise leidend waren, sondern warf Steine nach ihnen und jagte sie hinaus auf die Straße und hieß sie ihr Brot anderswo erbetteln, so daß niemand außer den Geächteten zweimal in das Dorf kam, Almosen zu erbitten. Wahrlich, er war wie einer, der in die Schönheit verliebt ist, und pflegte über die Schwachen und Mißgestalten zu spotten, und im Sommer, wenn die Winde sanft waren, lag er an dem Quell im Obstgarten des Priesters und blickte nieder auf das Wunder seines Antlitzes und lachte vor Freude, die ihm seine Schönheit bereitete.

Oft schalten ihn der Holzfäller und sein Weib und sagten: »Wir handelten an dir nicht so, wie du an denen handelst, die trostlos sind und niemanden haben, der ihnen beisteht. Warum bist du so grausam gegen alle, die Mitleid brauchen?«

Oft schickte der alte Priester nach ihm und versuchte, ihn die Liebe zu allen lebenden Geschöpfen zu lehren, und sprach zu ihm: »Die Fliege ist dein Bruder. Tu ihr nichts zuleide. Die wilden Vögel, die durch den Wald schwärmen, haben ihre Freiheit. Fange sie nicht zu deinem Vergnügen mit der Schlinge. Gott hat die Blindschleiche und den

Maulwurf erschaffen, und ein jedes hat seinen Platz. Wer bist du, daß du Leid in Gottes Welt bringst? Selbst das Vieh auf dem Felde preiset Ihn.«

Doch das Sternenkind achtete ihrer Worte nicht, sondern blickte finster und höhnte und ging zurück zu seinen Gefährten und führte sie an. Und seine Gefährten folgten ihm, denn er war schön und leichtfüßig und konnte tanzen und pfeifen und musizieren. Und wohin auch das Sternenkind sie führte, dahin folgten sie ihm, und was er sie auch tun hieß, das taten sie. Und wenn er mit einem scharfen Rohr dem Maulwurf die trüben Augen durchbohrte, dann lachten sie, und wenn er nach dem Aussätzigen mit Steinen warf, lachten sie gleichfalls. Und in allen Dingen beherrschte er sie, und sie wurden so hartherzig wie er.

Nun kam eines Tages ein armes Bettelweib durch das Dorf. Ihre Kleider waren zerrissen und zerlumpt, und ihre Füße bluteten von dem holprigen Weg, den sie gewandert war, und sie befand sich in einem sehr schlimmen Zustand. Und da sie müde war, setzte sie sich unter eine Kastanie, um auszuruhen.

Doch als das Sternenkind sie sah, sagte es zu seinen Gefährten: »Seht nur! Da sitzt ein schmutziges Bettelweib unter dem schönen, grünbelaubten Baum. Kommt, wir wollen sie von dort verjagen; denn sie ist häßlich und widerwärtig.«

Also ging er näher und warf mit Steinen nach ihr und verhöhnte sie, und sie sah ihn mit entsetzten Augen an und wandte nicht den Blick von ihm. Und als der Holzfäller, der ganz in der Nähe auf einem Hof Holz hackte, sah, was das Sternenkind tat, lief er hin und schalt ihn und sprach: »Wahrlich, du bist hartherzig und kennst kein Erbarmen, denn was hat dir diese arme Frau Böses getan, daß du sie auf solche Weise behandelst?«

Und das Sternenkind wurde rot vor Zorn und stampfte mit dem Fuß auf und sagte: »Wer bist du, daß ich dir Rechenschaft geben sollte über mein Tun? Ich bin nicht dein Sohn, daß ich dir gehorchen müßte.«

»Da sprichst du wahr«, antwortete der Holzfäller, »dennoch habe ich mich deiner erbarmt, als ich dich im Walde fand.«

Und als die Frau diese Worte hörte, stieß sie einen lauten Schrei aus und fiel in Ohnmacht. Und der Holzfäller trug sie in sein Haus, und sein Weib kümmerte sich um sie, und als sie aus ihrer Ohnmacht erwachte, setzten sie ihr zu essen und zu trinken vor und luden sie ein, sich's bequem zu machen.

Aber sie wollte weder essen noch trinken, sondern fragte den Holzfäller: »Sagtest du nicht, der Knabe wurde im Wald gefunden? Und war das nicht heute vor zehn Jahren?«

Und der Holzfäller antwortete: »Ja, im Wald habe ich ihn gefunden, und das war heute vor zehn Jahren.«

»Und welche Kennzeichen fandest du an ihm?« rief sie. »Trug er nicht eine Bernsteinkette um den Hals? War er nicht gehüllt in einen Mantel aus Goldgewebe, mit Sternen bestickt?«

»Wahrhaftig«, erwiderte der Holzfäller, »es war so, wie du sagst.« Und er holte den Mantel und die Bernsteinkette aus der Truhe, darin sie lagen, und zeigte sie ihr.

Und als sie die beiden Dinge erblickte, weinte sie vor Freude und sagte: »Er ist mein kleiner Sohn, den ich im Wald verlor. Ich bitte dich, rufe ihn schnell, denn auf der Suche nach ihm habe ich die ganze Welt durchwandert.«

Also gingen der Holzfäller und sein Weib hinaus und riefen das Sternenkind und sprachen zu ihm: »Geh ins Haus, dort wirst du deine Mutter finden, die dich erwartet.«

So lief er hinein, von Staunen und großer Freude erfüllt.

Doch als er jene erblickte, die dort wartete, lachte er höhnisch und sagte: »Nun, wo ist meine Mutter? Denn ich sehe hier niemanden als dies garstige Bettelweib.«

Und die Frau antwortete ihm: »Ich bin deine Mutter.«

»Du bist toll, so zu reden«, rief das Sternenkind zornig. »Ich bin nicht dein Sohn, denn du bist eine Bettlerin und häßlich und in Lumpen. Deshalb scher dich fort von hier und laß mich nie wieder dein abscheuliches Gesicht sehen.«

»Nicht so, du bist wirklich mein kleiner Sohn, den ich im Walde gebar«, rief sie, und sie fiel auf die Knie und streckte die Arme nach ihm aus. »Die Räuber stahlen dich von meiner Seite und überließen dich dem Tod«, sagte sie leise, »aber ich erkannte dich, sobald ich dich erblickte, und die Kennzeichen habe ich ebenfalls erkannt, den Mantel aus Goldgewebe und die Bernsteinkette. Deshalb bitte ich dich, komm mit mir, denn die ganze Welt habe ich auf der Suche nach dir durchwandert. Komm mit mir, mein Sohn, denn ich brauche deine Liebe.«

Doch das Sternenkind rührte sich nicht von der Stelle, sondern verschloß die Türen seines Herzens gegen sie, und es war kein Laut zu hören als das schmerzliche Weinen der Frau.

Und endlich sprach er zu ihr, und seine Stimme war hart und unerfreulich. »Wenn du in Wahrheit meine Mutter bist«, sagte er, »so wärest du besser fortgeblieben und nicht hierhergekommen, mich in Schande zu bringen, da ich glaubte, ich sei das Kind eines Sternes und nicht einer Bettlerin Kind, wie du mir erzählst. Deshalb scher dich fort von hier und laß mich dich nie wieder sehen.«

»Ach, mein Sohn«, rief sie, »willst du mich nicht küssen, ehe ich gehe? Denn ich habe viel erlitten, dich zu finden.«

»Nein«, sagte das Sternenkind, »du bist zu widerwärtig anzusehen, und lieber als dich wollte ich die Natter oder die Kröte küssen.«

Da stand die Frau auf und ging bitterlich weinend fort in den Wald, und als das Sternenkind sah, daß sie gegangen war, freute sich der Knabe und lief zurück zu seinen Spielgefährten, um mit ihnen zu spielen.

Doch als sie ihn kommen sahen, verlachten sie ihn und sagten: »Ei, du bist garstig wie die Kröte und ekelhaft wie die Natter. Scher dich fort, denn wir wollen dich nicht mit uns spielen lassen«, und sie jagten ihn aus dem Garten.

Und das Sternenkind blickte finster und sprach zu sich: ›Was soll das bedeuten, was sie zu mir sagen? Ich will zum Wasserquell gehen und hineinschauen, und er wird mir von meiner Schönheit sprechen.‹

So ging er zum Wasserquell und schaute hinein, und siehe, sein Gesicht glich dem Gesicht einer Kröte, und sein Körper war schuppig wie eine Natter. Und er warf sich nieder in das Gras und weinte und sprach zu sich: ›Wahrlich, das ist über mich gekommen wegen meiner Sünde. Denn ich habe meine Mutter verleugnet und sie davongejagt und bin hochmütig und grausam gegen sie gewesen. Deshalb will ich gehen und in der ganzen Welt nach ihr suchen, und ich will nicht rasten, ehe ich sie gefunden habe.‹

Und die kleine Tochter des Holzfällers kam zu ihm und legte ihm die Hand auf die Schulter und sagte: »Was macht es schon, wenn du deine Wohlgestalt verloren hast? Bleib bei uns, und ich will nicht über dich spotten.«

Und er antwortete ihr: »Nein, ich bin grausam gegen meine Mutter gewesen, und zur Strafe dafür wurde mir dies Unheil zuteil. Deshalb muß ich von hier fortgehen und durch die Welt wandern, bis ich sie finde und ihre Vergebung erlange.«

So lief er fort in den Wald und rief nach seiner Mutter, daß sie zu ihm komme, erhielt aber keine Antwort.

Den ganzen Tag rief er nach ihr, und als die Sonne unterging, legte er sich auf einem Lager von Blättern zum Schlaf nieder, und die Vögel und anderen Tiere flohen vor ihm, denn sie gedachten seiner Grausamkeit, und er blieb allein, bis auf die Kröte, die ihn belauerte, und die träge Natter, die vorbeiglitt.

Und am Morgen stand er auf und pflückte ein paar herbe Beeren von den Bäumen und aß sie und nahm heftig weinend seinen Weg durch den großen Wald. Und bei jedem, den er traf, erkundigte er sich, ob er vielleicht seine Mutter gesehen habe.

Zu dem Maulwurf sprach er: »Du kannst unter die Erde gehen. Sag mir, ist meine Mutter dort?«

Und der Maulwurf antwortete: »Du hast mir die Augen geblendet. Wie sollte ich es wissen?«

Zu dem Hänfling sprach er: »Du kannst über die Wipfel der hohen Bäume fliegen und kannst die ganze Welt sehen. Sag mir, kannst du meine Mutter sehen?«

Und der Hänfling antwortete: »Du hast mir zu deinem Spaß die Flügel beschnitten. Wie sollte ich fliegen?«

Und zu dem kleinen Eichhörnchen, das in der Föhre wohnte und einsam war, sprach er: »Wo ist meine Mutter?«

Und das Eichhörnchen antwortete: »Die meine hast du umgebracht. Willst du jetzt auch die deine umbringen?«

Und das Sternenkind weinte und beugte den Kopf und bat Gottes Geschöpfe um Vergebung und ging weiter durch den Wald auf der Suche nach dem Bettelweib.

Und am dritten Tag kam er zum anderen Ende des Waldes und ging hinab in die Ebene.

Und wenn er durch die Dörfer kam, verhöhnten ihn die Kinder und warfen Steine nach ihm, und die Bauern wollten ihn nicht einmal im Kuhstall schlafen lassen, damit er nicht den Brand über das gespeicherte Korn bringe, so garstig war er anzusehen, und ihre Tagelöhner jagten ihn fort, und da war niemand, der Mitleid mit ihm hatte. Auch konnte er nirgendwo etwas von der Bettlerin erfahren, die seine Mutter war, obgleich er drei Jahre lang durch die Welt wanderte und obgleich ihm häufig war, als sähe er sie vor sich auf der Straße, und er nach ihr rief und hinter ihr her lief, bis die scharfen Kiesel das Blut aus seinen Füßen springen ließen. Aber er vermochte sie nicht einzuholen, und die am Weg wohnten, verneinten stets, sie oder eine, die ihr glich, gesehen zu haben, und machten sich lustig über seinen Kummer.

Drei Jahre lang wanderte er durch die Welt, und es gab in der Welt weder Liebe noch Herzensgüte noch Barmherzigkeit für ihn, sondern es war genauso eine Welt, wie er sie sich in den Tagen seiner großen Hoffart geschaffen hatte.

Und eines Tages kam er an das Tor einer Stadt mit starken Mauern, die an einem Fluß stand, und ob er gleich müde war und sich die Füße wundgelaufen hatte, ging er doch darauf zu, um einzutreten. Aber die Soldaten, die Wache standen, senkten ihre Hellebarden über den Eingang und fragten ihn unfreundlich: »Was willst du in dieser Stadt?«

»Ich suche meine Mutter«, antwortete er, »und ich bitte euch, mich durchzulassen, denn vielleicht befindet sie sich in dieser Stadt.« Aber sie verlachten ihn, und einer von ihnen schüttelte seinen schwarzen Bart und setzte seinen Schild nieder und sprach: »Wahrhaftig, deine Mutter wird sich nicht freuen, wenn sie dich sieht, denn du bist häßlicher als die Kröte im Sumpf oder die Natter, die im Moor kriecht. Scher dich fort. Scher dich fort. Deine Mutter wohnt nicht in dieser Stadt.«

Und ein anderer, der ein gelbes Banner in der Hand hielt,

sagte zu ihm: »Wer ist deine Mutter, und warum suchst du sie?«

Und er antwortete: »Meine Mutter ist eine Bettlerin, so wie ich ein Bettler bin, und ich habe sie übel behandelt, und ich bitte euch, mich durchzulassen, damit ich ihre Vergebung erlangen kann, falls sie in dieser Stadt weilt.« Aber sie wollten nicht und stachen ihn mit ihren Spießen.

Und als er sich weinend abwandte, kam einer, dessen Rüstung mit goldenen Blumen inkrustiert war und auf dessen Helm ein geflügelter Löwe kauerte, und erkundigte sich bei den Soldaten, wer Einlaß begehrt habe. Und sie sagten ihm: »Es ist ein Bettler und einer Bettlerin Kind, und wir haben ihn davongejagt.«

»Nein«, rief er lachend aus, »wir wollen das garstige Geschöpf als Sklaven verkaufen, und sein Preis soll der Preis für einen Humpen süßen Weines sein.«

Und ein alter Mann mit einem bösen Gesicht, der vorbeikam, rief aus: »Für diesen Preis will ich ihn kaufen«, und als er den Preis gezahlt hatte, nahm er das Sternenkind bei der Hand und führte den Knaben in die Stadt.

Und nachdem sie durch viele Straßen gegangen waren, kamen sie an eine kleine, in eine Mauer eingelassene Tür, die ein Granatapfelbaum überdachte. Und der alte Mann berührt die Tür mit einem Ring aus geschnittenem Jaspis, und sie tat sich auf, und sie gingen fünf eherne Stufen hinab in einen Garten voll schwarzem Mohn und grünen Kruken aus gebranntem Ton. Und der alte Mann entnahm seinem Turban ein Tuch aus gemusterter Seide und verband dem Sternenkind die Augen und trieb den Knaben vor sich her. Und als ihm die Binde von den Augen genommen war, sah sich das Sternenkind in einem Verlies, das durch eine Laterne aus Horn erhellt war.

Und der Alte setzte ihm auf einem Brett ein wenig schimmliges Brot vor und sagte: »Iß«, und in einem Becher ein wenig Brackwasser und sagte: »Trink«, und als der Knabe gegessen und getrunken hatte, ging der Alte hinaus und verschloß hinter sich die Tür und sicherte sie mit einer Eisenkette.

Und am Morgen kam der Alte, der in Wahrheit der abgefeimteste aller Zauberer in Libyen war und seine Kunst von einem gelernt hatte, der in den Grabgewölben am Nil wohnte, zu ihm herein und blickte ihn finster an und sprach:

»In einem Wald nahe dem Tor dieser Stadt der Ungläubigen liegen drei Stücke Gold. Eines ist von weißem Gold, das zweite von gelbem Gold, und das Gold des dritten ist rot. Heute sollst du mir das Stück weißen Goldes holen, und wenn du es nicht herbringst, werde ich dich mit hundert Streichen schlagen. Mach dich geschwind davon, und bei Sonnenuntergang werde ich dich an der Gartentür erwarten. Sieh zu, daß du das weiße Gold bringst, oder es wird dir übel ergehen, denn du bist mein Sklave, und ich habe dich um den Preis für einen Humpen süßen Weines gekauft.« Und er verband dem Sternenkind die Augen mit dem Tuch aus gemusterter Seide und führte den Knaben durch das Haus und durch den Mohngarten und die fünf ehernen Stufen hinauf. Und nachdem er die kleine Tür mit seinem Ring geöffnet hatte, schob er ihn auf die Straße.

Und das Sternenkind ging zum Tor hinaus aus der Stadt und kam zu dem Wald, von dem ihm der Zauberer erzählt hatte.

Nun war dieser Wald von außen sehr schön anzusehen und schien voll singender Vögel und süßduftender Blumen zu sein, und das Sternenkind betrat ihn frohen Herzens. Doch seine Schönheit nützte ihm wenig, denn wohin er auch ging, wuchsen Sträucher und Büsche mit scharfen Dornen aus dem Boden empor und schlossen ihn ein, und böse Nesseln stachen ihn, und die Distel durchbohrte ihn mit ihren Dolchen, so daß er arge Pein litt. Auch konnte er nirgendwo das Stück weißen Goldes finden, von dem der Zauberer gesprochen hatte, obgleich er vom Morgen bis zum Mittag und von Mittag bis Sonnenuntergang danach suchte. Und bei Sonnenuntergang wandte er bitterlich weinend sein Gesicht heimwärts, da er wußte, welches Los seiner wartete.

Doch als er den Saum des Waldes erreicht hatte, vernahm er aus dem Dickicht einen Schrei wie von einem, der in Not ist. Und seinen eigenen Kummer vergessend, lief er zurück zu der Stelle und sah einen kleinen Hasen, der in einer von Jägerhand aufgestellten Falle gefangen war.

Und das Sternenkind hatte Mitleid mit ihm und befreite ihn und sagte zu ihm: »Ich bin selber nur ein Sklave, dennoch kann ich dir die Freiheit schenken.«

Und der Hase antwortete ihm und sprach: »Du hast mir fürwahr die Freiheit geschenkt, und was soll ich dir zum Dank dafür geben?«

Und das Sternenkind sagte: »Ich suche nach einem Stück weißen Goldes, aber ich kann es nirgendwo finden, und wenn ich es meinem Herrn nicht bringe, wird er mich schlagen.«

»Komm mit mir«, sagte der Hase, »ich werde dich hinführen, denn ich weiß, wo es verborgen ist und zu welchem Zweck.«

Also ging das Sternenkind mit dem Hasen, und siehe, im Spalt einer mächtigen Eiche erblickte er das Stück weißen Goldes, das er suchte. Und er war voller Freude und ergriff es und sagte zu dem Hasen: »Den Dienst, den ich dir geleistet habe, hast du mir viele Male gelohnt, und die Freundlichkeit, die ich dir erwies, hast du mir hundertfach vergolten.«

»Nicht so«, antwortete der Hase, »wie du an mir tatest, so habe ich an dir getan«, und er lief flink davon, und das Sternenkind wanderte der Stadt zu.

Nun hockte aber am Stadttor einer, der aussätzig war. Über das Gesicht hing ihm eine Kapuze aus grauem Leinen, und durch die Sehlöcher funkelten seine Augen wie rotglühende Kohlen. Und als er das Sternenkind kommen sah, schlug er auf einen Holznapf und rasselte mit seiner Schelle und rief ihn an und sprach: »Gib mir ein Geldstück, oder ich muß Hungers sterben. Denn sie haben mich aus der Stadt geworfen, und da ist niemand, der sich meiner erbarmt.«

»Ach«, rief das Sternenkind, »ich habe nur ein einziges Geldstück in meinem Beutel, und wenn ich es meinem Herrn nicht bringe, wird er mich schlagen, denn ich bin sein Sklave.«

Aber der Aussätzige flehte ihn an und bat ihn inständig, bis sich das Sternenkind erbarmte und ihm das Stück weißen Goldes gab.

Und als der Knabe zum Hause des Zauberers kam, öffnete ihm der Zauberer und holte ihn herein und fragte ihn: »Hast du das Stück weißen Goldes?« Und das Sternenkind antwortete: »Ich habe es nicht.« Da fiel der Zauberer über den Knaben her und schlug ihn und setzte ihm ein leeres Brett vor und sagte: »Iß«, und einen leeren Becher und sagte: »Trink«, und warf ihn wieder in das Verlies.

Und am Morgen kam der Zauberer zu ihm und sprach: »Wenn du mir heute nicht das Stück gelben Goldes bringst, so werde ich dich ganz gewiß als meinen Sklaven behalten und dir dreihundert Hiebe geben.«

Also ging das Sternenkind in den Wald, und den ganzen Tag suchte der Knabe nach dem Stück gelben Goldes, aber nirgendwo konnte er es finden. Und bei Sonnenuntergang setzte er sich nieder und begann zu weinen, und während er noch weinte, kam der kleine Hase zu ihm, den er aus der Falle befreit hatte. Und der Hase fragte ihn: »Warum weinst du? Und wonach suchst du im Wald?«

Und das Sternenkind antwortete: »Ich suche nach einem Stück gelben Goldes, das hier verborgen ist, und wenn ich es nicht finde, wird mein Herr mich schlagen und als Sklave behalten.«

»Folge mir«, rief der Hase, und er lief durch den Wald, bis er zu einem Wassertümpel kam. Und am Grunde des Tümpels lag das Stück gelben Goldes.

»Wie soll ich dir danken?« sagte das Sternenkind. »Denn siehe, dies ist das zweite Mal, daß du mir geholfen hast.«

»Nicht doch, du hast dich zuerst meiner erbarmt«, erwiderte der Hase und lief geschwind davon.

Und das Sternenkind nahm das Stück gelben Goldes und steckte es in seinen Beutel und eilte der Stadt zu. Doch der Aussätzige sah den Knaben kommen und lief ihm entgegen und kniete nieder und rief: »Gib mir ein Geldstück, oder ich werde Hungers sterben.«

Und das Sternenkind sprach zu ihm: »Ich habe in meinem Beutel nur ein Stück gelben Goldes, und wenn ich es meinem Herrn nicht bringe, wird er mich schlagen und als seinen Sklaven behalten.«

Aber der Aussätzige flehte ihn so inständig an, daß sich das Sternenkind seiner erbarmte und ihm das Stück gelben Goldes gab.

Und als er zum Hause des Zauberers kam, öffnete ihm der Zauberer und fragte ihn: »Hast du das Stück gelben Goldes?« Und das Sternenkind antwortete ihm: »Ich habe es nicht.« Da fiel der Zauberer über den Knaben her und schlug ihn und belud ihn mit Ketten und warf ihn wieder in das Verlies.

Und am Morgen kam der Zauberer zu ihm und sprach: »Wenn du mir heute das Stück roten Goldes bringst, werde ich dich freilassen; bringst du es aber nicht, so werde ich dich wahr und wahrhaftig erschlagen.«

Also ging das Sternenkind in den Wald, und den ganzen Tag suchte der Knabe nach dem Stück roten Goldes, konnte es jedoch nirgndwo finden. Und am Abend setzte er sich nieder und weinte, und während er noch weinte, kam der kleine Hase zu ihm.

Und der Hase sprach zu ihm: »Das Stück roten Goldes, das du suchst, befindet sich in der Höhle hinter dir. Deshalb weine nicht mehr, sondern sei fröhlich.«

»Wie soll ich dir nur danken«, rief das Sternenkind, »denn siehe, dies ist das dritte Mal, daß du mir geholfen hast!«

»Nicht doch, du hast dich zuerst meiner erbarmt«, antwortete der Hase und lief geschwind davon.

Und das Sternenkind trat in die Höhle und fand in ihrer äußersten Ecke das Stück roten Goldes. Das steckte der Knabe in seinen Beutel und eilte der Stadt zu. Und da ihn der Aussätzige kommen sah, stellte er sich mitten auf die Straße und rief ihn an und sprach: »Gib mir das rote Goldstück, oder ich muß Hungers sterben«, und wieder erbarmte sich das Sternenkind seiner und gab ihm das Stück roten Goldes und sagte: »Deine Not ist größer als meine.« Doch das Herz war ihm schwer, denn er wußte, welch schlimmes Los seiner wartete.

Doch siehe, als er durch das Stadttor ging, verneigten sich die Wachen vor ihm und huldigten ihm und sprachen: »Wie schön ist unser Gebieter!«, und eine große Schar Bürger folgte ihm und rief: »Wahrlich, niemand auf der ganzen Welt ist so schön!«, weshalb das Sternenkind weinte und zu sich sprach: ›Sie verhöhnen mich und achten nicht meines Elends.‹ Und so gewaltig war der Zusammenstrom des Volkes, daß der Knabe die Richtung verlor und sich schließlich auf einem Platz sah, wo eines Königs Palast stand.

Und das Tor des Palastes tat sich auf, und die Priester

und die hohen Würdenträger der Stadt kamen ihm eilends entgegen, und sie demütigten sich vor ihm und sprachen: »Du bist unser Gebieter, den wir erwarteten, und der Sohn unseres Königs.«

Und das Sternenkind antwortete ihnen und sprach: »Ich bin keines Königs Sohn, sondern das Kind einer armen Bettlerin. Und warum sagt ihr, ich sei schön, da ich doch weiß, daß ich übel anzuschauen bin?«

Da hob jener, dessen Rüstung mit goldenen Blumen inkrustiert war und auf dessen Helm ein geflügelter Löwe kauerte, einen Schild empor und rief: »Wie kann mein Gebieter sagen, er sei nicht schön?«

Und das Sternenkind blickte hinein, und siehe, sein Antlitz war wie einstmals, und seine Wohlgestalt war ihm wiedergegeben, und er sah in seinen Augen, was er nie zuvor darin gesehen hatte.

Und die Priester und die hohen Würdenträger knieten nieder und sprachen zu ihm: »Es wurde uns einst prophezeit, daß am heutigen Tage jener kommen würde, der über uns herrschen soll. Deshalb geruhe unser Gebieter, diese Krone und dies Zepter entgegenzunehmen und in seiner Gerechtigkeit und Gnade König über uns zu sein.«

Er aber antwortete ihnen: »Ich bin dessen nicht wert, denn ich habe die Mutter verleugnet, die mich gebar, und ich darf nicht rasten, ehe ich sie gefunden und ihre Vergebung erlangt habe. Deshalb laßt mich gehen, denn ich muß wieder durch die Welt wandern und darf hier nicht verweilen, ob ihr mir auch die Krone und das Zepter darbietet.« Und als er gesprochen hatte, wandte er sein Gesicht von ihnen ab und der Straße zu, die zum Stadttor führte, und siehe, in der Menge, die sich um die Soldaten drängte, erblickte er die Bettlerin, die seine Mutter war, und an ihrer Seite stand der Aussätzige, der am Wegrand gesessen hatte.

Und ein Schrei der Freude löste sich von seinen Lippen, und er lief hin und kniete nieder und küßte die Wunden an den Füßen seiner Mutter und benetzte sie mit seinen Tränen. Er neigte das Haupt in den Staub, und schluchzend, als sollte ihm das Herz brechen, sprach er zu ihr: »Mutter, in der Stunde meiner Hoffart habe ich dich verleugnet. Nimm mich auf in der Stunde meiner Demut. Mutter, ich gab dir Haß. Gib du mir Liebe. Mutter, ich stieß dich zurück. Empfange du nun dein Kind.« Aber die Bettlerin antwortete ihm nicht.

Und er streckte die Hände aus und umfing die weißen Füße des Aussätzigen und sprach zu ihm: »Dreimal habe ich mich deiner erbarmt. Heiße meine Mutter nur einmal zu mir sprechen.« Aber der Aussätzige antwortete ihm nicht.

Und wieder schluchzte er und sagte: »Mutter, mein Leiden ist größer, als ich es ertragen kann. Laß mir deine Vergebung zuteil werden und laß mich zurückkehren in den Wald.« Und die Bettlerin legte ihm die Hand aufs Haupt und sprach: »Steh auf«, und der Aussätzige legte ihm die Hand aufs Haupt und sagte ebenfalls: »Steh auf.«

Und er stand auf und blickte sie an, und siehe, sie waren ein König und eine Königin.

Und die Königin sprach zu ihm: »Dies ist dein Vater, dem du geholfen hast.«

Und der König sprach: »Dies ist deine Mutter, deren Füße du in deinen Tränen gebadet hast.«

Und sie fielen ihm um den Hals und küßten ihn und führten ihn in den Palast und kleideten ihn in schöne Gewänder und setzten ihm die Krone aufs Haupt und legten ihm das Zepter in die Hand, und er herrschte über die Stadt am Strom und war ihr Gebieter. Große Gerechtigkeit und Gnade bezeigte er gegen alle, und den bösen Zauberer verbannte er, und dem Holzfäller und seinem Weibe schickte er viele kostbare Geschenke, und ihren Kindern erwies er hohe Ehre. Und er duldete nicht, daß jemand grausam war gegen Vögel oder anderes Getier, sondern lehrte Liebe und Herzensgüte und Barmherzigkeit, und den Armen gab er Brot, und denen, die nackt und bloß waren, gab er Kleidung, und es herrschte Friede und Überfluß im Lande.

Doch er regierte nicht lange, so groß war sein Leiden gewesen und so schmerzhaft das Feuer seiner Prüfung; drei Jahre später starb er. Und der nach ihm kam, regierte schlecht.

Lord Arthur Saviles Verbrechen
und andere Geschichten

Übersetzt von Christine Hoeppener

Lord Arthur Saviles
Verbrechen

Eine Studie über Pflicht

Es war Lady Windermeres letzter Empfang vor Ostern, und Bentinck House war noch überfüllter als sonst. Sechs Kabinettsminister waren mit ihren Ordenssternen und -bändern direkt vom Lever des Präsidenten gekommen, all die hübschen Frauen trugen ihre elegantesten Roben, und am Ende der Gemäldegalerie stand die Fürstin Sophia von Karlsruhe, eine gewichtige, tatarisch aussehende Dame mit winzigen schwarzen Augen und wundervollen Smaragden, die mit lautstarker Stimme schlechtes Französisch redete und über alles, was man ihr sagte, unmäßig lachte. Es war ohne Zweifel ein erstaunliches Sammelsurium von Leuten. Prächtige Pairsgattinnen plauderten leutselig mit hitzigen Radikalen, beliebte Prediger streiften die Rockschöße bedeutender Skeptiker, ein ganzes Rudel Bischöfe folgte einer beliebten Primadonna auf Schritt und Tritt von einem Zimmer ins andere, auf der Treppe standen, als Künstler verkleidet, mehrere Mitglieder der Royal Academy, und es hieß, zu einem gewissen Zeitpunkt habe das Speisezimmer geradezu gestrotzt von Genies. Es war in der Tat einer von Lady Windermeres besten Abenden, und die Fürstin blieb fast bis halb zwölf.

Sobald sie gegangen war, kehrte Lady Windermere in die Gemäldegalerie zurück, wo ein berühmter Nationalökonom einem entrüsteten ungarischen Virtuosen mit feierlichem Ernst die wissenschaftliche Theorie der Musik erläuterte, und begann sich mit der Herzogin von Paisley zu unterhalten. Sie sah wunderschön aus mit ihrem edlen Elfenbeinhals, ihren großen blauen Vergißmeinnichtaugen und dem Goldhaar, das in schweren Docken um ihren Kopf gewunden war. *Or pur* war es – nicht von der fahlen Strohfarbe, die sich heutzutage den liebenswürdigen Namen Gold anmaßt, sondern Gold, wie es in Sonnenstrahlen verwoben oder in seltenem Bernstein verborgen ist; und es gab ihrem Gesicht etwas von der lichten Umrahmung einer Heiligen und nicht wenig von dem Reiz einer Sünderin. Sie war ein nicht alltägliches Studienobjekt für einen Psychologen. Schon früh in ihrem Leben hatte sie die bedeutende Wahrheit entdeckt, daß nichts so nach Unschuld aussieht wie Unbesonnenheit, und durch eine Reihe leichtsinniger Eskapaden, die zur Hälfte völlig harmlos waren, hatte sie sich alle Sonderrechte einer Persönlichkeit erworben. Mehr als einmal hatte sie ihren Gatten gewechselt – tatsächlich schreibt ihr das Pairsverzeichnis drei Ehen zu –, doch da sie niemals ihren Liebhaber gewechselt hatte, war die Welt es seit langem müde geworden, über sie zu lästern. Sie war jetzt vierzig Jahre alt, kinderlos und von jener unbändigen Vergnügungssucht, die das Geheimnis ist, jung zu bleiben.

Plötzlich sah sie sich begierig in dem Raum um und fragte mit ihrer klaren, tiefen Altstimme: »Wo ist mein Chiromant?«

»Ihr was, Gladys?« rief die Herzogin in unwillkürlichem Erschrecken.

»Mein Chiromant, Herzogin; ich kann im Augenblick nicht ohne ihn leben.«

»Liebe Gladys! Sie sind immer so originell«, murmelte die Herzogin, während sie sich zu erinnern suchte, was ein Chiromant wohl sei, und hoffte, es sei nicht dasselbe wie ein Chiropodist.

»Regelmäßig zweimal in der Woche kommt er und sieht

sich meine Hand an«, fuhr Lady Windermere fort, »und das macht er überaus interessant.«

›Gütiger Himmel!‹ dachte die Herzogin. ›Also ist er doch eine Art Chiropodist. Wie gräßlich! Hoffentlich ist er wenigstens ein Ausländer. Dann wäre es nicht ganz so arg.‹

»Ich muß Sie unbedingt mit ihm bekannt machen.«

»Mit ihm bekannt machen?« rief die Herzogin. »Sie wollen doch nicht etwa sagen, er sei hier?« Und sie hielt Ausschau nach einem kleinen Schildpattfächer und einem sehr zerschlissenen Spitzenschal, um in kürzester Frist zum Aufbruch bereit zu sein.

»Natürlich ist er hier; nicht im Traum würde ich daran denken, ohne ihn eine Gesellschaft zu geben. Er sagt, meine Hand sei ausgesprochen psychisch, und wenn mein Daumen ein ganz klein wenig kürzer wäre, so hätte ich eine eingefleischte Pessimistin abgegeben und mich in ein Kloster zurückgezogen.«

»Oh, ich verstehe!« sagte die Herzogin mit einem Gefühl großer Erleichterung. »Vermutlich ist er einer, der die Geschicke voraussagt?«

»Und die Mißgeschicke«, antwortete Lady Windermere, »jede Menge davon. Nächstes Jahr befinde ich mich zum Beispiel in großer Gefahr, sowohl zu Land wie zur See; deshalb werde ich in einem Ballon leben und jeden Abend mein Essen in einem Korb heraufziehen. Das steht alles auf meinem kleinen Finger geschrieben oder in meiner Handfläche, ich habe vergessen, wo.«

»Aber das heißt zweifellos die Vorsehung versuchen, Gladys.«

»Meine liebe Herzogin, gewiß kann die Vorsehung bis dahin der Versuchung widerstehen. Ich glaube, jeder sollte sich einmal im Monat aus der Hand lesen lassen, damit er weiß, was er nicht tun darf. Natürlich tut man es dann doch, aber es ist so angenehm, gewarnt zu sein. Wenn jetzt nicht jemand sofort Mister Podgers holt, werde ich wohl selbst gehen müssen.«

»Lassen Sie mich gehen, Lady Windermere«, sagte ein hochgewachsener, hübscher junger Mann, der dabeistand und mit amüsiertem Lächeln der Unterhaltung zuhörte.

»Vielen Dank, Lord Arthur, aber ich fürchte, Sie würden ihn nicht erkennen.«

»Wenn er so wundervoll ist, wie Sie behaupten, Lady Windermere, könnte ich ihn schwerlich verfehlen. Sagen Sie mir, wie er aussieht, und ich bringe ihn sogleich zu Ihnen.«

»Nun, er sieht nicht im geringsten nach einem Chiromanten aus. Ich meine, er sieht weder geheimnisvoll noch esoterisch noch romantisch aus. Er ist ein kleiner, stämmiger Mann mit einem drolligen Kahlkopf und einer großen goldgeränderten Brille, so etwa auf der Mitte zwischen einem Hausarzt und einem Landadvokaten. Es tut mir wirklich sehr leid, aber es ist nicht meine Schuld. Es ist so ärgerlich mit den Leuten. All meine Pianisten sehen genau wie Poeten aus, und all meine Poeten sehen genau wie Pianisten aus, und ich denke nur noch daran, wie ich in der letzten Saison einen ganz schrecklichen Verschwörer zum Dinner eingeladen hatte, einen Mann, der wer weiß wie viele Leute in die Luft gesprengt hat und stets ein Panzerhemd trug und einen Dolch im Hemdärmel, und als er kam, stellen Sie sich vor, sah er haargenau wie ein netter alter Geistlicher aus und riß den ganzen Abend Witze. Natürlich war er sehr unterhaltsam und all das, aber ich war entsetzlich enttäuscht, und als ich ihn nach dem Panzerhemd fragte, lachte er nur und sagte, es sei viel zu kalt, es in England zu tragen. Ah, da ist ja Mister Podgers! Mister Podgers, ich möchte, daß Sie der Herzogin von Paisley aus der Hand lesen. Herzogin, Sie müssen Ihren Handschuh ausziehen. Nein, nicht den linken, den anderen.«

»Liebe Gladys, ich halte das wirklich nicht für ganz

schicklich«, sagte die Herzogin, während sie kraftlos einen recht schmuddligen Glacéhandschuh aufknöpfte.

»Schicklich ist etwas Interessantes niemals«, entgegnete Lady Windermere, »*on a fait le monde ainsi*. Aber ich muß Sie miteinander bekannt machen. Herzogin, das ist Mister Podgers, mein Hauschiromant. Mister Podgers, das ist die Herzogin von Paisley, und wenn Sie behaupten, sie habe einen größeren Mondberg als ich, werde ich Ihnen nie wieder Glauben schenken.«

»Ich bin sicher, Gladys, daß sich in meiner Hand nichts Derartiges befindet«, sagte die Herzogin würdevoll.

»Euer Gnaden haben völlig recht«, bemerkte Mr. Podgers und betrachtete die dicke kleine Hand mit den kurzen Quadratfingern, »der Mondberg ist nicht entwickelt. Aber die Lebenslinie ist hervorragend. Beugen Sie gütigst das Handgelenk. Danke sehr. Drei deutliche Linien auf der *Rascette*! Sie werden ein hohes Alter erreichen, Herzogin, und überaus glücklich sein. Ehrgeiz – sehr bescheiden, Verstandeslinie – nicht übermäßig, Herzlinie . . .«

»Seien Sie ungeniert, Mister Podgers«, rief Lady Windermere.

»Nichts würde mir größeres Vergnügen bereiten«, erwiderte Mr. Podgers mit einer Verbeugung, »wenn die Herzogin es je gewesen wäre, aber zu meinem Bedauern muß ich sagen, daß ich eine große Beständigkeit in der Liebe sehe, verbunden mit einem starken Pflichtgefühl.«

»Fahren Sie bitte fort, Mister Podgers«, sagte die Herzogin, die recht zufrieden aussah.

»Sparsamkeit ist nicht die geringste Tugend Eurer Gnaden«, fuhr Mr. Podgers fort, und Lady Windermere platzte mit ihrem Gelächter heraus. »Sparsamkeit ist eine sehr gute Sache«, bemerkte die Herzogin selbstgefällig. »Als ich Paisley heiratete, besaß er elf Schlösser und nicht ein einziges zum Wohnen geeignetes Haus.«

»Und jetzt besitzt er zwölf Häuser und kein einziges Schloß«, rief Lady Windermere.

»Nun, meine Teure«, sagte die Herzogin, »ich liebe ...«

»Bequemlichkeit«, ergänzte Mr. Podgers, »und die heutigen Errungenschaften und fließend Warmwasser in jedem Schlafzimmer. Euer Gnaden haben völlig recht. Bequemlichkeit ist das einzige, was uns unsere Zivilisation geben kann.«

»Sie haben den Charakter der Herzogin erstaunlich treffend beschrieben, Mister Podgers, und jetzt müssen Sie Lady Floras schildern«, und auf einen Wink der lächelnden Gastgeberin trat ein hochgewachsenes Mädchen mit rotem Schottenhaar und kräftigen Schulterblättern linkisch hinter dem Sofa hervor und streckte eine lange, knochige Hand mit spatelförmigen Fingern aus.

»Ah, eine Pianistin! Ich verstehe«, sagte Mr. Podgers, »eine hervorragende Pianistin, aber vielleicht nicht gerade eine Musikerin. Sehr zurückhaltend, sehr ehrbar und mit einer großen Liebe zu Tieren.«

»Stimmt!« rief die Herzogin, zu Lady Windermere gewandt.

»Stimmt genau! Flora hält sich in Macloskie zwei Dutzend Schäferhunde und würde unser Stadthaus in eine Menagerie verwandeln, wenn ihr Vater es zuließe.«

»Nun, das ist genau das, was ich mit meinem Haus jeden Donnerstagabend mache«, lachte Lady Windermere, »nur gefallen mir Löwen besser als Schäferhunde.«

»Ihr einziger Fehler, Lady Windermere«, sagte Mr. Podgers mit einer großartigen Verneigung.

»Wenn eine Frau ihre Fehler nicht reizvoll machen kann, ist sie nur ein Weibchen«, war die Antwort. »Aber Sie müssen noch mehr Hände für uns lesen. Kommen Sie, Sir Thomas, zeigen Sie Mister Podgers die ihren«; und ein lustiger alter Herr mit weißer Weste kam heran und hielt eine grobe, knorrige Hand mit sehr langem Mittelfinger hin.

»Eine Abenteurernatur, vier lange Seereisen in der Vergangenheit und eine bevorstehende. Dreimal schiffbrüchig geworden. Nein, nur zweimal, aber auf der nächsten Reise in Gefahr, Schiffbruch zu erleiden. Streng konservativ, sehr pünktlich und mit einer Leidenschaft für das Sammeln von Raritäten. Im Alter zwischen sechzehn und achtzehn eine schwere Krankheit durchgemacht. Mit etwa dreißig ein Vermögen geerbt. Große Abneigung gegen Katzen und Radikale.«

»Vorzüglich!« rief Sir Thomas aus. »Sie müssen wahrhaftig auch meiner Frau aus der Hand lesen.«

»Ihrer zweiten Gattin«, bemerkte Mr. Podgers ruhig, während er immer noch Sir Thomas' Hand in der seinen hielt. »Ihrer zweiten Gattin. Ich wäre entzückt«; aber Lady Marvel, eine schwermütig aussehende Frau mit braunem Haar und gefühlvollen Wimpern, lehnte es entschieden ab, ihre Vergangenheit oder ihre Zukunft enthüllen zu lassen, und wie sehr sich Lady Windermere auch bemühen mochte, nichts bewog den russischen Botschafter, Monsieur de Kolow, auch nur die Handschuhe auszuziehen.

Tatsächlich schien es, als fürchteten sich viele Leute, dem unheimlichen kleinen Mann mit seinem stereotypen Lächeln, der goldenen Brille und den hellen Knopfaugen gegenüberzutreten, und als er der armen Lady Fermor vor allen rundheraus erklärte, aus Musik machte sie sich nicht das mindeste, sei jedoch Musikern überaus zugetan, hatten alle das Gefühl, daß Chiromantie eine höchst gefährliche Wissenschaft sei, die nicht gefördert werden sollte, ausgenommen bei einem *Tête-à-tête*.

Lord Savile jedoch, der nichts von Lady Fermors unseliger Geschichte wußte und Mr. Podgers mit großem Interesse beobachtet hatte, war von ungeheurer Neugier gepackt, sich selbst aus der Hand lesen zu lassen, und da ihn eine gewisse Schüchternheit hinderte, sich vorzudrängen, ging er durch den Raum zu Lady Windermeres Platz und fragte sie mit bezauberndem Erröten, ob Mr. Podgers ihrer Meinung nach wohl etwas dagegen haben würde.

»Natürlich wird er nichts dagegen haben«, sagte Lady Windermere, »dazu ist er ja hier. All meine Löwen, Lord Arthur, sind Löwen, die sich produzieren, und springen durch Reifen, wenn ich es von ihnen verlange. Aber zuvor muß ich Sie warnen, daß ich Sybil alles wiedererzählen werde. Sie ist morgen zum Lunch bei mir, um mit mir über Hüte zu plaudern, und wenn Mister Podgers herausfindet, daß Sie einen schlechten Charakter oder eine Neigung zur Gicht oder eine Frau haben, die in Bayswater wohnt, werde ich sie alles darüber wissen lassen.«

Lord Arthur lächelte und schüttelte den Kopf. »Ich habe keine Bange«, antwortete er. »Sybil kennt mich so gut, wie ich sie kenne.«

»Ach! Ein wenig tut es mir leid, Sie so sprechen zu hören. Die rechte Grundlage für eine Ehe ist gegenseitiges Mißverstehen. Nein, ich bin durchaus nicht zynisch, ich habe nur meine Erfahrungen, was allerdings ungefähr auf dasselbe herauskommt. Mister Podgers, Lord Arthur Savile stirbt vor Verlangen, sich aus der Hand lesen zu lassen. Erzählen Sie ihm nicht, daß er mit einem der schönsten Mädchen von London verlobt ist, denn das stand vor einem Monat in der ›Morning Post‹.«

»Liebe Lady Windermere«, rief die Marquise von Jedburgh, »lassen Sie Mister Podgers noch ein wenig bei mir bleiben! Er hat mir soeben gesagt, ich ginge zur Bühne, und das interessiert mich so.«

»Wenn er Ihnen das gesagt hat, Lady Jedburgh, werde ich ihn ganz gewiß wegholen. Kommen Sie sofort her, Mister Podgers, und lesen Sie Lord Arthur aus der Hand.«

»Na schön«, sagte Lady Jedburgh und zog einen Schmollmund, als sie vom Sofa aufstand, »wenn es mir nicht gestattet wird, zur Bühne zu gehen, darf ich doch wohl wenigstens zum Publikum gehören.«

»Natürlich, wir werden alle Publikum sein«, entgegnete Lady Windermere, »und jetzt, Mister Podgers, denken Sie daran, uns etwas Hübsches zu erzählen. Lord Arthur gehört zu meinen besonderen Lieblingen.«

Doch als Mr. Podgers in Lord Arthurs Hand schaute, wurde er seltsam bleich und sagte gar nichts. Ein Schauder schien ihn zu durchrieseln, und seine großen buschigen Brauen zuckten krampfhaft auf eine sonderbar aufreizende Weise, die bei ihm Bestürzung ausdrückte. Dann brachen wie giftiger Tau ein paar große Schweißtropfen aus seiner gelben Stirn, und seine dicken Finger wurden kalt und klamm.

Lord Arthur entgingen diese merkwürdigen Anzeichen von Erregung nicht, und zum erstenmal in seinem Leben empfand er selbst Furcht. Es trieb ihn, aus dem Raum zu stürzen, aber er hielt sich zurück. Es war besser, das Schlimmste, einerlei was, zu erfahren, als in dieser grauenhaften Ungewißheit zu bleiben.

»Ich warte, Mister Podgers«, sagte er.

»Wir alle warten«, rief Lady Windermere in ihrer lebhaften, ungeduldigen Art, aber der Chiromant gab keine Antwort.

»Ich glaube, Arthur geht zur Bühne«, bemerkte Lady Jedburgh, »und nachdem Sie vorhin gescholten haben, hat Mister Podgers Angst, es ihm zu sagen.«

Plötzlich ließ Mr. Podgers Lord Arthurs Rechte fallen und ergriff seine Linke, über die er sich, um sie zu prüfen, so tief hinabbeugte, daß die goldenen Ränder seiner Brille fast die Innenfläche zu berühren schienen. Für einen Augenblick wurde sein Gesicht eine weiße Maske des

Grauens, doch bald gewann er seine Kaltblütigkeit zurück und sagte, zu Lady Windermere aufschauend, mit gezwungenem Lächeln: »Es ist die Hand eines reizenden jungen Mannes.«

»Natürlich!« erwiderte Lady Windermere. »Aber wird er auch ein reizender Gatte sein? Das ist es, was ich wissen möchte.«

»Alle reizenden jungen Männer werden es«, sagte Mr. Podgers.

»Ich glaube, ein Ehemann sollte nicht allzu bezaubernd sein«, murmelte Lady Jedburgh nachdenklich, »es ist so gefährlich.«

»Mein liebes Kind, allzu bezaubernd sind sie nie«, rief Lady Windermere. »Aber ich möchte Details. Details sind das einzig Interessante. Was wird Lord Arthur widerfahren?«

»Nun ja, innerhalb der nächsten Monate wird Lord Arthur eine Seereise antreten ...«

»O ja, natürlich seine Hochzeitsreise!«

»Und einen Verwandten verlieren.«

»Hoffentlich nicht seine Schwester?« fragte Lady Jedburgh mit trauriger Stimme.

»Bestimmt nicht seine Schwester«, antwortete Mr. Podgers mit einer wegwerfenden Handbewegung, »nur einen entfernten Verwandten.«

»Ich bin schrecklich enttäuscht«, bemerkte Lady Windermere. »Da habe ich Sybil morgen absolut nichts zu erzählen. Niemand schert sich heutzutage um entfernte Verwandte. Sie sind schon vor Jahren aus der Mode gekommen. Immerhin meine ich, sie sollte ein Schwarzseidenes im Schrank haben, für die Kirche ist so etwas immer passend. Und jetzt wollen wir zum Abendessen gehen. Sicherlich haben sie alles aufgegessen, aber vielleicht finden wir etwas heiße Suppe. François kochte früher vorzügliche Suppen, aber im Augenblick regt er sich so über die Politik auf, daß ich seiner nicht mehr ganz sicher bin. Ich wünschte wahrhaftig, General Boulanger wollte sich ruhig verhalten. Herzogin, Sie sind gewiß müde?«

»Überhaupt nicht, liebe Gladys«, entgegnete die Herzogin, während sie zur Tür watschelte. »Ich habe mich ganz famos unterhalten, und der Chiropodist, ich meine der Chiromant, ist höchst interessant. Flora, wo kann nur mein Schildpattfächer sein? Oh, vielen Dank, Sir Thomas. Und mein Spitzenschal, Flora? Oh, danke, Sir Thomas, sehr freundlich von Ihnen«, und am Ende brachte es die würdige Dame zuwege, die Treppe hinunterzugehen, ohne ihr Riechfläschchen mehr als zweimal fallen zu lassen.

Die ganze Zeit war Lord Arthur Savile am Kamin stehengeblieben, mit dem gleichen bedrückenden Gefühl der Furcht, der ekelhaften Empfindung kommenden Unheils. Traurig lächelte er seiner Schwester zu, als sie an Lord Plymdales Arm an ihm vorüberstreifte, liebreizend anzusehen in ihrem rosa Brokat und den Perlen, und kaum vernahm er Lady Windermere, als sie ihn aufforderte, ihr zu folgen. Er dachte an Sybil Merton, und der Gedanke, daß etwas zwischen sie treten könnte, trübte seine Augen mit Tränen.

Wer ihn sah, hätte meinen können, Nemesis habe Pallas' Schild gestohlen und ihm das Gorgonenhaupt gezeigt. Er schien zu Stein verwandelt, und sein Gesicht war in seiner Schwermut wie Marmor. Er hatte das wählerische und verschwenderische Leben eines jungen Mannes von Geburt und Vermögen geführt, ein in seiner Freiheit von niedriger Sorge, in seiner schönen, knabenhaften Unbekümmertheit köstliches Leben, und nun wurde ihm zum erstenmal das schreckliche Geheimnis des Schicksals, die furchtbare Bedeutung des Verhängnisses bewußt.

Wie wahnsinnig und ungeheuerlich schien das alles!

Konnte es angehen, daß in Schriftzeichen, die er nicht zu lesen, aber ein anderer zu entziffern vermochte, ein entsetzliches Geheimnis der Sünde, ein blutrotes Mal des Frevels in seine Hand geschrieben war? War da kein Entrinnen möglich? Waren wir nichts Besseres als Schachfiguren, von einer unsichtbaren Macht bewegt, Gefäße, die der Töpfer nach seiner Laune zur Ehre oder zur Schande formt? Seine Vernunft lehnte sich dagegen auf, und dennoch hatte er das Gefühl, als hinge eine Tragödie über ihm und als sei er plötzlich berufen worden, eine unerträgliche Bürde zu tragen. Schauspieler sind so glücklich dran. Sie können sich aussuchen, ob sie in einer Tragödie oder in einer Komödie auftreten wollen, ob sie leiden oder vergnügt sein, lachen oder Tränen vergießen wollen. Aber im wirklichen Leben ist das anders. Die meisten Männer und Frauen sind gezwungen, Rollen zu spielen, für die sie nicht geeignet sind. Unsere Güldensterns spielen für uns den Hamlet, und unsere Hamlets müssen herumspaßen wie Prinz Heinz. Die Welt ist eine Bühne, aber das Stück ist schlecht besetzt. Plötzlich trat Mr. Podgers in den Raum. Er erschrak, als er Lord Arthur erblickte, und sein derbes, dickes Gesicht verfärbte sich grünlichgelb. Die Augen der beiden Männer trafen sich, und eine Sekunde herrschte Schweigen.

»Die Herzogin hat einen ihrer Handschuhe hier liegenlassen, Lord Arthur, und mich gebeten, ihn zu holen«, sagte Mr. Podgers schließlich. »Ah, ich sehe ihn auf dem Sofa! Guten Abend.«

»Mister Podgers, ich muß darauf bestehen, daß Sie mir eine ehrliche Antwort auf eine Frage geben, die ich Ihnen stellen werde.«

»Ein andermal, Lord Arthur, die Herzogin ist besorgt. Ich fürchte, ich muß gehen.«

»Sie werden nicht gehen. Die Herzogin hat keine Eile.«

»Man sollte Damen nicht warten lassen, Lord Arthur«,

entgegnete Mr. Podgers mit seinem ekelhaften Lächeln. »Das schöne Geschlecht kann leicht ungeduldig werden.«

Lord Arthurs feingeschnittene Lippen warfen sich in ärgerlicher Verachtung auf. Die arme Herzogin schien ihm in diesem Augenblick von sehr geringer Bedeutung. Er ging durch den Raum zu Mr. Podgers und hielt ihm die Hand hin.

»Erzählen Sie mir, was Sie darin gesehen haben«, befahl er. »Sagen Sie mir die Wahrheit. Ich muß sie wissen. Ich bin kein Kind.«

Mr. Podgers' Augen blinzelten hinter den goldgeränderten Brillengläsern, und unbehaglich trat er von einem Fuß auf den anderen, während seine Finger nervös mit einer auffälligen Uhrkette spielten.

»Wie kommen Sie auf den Gedanken, daß ich mehr in Ihrer Hand gesehen habe, als ich Ihnen sagte, Lord Arthur?«

»Ich weiß es, und ich bestehe darauf, daß Sie mir erzählen, was es war. Ich werde Sie bezahlen. Ich werde Ihnen einen Scheck über hundert Pfund geben.«

Die grünen Augen blitzten sekundenlang auf und wurden dann wieder trübe.

»Guineen?« fragte Mr. Podgers schließlich mit leiser Stimme.

»Gewiß. Ich werde Ihnen morgen den Scheck zusenden. In welchem Klub sind Sie Mitglied?«

»In keinem. Das heißt, im Augenblick nicht. Meine Adresse ist – aber gestatten Sie mir, daß ich Ihnen meine Karte gebe«; und nachdem Mr. Podgers aus der Westentasche eine Visitenkarte mit Goldschnitt gezogen hatte, überreichte er sie mit einer tiefen Verneigung Lord Arthur, der darauf las:

Mr. Septimus R. Podgers
Berufschiromant
1030 West Moon Street

»Meine Sprechstunden sind von zehn bis vier«, murmelte Mr. Podgers geschäftsmäßig, »für Familien herabgesetzte Preise.«

»Beeilen Sie sich«, rief Lord Arthur, der sehr blaß aussah und die Hand ausgestreckt hielt.

Mr. Podgers blickte nervös um sich und zog die schwere Portiere vor die Tür.

»Es wird eine Weile dauern, Lord Arthur, Sie sollten sich lieber setzen.«

»Beeilen Sie sich, Sir«, rief Lord Arthur abermals und stampfte ärgerlich mit dem Fuß auf den polierten Boden.

Mr. Podgers lächelte, zog aus der Brusttasche ein kleines Vergrößerungsglas und putzte es sorgfältig mit seinem Taschentuch. »Ich bin bereit«, sagte er.

2

Zehn Minuten später stürzte Lord Arthur Savile mit vor Entsetzen bleichem Gesicht und vor Kummer verstörten Augen aus Bentinck House, bahnte sich ungestüm seinen Weg durch die Menge der Lakaien, die in ihren Pelzröcken vor der großen gestreiften Markise standen, und schien weder etwas zu sehen noch zu hören. Es war eine bitterkalte Nacht, und die Gaslaternen um den Platz flimmerten und flackerten in dem scharfen Wind; aber seine Hände waren fieberheiß, und seine Stirn brannte wie Feuer. Weiter und weiter ging er, fast in der Haltung eines Betrunkenen. Ein Polizist sah ihn neugierig an, als er vorbeikam, und ein Bettler, der aus einem Torweg schlurfte und um ein Almosen bitten wollte, erschrak angesichts einer Not, die größer war als die seine. Einmal blieb Lord Arthur unter einer Laterne stehen und blickte auf seine Hände. Er vermeinte bereits den Blutfleck auf ihnen zu entdecken, und ein schwacher Schrei brach von seinen bebenden Lippen.

Mord! Das war es, was der Chiromant dort gesehen hatte. Mord! Selbst die Nacht schien es zu wissen und der trostlose Wind ihm ins Ohr zu heulen. Die finsteren Straßenecken waren voll davon. Es grinste ihn von den Dächern der Häuser an.

Zuerst gelangte er zum Park, dessen düstre Waldungen ihn zu verzaubern schienen. Müde lehnte er sich an das Gitter, kühlte seine Stirn an dem feuchten Metall und lauschte dem sirrenden Schweigen der Bäume. »Mord! Mord!« wiederholte er ein über das andere Mal, als könne die Wiederholung das Grauen des Wortes umwölken. Der Klang seiner eigenen Stimme ließ ihn schaudern; dennoch hoffte er, das Echo möge ihn hören und die schlummernde Stadt aus ihren Träumen wecken. Er fühlte ein wahnwitziges Verlangen, den zufällig Vorübergehenden anzuhalten und ihm alles zu erzählen.

Dann wanderte er über die Oxford Street in enge, schimpfliche Gassen. Zwei Weiber mit geschminkten Gesichtern spotteten über ihn, als er vorbeiging. Aus einem dunklen Hof kam das Geräusch von Flüchen und Schlägen, gefolgt von schrillen Aufschreien, und auf einer feuchten Türschwelle hingekauert sah er die gekrümmten Gestalten der Armut und des Alters. Ein sonderbares Mitleid erfaßte ihn. War diesen Kindern der Sünde und Not ihr Ende vorbestimmt, so wie ihm das seine? Waren sie wie er nur Marionetten in einem ungeheuerlichen Spiel?

Und dennoch war es nicht das Mysterium, sondern die Komödie des Leidens, die ihn mit Staunen erfüllte, seine absolute Nutzlosigkeit, sein grotesker Mangel an Bedeutung. Wie zusammenhanglos schien das alles! Wie bar jeden Einklangs! Er war bestürzt über den Zwiespalt zwischen dem seichten Optimismus seiner Zeit und den wirklichen Tatbeständen des Daseins. Er war noch sehr jung.

Eine Weile später sah er sich vor der Marylebone-Kirche. Der stille Fahrdamm glich einem langen Band aus blankem Silber, hier und da gefleckt von den dunklen Arabesken wogender Schatten. Weit in der Ferne krümmte sich die Linie flackernder Gaslaternen, und vor einem kleinen, von einer Mauer umgebenen Haus stand ein einsamer Hansom mit dem darin schlafenden Kutscher. Hastig schlug er die Richtung zum Portland Place ein, wobei er sich ab und zu umschaute, als fürchte er, verfolgt zu werden. An der Ecke der Rich Street standen zwei Männer, die einen kleinen Anschlagzettel an einem Bauzaun lasen. Ein wunderliches Gefühl der Neugier regte sich in ihm, und er ging hinüber. Als er näher kam, sprang ihm das in schwarzen Buchstaben gedruckte Wort in die Augen: ›Mord‹. Er erschrak, und eine tiefe Röte flutete in seine Wangen. Es war eine öffentliche Bekanntmachung, und sie bot eine Belohnung für jede Information, die dazu führen konnte, einen dreißig- bis vierzigjährigen mittelgroßen Mann festzunehmen, mit einer Narbe auf der rechten Wange und bekleidet mit einem flachen runden Filzhut, schwarzem Rock und karierter Hose. Wieder und wieder las er sie und fragte sich, ob man den Unglücklichen fassen werde und wie er zu der Narbe gekommen sei. Vielleicht würde eines Tages sein eigener Name an den Mauern von London angeschlagen stehen. Eines Tages würde vielleicht auch auf seinen Kopf ein Preis ausgesetzt sein.

Bei dem Gedanken wurde ihm übel vor Entsetzen. Er machte auf dem Absatz kehrt und eilte weiter in die Nacht.

Wohin er ging, wußte er kaum. Er erinnerte sich dunkel, durch ein Labyrinth schmutziger Häuser gewandert zu sein und sich in einem riesigen Spinnennetz düsterer Straßen verirrt zu haben, und es war heller Morgen, als er sich schließlich am Piccadilly Circus fand. Während er langsam zum Belgrave Square heimging, begegnete er großen Lastwagen auf ihrem Weg zum Covent Garden. Die Fuhrleute in ihren weißen Kitteln, mit ihren heiteren, sonnverbrannten Gesichtern und ihrem spröden Kraushaar gingen mit langen, festen Schritten nebenher, ließen ihre Peitschen knallen und riefen einander hin und wieder etwas zu; auf dem Rücken eines mächtigen Grauschimmels, dem Leitpferd eines mißtönend klappernden Gespanns, saß ein pausbäckiger Junge mit einem Strauß Primeln an dem abgenutzten Hut, der sich mit seinen kleinen Händen fest in die Mähne krallte und lachte; und die großen Gemüseberge sahen gegen den Morgenhimmel wie Klumpen Jade aus, wie Klumpen grüner Jade gegen die blaßroten Blütenblätter einer wundervollen Rose. Lord Arthur fühlte sich seltsam bewegt, er konnte nicht sagen, warum. Etwas lag in dem köstlichen Liebreiz der Morgenfrühe, das ihn unsagbar ergreifend anmutete, und er dachte an all die Tage, die in Schönheit anbrachen und in Unwetter zur Neige gingen. Diese Landleute mit ihren derben, gutmütigen Stimmen und ihrem ungezwungenen Wesen, welch ein sonderbares London sahen sie! Ein London frei von der Sünde der Nacht und dem Qualm des Tages, eine bleiche, geisterhafte Stadt, eine öde Gräberstadt! Er fragte sich, was sie wohl von ihr hielten und ob sie etwas wüßten von ihrem Glanz und ihrer Schande, von ihren wilden, glutroten Freuden und ihrem gräßlichen Hunger, von all dem, was sie vom Morgen bis zum Abend schafft und zerstört. Für sie war die Stadt wahrscheinlich nur ein Markt, wohin sie ihre Früchte zum Verkauf brachten und wo sie höchstens ein paar Stunden verweilten und dann die immer noch stillen Straßen, die immer noch schlafenden Häuser wieder verließen. Es machte ihm Freude, sie im Vorbeigehen zu beobachten. So derb sie auch waren, mit ihren schweren Nagelschuhen und ihrem plumpen Gang, brachten sie dennoch ein Stückchen Arkadien mit. Er spürte, daß sie mit der Natur gelebt und daß die Natur sie Frieden gelehrt hatte. Er beneidete sie um all das, was sie nicht wußten.

Als er am Belgrave Square anlangte, war der Himmel unterdessen blaßblau geworden, und in den Gärten begannen die Vögel zu zwitschern.

3

Als Lord Arthur erwachte, war es zwölf Uhr, und die Mittagssonne flutete durch die elfenbeinfarbenen Seidenvorhänge seines Zimmers. Er stand auf und blickte aus dem Fenster. Ein diesiger Hitzedunst hing über der großen Stadt, und die Hausdächer glichen stumpfem Silber. In dem flirrenden Grün des Platzes drunten huschten wie weiße Schmetterlinge ein paar Kinder umher, und der Bürgersteig war voller Menschen auf ihrem Weg zum Park. Nie war ihm das Leben liebenswerter erschienen, nie das Böse in weiterer Ferne.

Dann brachte ihm sein Diener auf einem Tablett eine Tasse Schokolade. Nachdem er sie getrunken hatte, zog er eine schwere Portiere aus pfirsichfarbenem Plüsch beiseite und ging ins Bad. Durch dünne Platten von durchsichtigem Onyx stahl sich von oben sanft das Licht, und das Wasser in dem Marmorbecken schimmerte wie ein Mondstein. Rasch glitt er hinein, bis die kühlen Kräuselwellen Hals und Haar berührten, und tauchte sodann den Kopf vollends unter, als wolle er den Schandfleck einer schmachvollen Erinnerung tilgen. Als er aus dem Bad kam, fühlte er sich fast ruhig. Der im Augenblick hervorragende physische Zustand hatte Gewalt über ihn erlangt, wie es in der

Tat bei sehr fein beschaffenen Naturen häufig der Fall ist, denn die Sinne können wie das Feuer sowohl läutern als zerstören.

Nach dem Frühstück warf er sich auf ein Ruhelager und zündete sich eine Zigarette an. Auf dem Kaminsims stand in einem Rahmen aus herrlichem altem Brokat eine große Photographie von Sybil Merton, wie er sie auf Lady Noels Ball zum erstenmal gesehen hatte. Der kleine, erlesen geformte Kopf neigte sich ein wenig zur Seite, als könne der schlanke, einem Schilfrohr gleiche Hals die Last einer solchen Fülle an Schönheit kaum tragen; die Lippen waren leicht geöffnet und schienen für lieblichen Wohlklang geschaffen, und aus den verträumten Augen blickte voller Staunen die ganze zarte Reinheit der Mädchenjahre. Mit ihrem weichen, schmiegsamen Kleid aus Crêpe de Chine und dem großen blattförmigen Fächer glich sie einem jener zierlichen Figürchen, die man in den Olivengehölzen bei Tanagra findet, und in ihrer Haltung und ihrem Gebaren lag etwas von griechischer Anmut. Dennoch war sie nicht klein. Sie war einfach von vollendetem Ebenmaß – eine Seltenheit zu einer Zeit, da so viele Frauen entweder überlebensgroß oder winzig sind.

Während Lord Arthur sie jetzt betrachtete, erfüllte ihn das gewaltige Mitleid, das aus Liebe geboren ist. Er hatte das Gefühl, als käme es dem Verrat Judas' gleich, wenn er sie heiratete, solange das Verhängnis des Mordes über seinem Haupt schwebte, einer Sünde, die schlimmer war als jede, die irgendein Borgia sich hatte einfallen lassen. Welch ein Glück konnte es für sie beide geben, wenn jeden Augenblick von ihm gefordert werden konnte, die gräßliche Prophezeiung zu erfüllen, die ihm in die Hand geschrieben war? Welch ein Leben würden sie führen, solange das Schicksal dieses furchtbare Los auf der Waage behielt? Die Hochzeit mußte um jeden Preis verschoben werden. Dazu war er fest entschlossen. So inbrünstig er das Mädchen auch liebte und obgleich die bloße Berührung ihrer Finger, wenn sie beisammen saßen, jede Fiber seines Körpers mit köstlichem Entzücken durchrieselte, erkannte er dennoch klar, wo seine Pflicht lag, und war sich völlig dessen bewußt, daß er kein Recht hatte, sie zu heiraten, ehe er nicht den Mord begangen hatte. War dies getan, dann konnte er ohne Grausen vor einer Missetat mit Sybil Merton vor dem Altar stehen und sein Leben in ihre Hände legen. War dies getan, dann konnte er sie in die Arme nehmen in dem Bewußtsein, daß sie um seinetwillen nie werde erröten, nie den Kopf in Scham werde senken müssen. Aber zuerst mußte es getan werden, und je eher, um so besser für beide.

Viele Männer in seiner Lage hätten den blumigen Pfad des Liebesspiels den steilen Höhen der Pflicht vorgezogen, doch Lord Arthur war zu gewissenhaft, das Vergnügen über das Prinzip zu stellen. In seiner Liebe lag mehr als bloße Leidenschaft, und Sybil war für ihn ein Sinnbild all dessen, was gut und edel ist. Sekundenlang empfand er einen natürlichen Widerwillen gegen das, was von ihm gefordert wurde, aber das ging rasch vorbei. Sein Herz sagte ihm, daß es keine Sünde, sondern ein Opfer sei; sein Verstand erinnerte ihn daran, daß ihm kein anderer Weg offenblieb. Er hatte zu wählen, ob er für sich oder für andere leben wollte, und so schrecklich das ihm auferlegte Gebot zweifellos auch war, so wußte er doch, daß er die Selbstsucht nicht über die Liebe triumphieren lassen durfte. Früher oder später wird von uns allen gefordert, uns in derselben Frage zu entscheiden — uns allen wird dieselbe Frage gestellt. In Lord Arthurs Leben trat sie frühzeitig — ehe seine Natur durch den berechnenden Zynismus der mittleren Jahre verdorben oder sein Herz von der üblichen seichten Selbstüberhebung unserer Zeit angefressen war, und er fühlte keine Unschlüssigkeit, seine Pflicht zu tun. Zu seinem Glück war er auch kein bloßer Träumer oder nichtiger Dilettant. Wäre er es gewesen, so hätte er wie Hamlet gezaudert und seine Absicht durch die Unentschlossenheit zunichte machen lassen. Doch er war von Grund auf ein Mann der Tat. Für ihn war das Leben mehr Handeln als Denken. Er besaß das Seltenste auf Erden: gesunden Menschenverstand.

Die wirren, stürmischen Empfindungen der voraufgegangenen Nacht hatten sich unterdessen völlig gelegt, und fast mit einem Gefühl der Scham blickte er zurück auf sein unsinniges Umherirren von Straße zu Straße, auf die wilde Qual seines Gemüts. Gerade die Wahrhaftigkeit seiner Leiden machte sie jetzt so unwirklich. Er fragte sich, wie er so töricht hatte sein können, gegen das Unvermeidliche zu wüten und zu schreien. Die einzige Frage, die ihn zu quälen schien, war nur, wen er beseitigen sollte, denn er war nicht blind gegen die Tatsache, daß Mord, wie die Religionsbräuche der Heidenwelt, nicht nur den Priester, sondern auch das Opfer verlangt. Da er kein Genie war, hatte er keine Feinde, und freilich fühlte er auch, daß dies nicht die Zeit war, persönlichem Groll oder Widerwillen Genüge zu tun, da seiner Mission ein hoher, feierlicher Ernst innewohnte. Folglich legte er sich auf einem Bogen Briefpapier eine Liste seiner Freunde und Verwandten an und entschied sich nach sorgfältiger Überlegung für Lady Clementina Beauchamp, eine liebe alte Dame und entfernte Verwandte mütterlicherseits, die in der Curzon Street wohnte. Er hatte Lady Clem, wie sie von allen genannt wurde, stets sehr gern gemocht, und da er selbst sehr wohlhabend war, weil er mit seiner Volljährigkeit in den Besitz von Lord Rugbys gesamtem Vermögen gekommen war, schied die Möglichkeit aus, sich durch ihren Tod schnöden finanziellen Vorteil verschaffen zu wollen. Wirklich, je mehr er über die Sache nachdachte, um so geeigneter erschien sie ihm, und da er jede Verzögerung als unredlich gegen Sybil empfand, beschloß er, sogleich seine Vorbereitungen zu treffen.

Als erstes mußte er natürlich den Chiromanten bezahlen; also setzte er sich an den kleinen Sheraton-Schreibtisch, der am Fenster stand, schrieb einen Scheck über einhundertfünf Pfund aus, zahlbar an Mr. Septimus Podgers, steckte ihn in einen Umschlag und befahl seinem Diener, ihn in die West Moon Street zu bringen. Dann telefonierte er nach seinem Hansom und kleidete sich zum Ausgehen an. Als er das Zimmer verließ, blickte er zurück auf Sybil Mertons Photographie und schwor sich, daß sie, was auch geschehen mochte, nie von ihm erfahren solle, was er um ihretwillen zu tun gedachte, sondern daß er das Geheimnis seiner Selbstaufopferung für immer in seinem Herzen bewahren werde.

Auf seinem Weg zum Buckingham-Klub hielt er vor einem Blumenladen und schickte Sybil einen schönen Korb Narzissen, mit zartweißen Blütenblättern und großen Fasanenaugen, und als er im Klub angelangt war, ging er schnurstracks in die Bibliothek, läutete und befahl dem Diener, ihm eine Zitronenlimonade und ein Buch über Giftkunde zu bringen. Er hatte sich fest dafür entschieden, daß es bei diesem verdrießlichen Unternehmen am besten sei, Gift anzuwenden. Alles, was persönlicher Gewalttätigkeit gleichkam, war ihm überaus widerwärtig, und außerdem war er sehr darum besorgt, Lady Clementina nicht auf eine Weise zu ermorden, die öffentliche Aufmerksamkeit erregen konnte, da ihm der Gedanke, in Lady Windermeres Salon den Löwen des Tages zu spielen oder seinen Namen durch die Spalten der üblichen Gesellschaftsblättchen geistern zu sehen, im höchsten Maße abscheulich war. Auch mußte er an Sybils Vater und Mutter denken, die etwas altmodische Leute waren und sich möglicherweise der Heirat widersetzen würden, wenn es zu etwas wie einem

Skandal kam, obgleich er überzeugt war, daß sie die ersten wären, seine Beweggründe zu würdigen, wenn er ihnen alle Umstände des Falles mitteilte. Er hatte folglich allen Grund, sich für Gift zu entscheiden. Es war zuverlässig, sicher und geräuschlos und beseitigte jede Unumgänglichkeit peinlicher Szenen, gegen die er, wie die meisten Engländer, eine eingewurzelte Abneigung hegte.

Allerdings hatte er von der Giftkunde absolut keine Ahnung, und da der Diener völlig außerstande schien, in der Bibliothek etwas anderes zu finden als Ruffs Reiseführer und Baileys Magazin, durchsuchte er selbst die Bücherregale und stieß endlich auf eine hübsch gebundene Ausgabe der ›Pharmacopoeia‹ und ein Exemplar von Erskines ›Toxikologie‹, herausgegeben von Sir Mathew Reid, dem Dekan der Königlichen Medizinischen Fakultät und einem der ältesten Mitglieder des Buckingham-Klubs, in den er irrtümlicherweise anstelle eines anderen gewählt worden war, ein ärgerlicher Zwischenfall, der den Ausschuß dermaßen aufbrachte, daß er den richtigen Mann, als dieser erschien, einstimmig durchfallen ließ. Lord Arthur bereiteten die in beiden Büchern gebrachten Fachausdrücke viel Kopfzerbrechen, und er bedauerte schon, daß er in Oxford seinen Klassikern nicht größere Aufmerksamkeit geschenkt hatte, als er in Erskines zweitem Band einen hochinteressanten und vollständigen Bericht über die Eigenschaften des Akonitins entdeckte, der in einer einigermaßen verständlichen Sprache abgefaßt war. Es schien ihm haargenau das Gift zu sein, das er brauchte. Es wirkte schnell – tatsächlich fast augenblicklich –, war völlig schmerzlos und keineswegs von unangenehmem Geschmack, wenn es, wie Sir Mathew empfahl, in Form von Gelatinekapseln genommen wurde.

Also machte er sich auf der Manschette eine Notiz über die für eine tödliche Dosis erforderliche Menge, stellte die

Bücher wieder an ihren Platz und schlenderte die St. James Street hinauf zu der berühmten Apotheke von Pestle und Humbey. Mr. Pestle, der die Aristokratie stets persönlich bediente, wunderte sich nicht wenig über die Bestellung und murmelte durchaus ehrerbietig etwas von einem ärztlichen Attest, das dafür notwendig sei. Als ihm jedoch Lord Arthur auseinandersetzte, es sei für eine große norwegische Bulldogge bestimmt, die er vernichten müsse, da sie Anzeichen beginnender Tollwut erkennen lasse und den Kutscher bereits zweimal in die Wade gebissen habe, erklärte er sich für völlig zufriedengestellt, beglückwünschte Lord Arthur zu seinen erstaunlichen Kenntnissen in der Toxikologie und ließ das Gewünschte sogleich anfertigen.

Lord Arthur legte die Kapsel in eine hübsche kleine Dose aus Silber, die er in einem Schaufenster in der Bond Street sah, warf die häßliche Pillenschachtel von Pestle und Humbey fort und fuhr umgehend zu Lady Clementina.

»Nun, *Monsieur le mauvais sujet*«, rief die alte Dame, als er eintrat, »warum haben Sie mich die ganze Zeit nicht besucht?«

»Meine liebe Lady Clem, ich habe nie einen Augenblick für mich selbst übrig«, erwiderte Lord Arthur lächelnd.

»Vermutlich wollen Sie damit sagen, daß Sie den ganzen Tag mit Miss Sybil Merton umherziehen und *Chiffons* kaufen und Unsinn schwatzen? Ich kann nicht begreifen, warum die Leute solch ein Aufhebens vom Heiraten machen. Zu meiner Zeit haben wir uns nicht im Traum einfallen lassen, deswegen in der Öffentlichkeit oder unter vier Augen zu schnäbeln und zu gurren.«

»Ich versichere Ihnen, daß ich Sybil seit vierundzwanzig Stunden nicht gesehen habe, Lady Clem. Soweit ich feststellen kann, gehört sie ausschließlich ihren Putzmacherinnen.«

»Natürlich; das ist auch der einzige Grund, warum Sie

ein häßliches altes Weib wie mich besuchen kommen. Ich staune, daß ihr Männer euch nicht warnen laßt. *On a fait des folies pour moi*, und da bin ich nun, ein armes rheumatisches Geschöpf mit falschem Scheitel und übler Laune. Wenn nicht die liebe Lady Jansen wäre, die mir die schlimmsten französischen Romane schickt, die sie auftreiben kann, dann wüßte ich nicht, wie ich über den Tag käme. Die Ärzte taugen zu rein gar nichts, außer Honorar aus einem herauszuholen. Sie sind nicht einmal imstande, mein Sodbrennen zu kurieren.«

»Ich habe Ihnen ein Heilmittel dagegen mitgebracht, Lady Clem«, sagte Lord Arthur ernst. »Es ist eine wundervolle Sache, von einem Amerikaner erfunden.« – »Ich glaube nicht, daß ich für amerikanische Erfindungen viel übrig habe, Arthur. Ich bin dessen eigentlich ganz sicher. Ich habe kürzlich ein paar amerikanische Romane gelesen, und die waren ganz und gar unsinnig.«

»Oh, aber an dieser Sache ist durchaus nichts Unsinniges, Lady Clem! Ich versichere Ihnen, es ist ein radikales Heilmittel. Sie müssen mir versprechen, es zu probieren«, und Lord Arthur holte die kleine Büchse aus der Tasche und reichte sie ihr.

»Nun, die Dose ist reizend, Arthur. Ist sie wirklich ein Geschenk? Das ist sehr lieb von Ihnen. Und ist dies hier die wunderbare Medizin? Sie sieht aus wie ein Bonbon. Ich werde sie sofort einnehmen.«

»Gütiger Himmel!« rief Lord Arthur und ergriff ihre Hand. »Sie dürfen nichts dergleichen tun, Lady Clem. Es ist ein homöopathisches Mittel, und wenn Sie es einnehmen, ohne Sodbrennen zu haben, könnte es Ihnen gewaltig schaden. Warten Sie, bis Sie einen Anfall haben, und nehmen Sie es dann ein. Sie werden über das Ergebnis staunen.«

»Ich würde es gern jetzt einnehmen«, sagte Lady Clementina und hielt die kleine durchsichtige Kapsel mit der darin schwebenden Blase flüssigen Akonitins gegen das Licht. »Sicherlich schmeckt es gut. Tatsache ist: obgleich ich Ärzte hasse, liebe ich Medizin. Trotzdem werde ich sie mir für meinen nächsten Anfall aufheben.«

»Und wann wird der sein?« fragte Lord Arthur begierig. »Bald?«

»Ich hoffe, nicht vor einer Woche. Gestern morgen erging es mir damit sehr schlimm. Aber man weiß ja nie.«

»Sie sind überzeugt, vor Ende des Monats einen zu bekommen, Lady Clem?«

»Ich fürchte, ja. Aber wie mitfühlend Sie heute sind, Arthur! Sybil hat wirklich einen sehr guten Einfluß auf Sie. Und jetzt müssen Sie verschwinden, denn ich habe ein paar höchst langweilige Leute zum Essen, die keinen Klatsch erzählen, und ich weiß, daß ich nicht imstande sein werde, während des Dinners wach zu bleiben, wenn ich jetzt nicht mein Schläfchen halte. Auf Wiedersehn, Arthur, grüßen Sie Sybil, und vielen Dank für die amerikanische Medizin.«

»Sie werden nicht vergessen, sie einzunehmen, Lady Clem?« sagte Lord Arthur und stand von seinem Stuhl auf.

»Natürlich nicht, Närrchen. Ich finde es sehr lieb von Ihnen, daß Sie an mich gedacht haben, und ich werde Ihnen schreiben, wenn ich mehr davon brauche.«

Frohgemut und mit einem Gefühl ungeheuerer Erleichterung verließ Lord Arthur das Haus.

An diesem Abend hatte er eine Unterredung mit Sybil Merton. Er erzählte ihr, er sei plötzlich in eine schrecklich schwierige Lage geraten, und weder Ehre noch Pflicht erlaubten ihm, sich ihr zu entziehen. Er sagte ihr, daß die Hochzeit vorerst verschoben werden müsse, da er kein freier Mensch sei, ehe er sich nicht aus seinen fürchterlichen Verwicklungen herausgewunden habe. Er bat sie inständig, ihm zu vertrauen und keine Zweifel über die Zukunft zu hegen. Alles werde sich aufklären, nur sei Geduld vonnöten.

Die Szene spielte sich im Wintergarten von Mr. Mertons Haus in Park Lane ab, wo Lord Arthur wie üblich gespeist hatte. Niemals war ihm Sybil glücklicher erschienen, und einen Augenblick lang war Lord Arthur in Versuchung, die Rolle des Feiglings zu spielen, Lady Clementina zu schreiben und die Pille zurückzufordern und die Hochzeit stattfinden zu lassen, als gäbe es keinen Mr. Podgers auf der Welt. Doch bald machte sich seine bessere Natur geltend, und selbst als sich Sybil in seine Arme warf, wankte er nicht. Die Schönheit, die seine Sinne erregte, hatte auch an sein Gewissen gerührt. Er fühlte, daß es unrecht gehandelt wäre, ein so makelloses Leben um der Wonne weniger Monate willen zu zerstören.

Er blieb fast bis Mitternacht bei Sybil, indem er sie tröstete und seinerseits getröstet wurde, und reiste in der Morgenfrühe des nächsten Tages nach Venedig ab, nicht ohne zuvor Mr. Merton einen mannhaft entschlossenen Brief über die unumgängliche Verschiebung der Hochzeit geschrieben zu haben.

4

In Venedig traf er seinen Bruder, Lord Surbiton, der zufällig mit seiner Jacht von Korfu gekommen war. Die beiden jungen Leute verbrachten miteinander zwei höchst erfreuliche Wochen. Morgens ritten sie am Lido spazieren oder glitten in ihrer langen schwarzen Gondel die grünen Kanäle auf und nieder; am Nachmittag bewirteten sie für gewöhnlich Besucher auf der Jacht, und am Abend speisten sie im Restaurant ›Florian‹, und rauchten auf der Piazza unzählige Zigaretten. Dennoch war Lord Arthur irgendwie nicht glücklich. Tag für Tag studierte er in der ›Times‹ die Spalte über Todesfälle, in der Hoffnung, eine Notiz über Lady Clementinas Hinscheiden zu finden, und jeden Tag wurde er enttäuscht. Er begann zu fürchten, daß ihr ein Unfall zugestoßen sei, und bedauerte häufig, daß er sie daran gehindert hatte, das Akonitin zu nehmen, als sie so begierig gewesen war, dessen Wirkung auszuprobieren. Überdies klangen Sybils Briefe, obgleich sie voller Liebe, Vertrauen und Zärtlichkeit waren, oft sehr traurig, und mitunter glaubte er schon, auf ewig von ihr getrennt zu sein.

Nach zwei Wochen wurde Lord Surbiton Venedig langweilig, und er beschloß, längs der Küste nach Ravenna zu segeln, da er hörte, die Pineta biete famose Möglichkeiten zur Jagd auf Waldschnepfen. Lord Arthur lehnte zuerst rundheraus ab mitzukommen, aber Surbiton, zu dem er eine ungewöhnliche Zuneigung hegte, überzeugte ihn schließlich, daß er sich zu Tode langweilen werde, wenn er allein im Hotel Danielli bleibe, und so fuhren sie bei scharfem Nordost und ziemlich kabbliger See am Morgen des Fünfzehnten ab. Die Jagd war vorzüglich, und das ungebundene Leben im Freien gab Lord Arthurs Wangen die Farbe zurück; um den Zwanzigsten begann er sich jedoch wegen Lady Clementina zu beunruhigen und fuhr ungeachtet aller Einwände Surbitons mit dem Zug nach Venedig zurück.

Als er aus seiner Gondel auf die Stufen der Hoteltreppe stieg, kam ihm der Besitzer mit einem Bündel Telegramme entgegen. Lord Arthur schnappte sie ihm aus der Hand und riß sie auf. Alles war glücklich verlaufen. Lady Clementina war in der Nacht zum Siebzehnten ganz plötzlich gestorben!

Sein erster Gedanke galt Sybil, und er sandte ihr ein Telegramm, in dem er seine umgehende Rückkehr nach London ankündigte. Dann befahl er seinem Diener, das Gepäck für den Nachtzug bereitzumachen, schickte seinen Gondolieri etwa das Fünffache ihrer eigentlichen Entlohnung und lief leichten Schritts und frohen Herzens in sein Wohnzimmer. Dort erwarteten ihn drei Briefe. Einer war von Sybil, voller Mitgefühl und Beileid. Die anderen kamen von seiner Mutter und von Lady Clementinas Anwalt. Anscheinend hatte die alte Dame an dem betreffenden Abend bei der Herzogin diniert und jedermann mit ihrem Witz und Esprit entzückt, war jedoch ziemlich früh nach Hause gefahren, weil sie über Sodbrennen klagte. Am Morgen wurde sie in ihrem Bett tot aufgefunden, ohne, wie es schien, Schmerzen gelitten zu haben. Sofort war nach Sir Mathew Reid geschickt worden, aber es war natürlich nichts mehr zu machen gewesen, und am Zweiundzwanzigsten hatte man sie in Beauchamp Chalcote beerdigt. Wenige Tage vor ihrem Tode hatte sie ihr Testament gemacht und Lord Arthur ihr kleines Haus in der Curzon Street hinterlassen sowie das gesamte Mobiliar, ihre persönliche Habe und ihre Gemälde, mit Ausnahme ihrer Miniaturensammlung, die an ihre Schwester, Lady Margaret Rufford, kommen, und ihres Amethysthalsbands, das Sybil Merton haben sollte. Der Besitz war nicht von großem Wert, aber dem Anwalt, Mr. Mansfield, war außerordentlich viel daran gelegen, daß Lord Arthur möglichst sofort zurückkäme, da eine Fülle von Rechnungen zu bezahlen waren und Lady Clementina niemals regelmäßig Buch geführt hatte.

Lord Arthur war sehr gerührt über Lady Clementinas freundliches Gedenken und hatte das Gefühl, Mr. Podgers habe für eine Menge einzustehen. Doch seine Liebe zu Sybil beherrschte jede andere Empfindung, und das Bewußtsein, seine Pflicht getan zu haben, gab ihm Frieden und Trost. Als er auf dem Bahnhof Charing Cross anlangte, fühlte er sich vollkommen glücklich.

Die Mertons empfingen ihn sehr liebevoll. Sybil nahm ihm das Versprechen ab, daß er nie wieder etwas zwischen sie treten lasse, und die Hochzeit wurde auf den 7. Juni festgesetzt. Das Leben erschien ihm wieder strahlend und schön, und seine einstige Fröhlichkeit kehrte zurück.

Eines Tages jedoch, als er im Beisein von Lady Clementinas Anwalt und Sybil das Haus in der Curzon Street durchstöberte, Packen vergilbter Briefe verbrannte und Schubfächer mit kuriosem Plunder ausleerte, stieß das junge Mädchen plötzlich einen leisen Schrei des Entzükkens aus.

»Was hast du gefunden, Sybil?« fragte Lord Arthur, während er lächelnd von seiner Arbeit aufschaute.

»Diese reizende kleine Silberdose, Arthur. Ist das nicht alte holländische Arbeit? Schenk sie mir! Ich weiß, Amethyste werden mir erst stehen, wenn ich über achtzig bin.«

Es war die Dose, die das Akonitin enthalten hatte.

Lord Arthur erschrak, und eine schwache Röte färbte seine Wangen. Er hatte fast völlig vergessen, was er getan hatte, und es mutete ihn als ein merkwürdiges Zusammentreffen an, daß Sybil, um derentwillen er diese ganze gräßliche Unruhe durchgemacht hatte, die erste sein mußte, ihn daran zu erinnern.

»Natürlich kannst du sie haben, Sybil. Ich habe sie der armen Lady Clem selber geschenkt.«

»Oh! Ich danke dir, Arthur, und darf ich auch den Bonbon haben? Mir war gar nicht bekannt, daß Lady Clementina Süßigkeiten liebte. Ich dachte, sie sei viel zu intellektuell.«

Lord Arthur wurde totenbleich, und ein entsetzlicher Gedanke kam ihm.

»Ein Bonbon, Sybil? Was meinst du damit?« fragte er mit schleppender, rauher Stimme.

»Hier ist einer drin, weiter nichts. Er sieht ganz alt und verstaubt aus, und ich habe nicht im mindesten die Absicht, ihn zu essen. Was ist los, Arthur? Wie blaß du geworden bist!«

Lord Arthur stürzte durch das Zimmer und griff nach der Dose. Darin lag die bernsteinfarbene Kapsel mit ihrer Giftblase. Lady Clementina war nach alledem eines natürlichen Todes gestorben!

Der Schlag dieser Entdeckung war fast zuviel für ihn. Er schleuderte die Kapsel ins Feuer und sank mit einem Aufschrei der Verzweiflung auf das Sofa.

5

Mr. Merton war recht unglücklich über den zweiten Aufschub der Hochzeit, und Lady Julia, die bereits ihr Kleid für die Trauung in Auftrag gegeben hatte, tat ihr möglichstes, Sybil zu überreden, daß sie die Verlobung rückgängig mache. So innig Sybil jedoch ihre Mutter liebte, sie hatte ihr ganzes Leben in Lord Arthurs Hände gelegt, und nichts, was Lady Julia auch sagen mochte, konnte sie in ihrem Vertrauen erschüttern. Was Lord Arthur selbst betraf, so brauchte er Tage, um über seine furchtbare Enttäuschung hinwegzukommen, und eine Zeitlang waren seine Nerven völlig geschwächt. Bald machte sich jedoch sein vortrefflich gesunder Menschenverstand geltend, und sein ausgeprägter Sinn für das Praktische ließ ihn nicht lange im Zweifel darüber, was zu tun war. Da sich Gift als ein völliger Versager herausgestellt hatte, leuchtete es ein, daß Dynamit oder ein anderer Sprengstoff am besten geeignet waren, erprobt zu werden.

Folglich ging er abermals die Liste seiner Freunde und Verwandten durch und entschloß sich nach sorgfältiger Überlegung, seinen Onkel, den Dekan von Chichester, in die Luft zu jagen. Der Dekan, ein hochgebildeter und grundgelehrter Mann, hegte eine geradezu närrische Vorliebe für Uhren und besaß eine erstaunliche Sammlung von Zeitmessern, die Stücke aus dem fünfzehnten Jahrhundert bis zu solchen aus der Gegenwart enthielt, und Lord Arthur schien es, als biete ihm diese Liebhaberei des wackeren Dekans eine ausgezeichnete Möglichkeit, seinen Plan auszuführen. Woher er eine Höllenmaschine beschaffen sollte, war natürlich eine ganz andere Sache. Das Londoner Adreßbuch gab ihm über diesen Punkt keine Auskunft, und er spürte, daß es sehr wenig Sinn hätte, sich deswegen an Scotland Yard zu wenden, da man dort nie etwas über die Schritte der Bombenlegerclique zu wissen schien, bis eine Explosion stattgefunden hatte, und selbst dann nicht eben viel.

Plötzlich fiel ihm sein Freund Ruwalow ein, ein junger Russe höchst revolutionärer Tendenz, dem er im Winter bei Lady Windermere begegnet war. Es hieß, Graf Ruwalow arbeite an einer Lebensbeschreibung Peters des Großen und sei nach England gekommen, um die Dokumente zu studieren, die den dortigen Aufenthalt des Zaren als Schiffszimmermann betrafen; es bestand jedoch allgemein der Verdacht, daß er ein Nihilistenagent sei, und gar kein Zweifel daran, daß die russische Botschaft seine Anwesenheit in London durchaus nicht mit Wohlwollen sah. Lord Arthur schien es, als sei er genau der rechte Mann für sein Vorhaben, und so fuhr er eines Vormittags nach Ruwalows Wohnung in Bloomsbury, um seinen Rat und Beistand zu erbitten.

»Also beschäftigen Sie sich ernstlich mit Politik?« fragte Graf Ruwalow, als ihm Lord Arthur den Zweck seines Besuches mitgeteilt hatte; aber Lord Arthur, der jede Prahlerei haßte, fühlte sich verpflichtet, ihm zu gestehen, daß er nicht das mindeste Interesse für soziale Fragen hege und die Höllenmaschine nur für eine reine Familienangelegenheit benötige, die niemanden als ihn selbst betreffe.

Graf Ruwalow sah ihn einige Augenblicke verwundert an, und als er merkte, daß es ihm völlig ernst war, schrieb er auf ein Stück Papier eine Adresse, darunter seine Anfangsbuchstaben, und reichte sie ihm über den Tisch. »Scotland Yard würde eine Menge darum geben, diese Adresse zu erfahren, alter Junge.«

»Sie werden sie nicht bekommen!« rief Lord Arthur lachend aus, und nachdem er dem jungen Russen herzlich die Hand geschüttelt hatte, lief er die Treppe hinab, studierte den Zettel und befahl dem Kutscher, nach Soho Square zu fahren.

Dort entließ er ihn und schlenderte die Greek Street entlang, bis er zu einer Stelle kam, die sich Bayle's Court nannte. Er ging durch einen Torweg und stellte fest, daß er sich in einer merkwürdigen Sackgasse befand, in der sich offensichtlich eine französische Wäscherei niedergelassen hatte, denn ein wahres Netzwerk von Leinen war von Haus zu Haus gespannt, und weiße Wäsche flatterte in der Morgenluft. Er ging bis ans Ende der Gasse und klopfte bei einem kleinen grünen Haus an. Nach einiger Zeit, während unterdessen jedes Fenster ein gefleckter Klumpen glotzender Gesichter geworden war, wurde die Tür von einem recht derb aussehenden Ausländer geöffnet, der ihn in ganz erbärmlichem Englisch fragte, was sein Begehr sei. Lord Arthur gab ihm den Zettel, den er von Graf Ruwalow erhalten hatte. Als der Mann einen Blick darauf geworfen hatte, verneigte er sich und bat Lord Arthur in ein mehr als schäbiges Empfangszimmer im Erdgeschoß, und wenige Augenblicke später stürzte Herr Winckelkopf, wie er in England hieß, geschäftig ins Zimmer, eine über und über weinbefleckte Serviette um den Hals und eine Gabel in der Linken.

»Graf Ruwalow hat mir eine Empfehlung an Sie gegeben«, sagte Lord Arthur mit einer Verbeugung, »und es liegt mir viel daran, eine kurze Unterredung über eine geschäftliche Angelegenheit mit Ihnen zu führen. Mein Name ist Smith, Mister Robert Smith, und ich möchte, daß Sie mir eine Explosivuhr verschaffen.«

»Entzückt, Sie kennenzulernen, Lord Arthur«, erwiderte lachend der muntere kleine Deutsche. »Machen Sie kein so bestürztes Gesicht, es ist meine Pflicht, jeden zu kennen, und ich erinnere mich, Sie eines Abends bei Lady Windermere gesehen zu haben. Ich hoffe, Ihre Gnaden befindet sich wohl. Haben Sie etwas dagegen, sich zu mir zu setzen, bis ich mein Frühstück beendet habe? Es gibt eine vorzügliche Pastete, und meine Freunde sind so liebenswürdig, zu behaupten, mein Rheinwein sei besser als jeder, den sie in der deutschen Botschaft vorgesetzt bekommen.« Und ehe sich Lord Arthur von der Überraschung erholt hatte, erkannt worden zu sein, saß er bereits in dem Hinterzimmer, trank aus einem blaßgelben Weißweinglas den köstlichsten Markobrunner und plauderte auf die allerfreundschaftlichste Art mit dem berühmten Verschwörer.

»Explosivuhren«, sagte Herr Winckelkopf, »sind eine Ware, die für den Export ins Ausland nicht sehr geeignet ist, selbst dann nicht, wenn sie glücklich durch den Zoll kommt; der Bahnpostdienst ist so unregelmäßig, daß sie gewöhnlich in die Luft gehen, ehe sie ihren eigentlichen Bestimmungsort erreicht haben. Wenn sie jedoch eine für den Gebrauch im Lande haben wollen, kann ich Ihnen eine ausgezeichnete Ware liefern und Ihnen garantieren, daß Sie mit dem Ergebnis zufrieden sein werden. Darf ich fragen, für wen sie bestimmt ist? Wenn es sich um die Polizei handelt oder jemand, der mit Scotland Yard verbunden ist, kann ich leider nichts für Sie tun. Die englischen Detektive sind wahrhaftig unsere besten Freunde, und ich habe stets gefunden, daß wir genau tun können, was wir wollen, wenn wir auf ihre Dummheit bauen. Ich könnte nicht einen von ihnen entbehren.«

»Ich versichere Ihnen«, sagte Lord Arthur, »daß die Sache rein gar nichts mit der Polizei zu tun hat. Die Uhr ist für den Dekan von Chichester bestimmt.«

»Meine Güte! Ich hatte keine Ahnung, daß Sie so streng über Religion denken, Lord Arthur. Das tun heutzutage nur wenige junge Leute.«

»Ich fürchte, Sie überschätzen mich, Herr Winckelkopf«, erwiderte Lord Arthur errötend. »Tatsache ist, daß ich von Theologie absolut nichts verstehe.«

»Dann ist es also eine reine Privatangelegenheit?«

»Rein privat.«

Herr Winckelkopf zuckte die Achseln und verließ das Zimmer, in das er wenige Minuten später mit einem kleinen runden Kuchen Dynamit von der Größe eines Pennys zurückkehrte sowie einer hübschen kleinen französischen Uhr, über der eine goldbronzierte Statuette der Freiheit die Hydra des Despotismus mit Füßen trat.

Lord Arthurs Gesicht klärte sich bei diesem Anblick auf. »Das ist genau das, was ich brauche«, rief er aus. »Und nun erzählen Sie mir, wie es explodiert.«

»Ah! Das ist mein Geheimnis«, entgegnete Herr Winckelkopf, indem er seine Erfindung mit einem Blick berechtigten Stolzes betrachtete, »sagen Sie mir, wann Sie die Explosion wünschen, und ich stelle den Mechanismus genau auf den Augenblick ein.« »Nun, heute ist Dienstag, und wenn Sie die Uhr sofort abschicken könnten ...«

»Das ist unmöglich, ich habe eine Menge wichtiger Arbeit für ein paar Moskauer Freunde zu erledigen. Dennoch könnte ich sie morgen abschicken.«

»Oh, es würde durchaus zeitig genug sein«, sagte Lord Arthur höflich, »wenn sie morgen abend oder Donnerstag früh zugestellt wird. Für den Augenblick der Explosion wollen wir Freitag, Punkt zwölf Uhr, festsetzen. Zu dieser Stunde ist der Dekan stets zu Hause.«

»Freitag, Punkt zwölf Uhr«, wiederholte Herr Winkkelkopf und machte eine entsprechende Eintragung in ein dickes Hauptbuch, das auf einem Schreibpult neben dem Kamin lag.

»Und nun«, sagte Lord Arthur, während er aufstand, »lassen Sie mich bitte wissen, wieviel ich Ihnen schuldig bin.«

»Es ist eine so geringfügige Sache, Lord Arthur, daß mir nichts daran liegt, überhaupt einen Preis zu machen. Das Dynamit kommt auf sieben Shilling sechs Pence, die Uhr auf drei Pfund zehn Shilling, und der Transport wird etwa fünf Shilling ausmachen. Ich bin nur allzu glücklich, wenn ich einem Freund Graf Ruwalows gefällig sein kann.«

»Aber Ihre Mühe, Herr Winckelkopf?«

»Oh, das hat nichts zu sagen! Es ist mir ein Vergnügen. Ich arbeite nicht für Geld, ich lebe ausschließlich meiner Kunst.«

Lord Arthur legte vier Pfund zwei Shilling sechs Pence auf den Tisch, dankte dem kleinen Deutschen für seine Gefälligkeit und verließ, nachdem es ihm geglückt war, eine Einladung zu einem Anarchistentreffen und einem Tee mit Imbiß am folgenden Sonnabend abzulehnen, das Haus und strebte dem Park zu. Die nächsten beiden Tage verbrachte er in einem Zustand höchster Aufregung, und am Freitag um zwölf Uhr fuhr er zum Buckingham-Klub, um auf Nachrichten zu warten. Den ganzen Nachmittag gab der sture Pförtner Telegramme aus den verschiedensten Teilen des Landes bekannt, die Ergebnisse über Pferderennen enthielten, Urteile in Scheidungsprozessen, die Wetterlage und ähnliches, während der Fernschreiber langweilige Einzelheiten über eine Nachtsitzung des Unterhauses und eine kleine Panik an der Börse heraustickte. Um vier Uhr kamen die Abendzeitungen, und Lord Arthur verschwand mit der ›Pall Mall‹, der ›St. James‹, dem ›Globe‹ und dem ›Echo‹ in der Bibliothek, zur ungeheuren Empörung Oberst Goodchilds, der die Berichte über seine Rede lesen wollte, die er vormittags im Mansion House gehalten hatte – über südafrikanische Missionen und ob es ratsam sei, in jeder Provinz schwarze Bischöfe zu haben –, und der aus irgendeinem Grunde ein energisches Vorurteil gegen die ›Evening News‹ hegte. Doch keine dieser Zeitungen enthielt den geringsten Hinweis auf Chichester, und Lord Arthur spürte, daß das Attentat fehlgeschlagen sein müsse. Das war ein furchtbarer Schlag für ihn, und eine Zeitlang war er völlig entmutigt. Herr Winckelkopf, den er anderntags aufsuchte, erging sich in wortreichen Entschuldigungen und erbot sich, ihm kostenlos eine zweite Uhr oder zum Selbstkostenpreis eine Kiste Nitroglyzerinbomben zu liefern. Aber Lord Arthur hatte jedes Vertrauen zu Sprengstoffen verloren, und Herr Winkkelkopf gab selber zu, daß heutzutage alles verfälscht werde und daß sogar Dynamit selten in reiner Beschaffenheit zu erhalten sei. Doch obgleich der kleine Deutsche einräumte, daß mit dem Mechanismus etwas schiefgegangen sein müsse, war er nicht ohne Hoffnung, daß die Uhr immer noch explodieren könne, und führte als Beispiel ein Barometer an, das er einst dem Militärgouverneur von Odessa geschickt hatte und das, obgleich es eingestellt war, nach zehn Tagen zu explodieren, sich etwa drei Monate lang nicht gerührt hatte. Freilich hatte es, als es dann doch explodierte, nur den Erfolg gezeigt, ein Hausmädchen in Atome zu zerreißen, weil der Gouverneur sechs Wochen vorher die Stadt verlassen hatte, aber zumindest hatte es bewiesen, daß Dynamit als zerstörende Kraft unter der Kontrolle eines Mechanismus ein mächtiges, wenn auch etwas unpünktliches Werkzeug sei.

Diese Erwägung tröstete Lord Arthur ein wenig, doch selbst darin war ihm Enttäuschung beschieden; denn zwei Tage später rief ihn, als er die Treppe hinaufging, die Herzogin in ihr Boudoir und zeigte ihm einen Brief, den sie soeben aus dem Dekanat erhalten hatte. »Jane schreibt bezaubernde Briefe«, sagte die Herzogin, »ihren letzten mußt du wirklich lesen. Er ist genausogut wie die Romane, die uns Mudies Leihbibliothek schickt.«

Lord Arthur nahm ihr den Brief aus der Hand. Er lautete folgendermaßen:

›Dekanat Chichester, den 27. Mai

Liebste Tante!
Vielen Dank für den Flanell und den Schürzenstoff, die von der Dorcas Society verteilt werden sollen. Ich bin völlig Ihrer Meinung, daß ihr Wunsch, hübsche Dinge zu tragen, Unsinn ist, aber heutzutage sind alle so radikal und gottlos, daß man sie schwerlich zu der Einsicht bringen kann, sich nicht wie die oberen Klassen zu kleiden. Ich weiß wahrhaftig nicht, wohin wir noch kommen werden. Wie Papa oft in seinen Predigten gesagt hat: Wir leben in einem Zeitalter des Unglaubens.

Wir hatten großen Spaß mit einer Uhr, die ein unbekannter Bewunderer letzten Donnerstag an Papa schickte. Sie kam portofrei in einer Holzkiste aus London, und Papa meint, es müsse sie jemand geschickt haben, der seine bemerkenswerte Predigt ›Ist Zügellosigkeit Freiheit?‹ gelesen hat, denn auf der Uhr war eine weibliche Gestalt mit einer Kopfbedeckung, von der Papa behauptet, es sei die Freiheitsmütze. Ich fand sie nicht sehr kleidsam, aber Papa sagte, sie sei historisch, also wird sie schon recht sein. Parker packte die Uhr aus, und Papa stellte sie auf den Kaminsims in der Bibliothek, und dort saßen wir alle am Freitagvormittag, als wir genau bei Glockenschlag zwölf ein sirrendes Geräusch hörten; aus dem Sockel der Figur kam ein kleines Rauchwölkchen, und die Göttin der Freiheit fiel herunter und brach sich die Nase am Kamingitter! Maria war ganz erschrocken, aber es sah so lächerlich aus, daß James und ich uns vor Lachen nicht halten konnten, und sogar Papa amüsierte sich. Als wir die Uhr untersuchten, stellten wir fest, daß sie eine Art Wecker war und daß sie, auf eine bestimmte Stunde eingestellt und mit etwas Schießpulver und einem Zündhütchen unter einem kleinen Hammer, losgeht, wann immer man es will. Papa sagte, sie dürfe wegen des Lärms nicht in der Bibliothek bleiben, also brachte Reggie sie ins Schulzimmer und veranstaltet nun den ganzen Tag kleine Explosionen. Was meinen Sie, ob wohl Arthur so etwas gern als Hochzeitsgeschenk hätte? Vermutlich sind sie in London große Mode. Papa sagt, die könnten von großem Nutzen sein, da sie beweisen, daß die Freiheit nicht bestehen kann, sondern fallen muß. Papa sagt, die Freiheit sei zur Zeit der Französischen Revolution erfunden worden. Welch abscheulicher Gedanke!

Jetzt muß ich zur Dorcas Society, wo ich Ihren höchst lehrreichen Brief vorlesen will. Wie richtig, liebe Tante, ist Ihre Ansicht, daß die Leute solcher Lebensschicht tragen sollten, was sie nicht kleidet. Ich muß schon sagen, ich finde es absurd, wie begierig sie auf Putz sind, wo es doch soviel wichtigere Dinge in dieser Welt und in der nächsten gibt. Ich freue mich so, daß sich Ihr geblümter Popelin als so gut erwiesen hat und daß Ihre Spitze nicht zerrissen war. Mein gelbes Atlaskleid, das Sie mir liebenswürdigerweise schenkten, werde ich am Mittwoch tragen, wenn wir beim Bischof eingeladen sind, und ich glaube, es wird ganz anständig aussehen. Würden Sie Schleifen anbringen oder nicht? Jennings behauptet, alle trügen jetzt Schleifen und der Unterrock müsse gekräuselt werden. Soeben hat Reggie wieder eine Explosion herbeigeführt, und Papa hat befohlen, die Uhr aus dem Haus in die Stallungen zu schaffen. Mir scheint, sie gefällt Papa nicht mehr so sehr wie zu Anfang, wenn er sich auch sehr geschmeichelt fühlt, ein so hübsches und sinnreiches Spielzeug erhalten zu haben. Es beweist, daß die Leute seine Predigten lesen und von ihnen profitieren.

Papa sendet Ihnen freundliche Grüße, denen sich James, Reggie und Maria anschließen, und in der Hoffnung, daß sich Onkel Cecils Gicht gebessert hat, bin ich, liebe Tante,

Ihre Sie stets aufrichtig liebende Nichte
Jane Percy

P. S. Schreiben Sie mir wegen der Schleifen. Jennings behauptet nach wie vor, sie seien modern.‹

Lord Arthur machte ein so ernstes und unglückliches Gesicht, als er den Brief las, daß die Herzogin lachen mußte. »Mein lieber Arthur«, rief sie aus, »nie wieder werde ich dir einen Brief von einer jungen Dame zeigen! Aber was soll ich zu der Uhr sagen? Ich halte sie für eine famose Erfindung und würde gern selbst so eine besitzen.«

»Ich halte nicht viel davon«, entgegnete Lord Arthur mit einem traurigen Lächeln, und nachdem er seine Mutter geküßt hatte, verließ er das Zimmer.

Als er oben war, warf er sich auf ein Sofa, und seine Augen füllten sich mit Tränen. Er hatte sein Bestes getan, diesen Mord zu begehen, aber beide Male war es ihm mißlungen, und nicht durch seine Schuld. Er hatte sich bemüht, seine Pflicht zu tun, aber es schien, als sei das Schicksal selbst zum Verräter geworden. Ihn bedrückte das Gefühl der Unfruchtbarkeit seiner guten Absichten, der Nutzlosigkeit, tüchtig zu sein. Vielleicht wäre es besser, die Verlobung überhaupt rückgängig zu machen. Sybil würde freilich leiden, aber Leid konnte eine so edle Natur wie die ihre nicht wirklich beeinträchtigen. Was ihn selbst betraf, was war daran gelegen? Es gibt immer irgendeinen Krieg, in dem ein Mann sterben, eine Sache, für die ein Mann sein Leben hingeben kann, und da das Leben keine Freude für ihn hatte, war der Tod ohne Schrecken. Mochte das Schicksal sein Los vollenden. Er würde sich nicht rühren, ihm zu helfen.

Um halb sieben kleidete er sich an und ging in den Klub. Surbiton war mit einer Gesellschaft junger Leute da, und er war gezwungen, mit ihnen zu speisen. Ihre triviale Unterhaltung und ihre hohlen Witze interessierten ihn nicht, und sobald der Kaffee serviert war, verließ er sie, um fortzukommen, unter dem Vorwand einer Verabredung. Als er aus dem Klub trat, gab ihm der Portier einen Brief. Er war von Herrn Winckelkopf, der ihn bat, am folgenden Abend vorbeizukommen und sich einen explosiven Regenschirm anzusehen, der losgehe, sobald er aufgespannt werde. Es sei die allerneuste Erfindung und soeben aus Genf eingetroffen. Er riß den Brief in Fetzen. Er hatte sich dafür entschieden, keine weiteren Experimente zu unternehmen. Dann wanderte er zum Themsekai hinunter und saß stundenlang am Fluß. Der Mond lugte wie das Auge eines Löwen durch eine Mähne lohfarbener Wolken, und unzählige Sterne flimmerten in dem hohen Gewölbe wie Goldstaub, mit dem eine purpurne Kuppel bestäubt ist. Hin und wieder schaukelte ein Boot in die trübe Strömung hinaus und trieb mit der Flut dahin, und die Signale der Eisenbahn wechselten von Grün zu Scharlachrot, wenn die Züge mit schrillem Pfeifen über die Brücke rasten. Nach einer Weile dröhnte es zwölf Uhr von dem hohen Westminsterturm, und bei jedem Schlag der volltönenden Glocke schien die Nacht zu erbeben. Dann gingen die Lichter der Eisenbahn aus, eine einzige einsame Laterne funkelte noch wie ein großer Rubin an einem Riesenmast, und das Brausen der Stadt wurde schwächer.

Um zwei Uhr stand er auf und schlenderte in die Richtung von Blackfriars. Wie unwirklich alles aussah! Wie sehr es einem merkwürdigen Traum glich! Die Häuser am anderen Flußufer schienen aus Dunkelheit erbaut. Es war, als hätten Silber und Schatten die Welt neu geformt. Die mächtige Kuppel der Sankt-Pauls-Kathedrale tauchte wie eine Blase aus der dämmrigen Luft.

Als er zu ›Cleopatra's Needle‹ kam, sah er einen Mann über dem Brückengeländer lehnen, und als er näher ging, blickte der Mann hoch; das Licht der Gaslaterne fiel voll auf sein Gesicht.

Es war Mr. Podgers, der Chiromant! Keiner konnte sich über das dicke, schlaffe Gesicht, die goldgeränderte Brille, das ekelhafte matte Lächeln und den sinnlichen Mund täuschen.

Lord Arthur blieb stehen. Eine glänzende Idee schoß ihm durch den Kopf, und sacht schlich er sich hinter ihn. Im Nu hatte er Mr. Podgers bei den Beinen gepackt und in die Themse geworfen. Ein gemeiner Fluch, ein schweres Aufklatschen, und alles war still. Lord Arthur schaute begierig über das Geländer, konnte jedoch nichts von dem Chiromanten entdecken als einen großen Hut, der in einem Strudel mondhellen Wassers herumwirbelte. Nach einer Weile versank auch er, und keine Spur von Mr. Podgers war mehr zu sehen. Einmal glaubte er die dicke, unförmige Gestalt wahrzunehmen, wie sie auf die Treppe neben der Brücke zuschwamm, und ein gräßliches Gefühl der Schwäche überkam ihn; doch das Wahrgenommene erwies sich als ein bloßer Widerschein, und als der Mond hinter einer Wolke hervorkam, verschwand es. Endlich schien er den Urteilsspruch des Schicksals erfüllt zu haben. Er stieß einen tiefen Seufzer der Erleichterung aus, und Sybils Name kam ihm auf die Lippen.

»Haben Sie etwas fallen lassen, Sir?« fragte plötzlich eine Stimme hinter ihm.

Er drehte sich um und erblickte einen Polizisten mit einer Blendlaterne.

»Nichts von Bedeutung, Sergeant«, antwortete er lächelnd, rief einen vorbeifahrenden Hansom an, sprang hinein und befahl dem Mann, nach Belgrave Square zu fahren.

In den nächsten Tagen schwankte er zwischen Hoffnung und Furcht. Es gab Augenblicke, da er fast erwartete, Mr. Podgers ins Zimmer spazieren zu sehen, und dennoch hatte er zu andern Zeiten das Gefühl, das Schicksal könne nicht so ungerecht gegen ihn sein. Zweimal ging er zu der Adresse des Chiromanten in der West Moon Street, konnte es jedoch nicht über sich bringen zu läuten. Er sehnte sich nach Gewißheit und fürchtete sich vor ihr.

Endlich kam sie. Er saß beim Tee im Rauchzimmer des Klubs und hörte ziemlich gelangweilt Surbitons Bericht über das neuste Couplet im ›Gaiety‹ an, als der Diener mit den Abendzeitungen eintrat. Er griff nach der ›St. James‹ und blätterte gleichgültig die Seiten um, und plötzlich fiel ihm eine ungewöhnliche Überschrift in die Augen:

Selbstmord eines Chiromanten

Er wurde blaß vor Aufregung und begann zu lesen. Der Artikel lautete folgendermaßen:

›Gestern morgen um sieben Uhr wurde bei Greenwich, genau gegenüber dem Schiffshotel, der Leichnam des hervorragenden Chiromanten Mr. Septimus R. Podgers ans Ufer gespült. Der unglückliche Gentleman wurde seit einigen Tagen vermißt, und in chiromantischen Kreisen herrschte nicht geringe Besorgnis um sein Wohlergehen. Es wird angenommen, daß er unter dem Einfluß einer vorübergehenden Geistesstörung, die durch Überarbeitung hervorgerufen wurde, Selbstmord beging, und ein entsprechendes Urteil wurde heute nachmittag von der Jury der Leichenschau bekanntgegeben. Mr. Podgers hatte soeben eine sorgfältig ausgearbeitete Abhandlung über 'Die menschliche Hand' vollendet, die in Kürze erscheinen und zweifellos große Aufmerksamkeit erregen wird. Der Verstorbene war fünfundsechzig Jahre alt und scheint keine Verwandten hinterlassen zu haben.‹

Lord Arthur stürzte, die Zeitung immer noch in der Hand, aus dem Klub, zum ungeheuren Erstaunen des Portiers, der ihn vergeblich aufzuhalten versuchte, und fuhr auf der Stelle nach Park Lane. Sybil erblickte ihn vom Fenster aus, und etwas sagte ihr, daß er gute Nachrichten bringe. Sie lief hinab, ihm entgegen, und als sie sein Gesicht sah, wußte sie, daß alles gut war.

»Meine liebe Sybil«, rief Lord Arthur, »laß uns morgen heiraten!«

»Du Närrchen! Noch nicht einmal der Hochzeitskuchen ist bestellt!« entgegnete Sybil, unter Tränen lachend.

6

Als drei Wochen später die Hochzeit stattfand, überschwemmte die Sankt-Peters-Kirche ein nie dagewesenes Gewimmel eleganter Leute. Den Gottesdienst hielt auf höchst ergreifende Weise der Dekan von Chichester, und alle stimmten überein, nie ein schöneres Paar als die Braut und den Bräutigam gesehen zu haben. Aber sie waren mehr als schön – sie waren glücklich. Nicht einen einzigen Augenblick bedauerte Lord Arthur all das, was er um Sybils willen gelitten hatte, während sie ihrerseits ihm das Beste schenkte, was eine Frau einem Mann schenken kann – Achtung, Zärtlichkeit und Liebe. Für beide wurde die

Romantik nicht durch die Wirklichkeit getötet. Sie fühlten sich immer jung.

Einige Jahre später, als ihnen zwei wunderhübsche Kinder geboren waren, kam Lady Windermere zu einem Besuch nach Alton Priory, einem entzückenden alten Besitz, den der Herzog seinem Sohn zur Hochzeit geschenkt hatte, und als sie eines Nachmittags mit Lady Arthur im Garten unter einer Linde saß und dem kleinen Knaben und dem kleinen Mädchen zusah, die wie launische Sonnenstrahlen auf dem Rosenpfad hin- und herhuschten, nahm sie plötzlich die Hand ihrer Gastgeberin in beide Hände und fragte: »Sind Sie glücklich, Sybil?«

»Liebe Lady Windermere, natürlich bin ich glücklich. Sind Sie es nicht?«

»Ich habe keine Zeit, glücklich zu sein, Sybil. Mir gefällt stets der letzte, der mir vorgestellt wurde, aber sobald ich die Leute kenne, werde ich ihrer in der Regel überdrüssig.«

»Sind Sie nicht zufrieden mit Ihren Löwen, Lady Windermere?«

»O Himmel, nein! Löwen sind nur gut für eine Saison. Sobald ihre Mähnen beschnitten sind, werden sie die langweiligsten Geschöpfe, die es gibt. Außerdem benehmen sie sich sehr schlecht, wenn man wirklich nett zu ihnen ist. Erinnern Sie sich an diesen gräßlichen Mister Podgers? Er war ein schrecklicher Betrüger. Natürlich machte mir das überhaupt nichts aus, und ich verzieh ihm sogar, wenn er Geld von mir leihen wollte, aber ich konnte es nicht ertragen, daß er mir den Hof machte. Er hat mir wahrhaftig einen Abscheu vor der Chiromantie eingeflößt. Jetzt befasse ich mich mit Telepathie. Die ist viel amüsanter.«

»Sie dürfen hier nichts gegen die Chiromantie sagen, Lady Windermere, sie ist das einzige Thema, über das Arthur keinen Spott verträgt. Ich versichere Ihnen, daß er sie ganz ernst nimmt.«

»Sie wollen doch nicht etwa sagen, daß er daran glaubt, Sybil?«

»Fragen Sie ihn, Lady Windermere, da ist er«; denn Lord Arthur kam, von seinen beiden Kindern umtanzt, mit einem großen Strauß gelber Rosen durch den Garten.

»Lord Arthur ...«

»Ja, Lady Windermere?«

»Sie wollen doch nicht etwa behaupten, daß Sie an Chiromantie glauben?«

»Natürlich glaube ich daran«, erwiderte der junge Mann lächelnd.

»Aber warum nur?«

»Weil ich ihr mein ganzes Lebensglück verdanke«, murmelte er und warf sich in einen Korbsessel.

»Mein lieber Lord Arthur, was verdanken Sie ihr?«

»Sybil«, antwortete er, während er seiner Frau die Rosen überreichte und ihr in die Veilchenaugen blickte.

»Welch ein Unsinn!« rief Lady Windermere. »In meinem ganzen Leben habe ich keinen solchen Unsinn gehört.«

Das Gespenst von Canterville

Eine hylo-idealistische Erzählung

Als Mr. Hiram B. Otis, der amerikanische Gesandte, Canterville Chase kaufte, sagte ihm jeder, das sei sehr töricht gehandelt, weil es keinen Zweifel darüber gäbe, daß dort ein Gespenst umgehe. In der Tat hatte es Lord Canterville selbst, ein Mann von geradezu überspitztem Ehrgefühl, für seine Pflicht erachtet, diesen Umstand Mr. Otis gegenüber zu erwähnen, als sie über die Bedingungen verhandelten.

»Wir mochten selber nicht mehr dort wohnen«, sagte Lord Canterville, »seit meine Großtante, die Herzoginwitwe von Bolton, vor Schreck einen Anfall bekam, von dem sie sich nie mehr so recht erholte, weil sich zwei Knochenhände auf ihre Schultern legten, als sie sich zum Dinner ankleidete, und ich fühle mich verpflichtet, Ihnen zu sagen, Mister Otis, daß mehrere lebende Mitglieder meiner Familie das Gespenst gesehen haben sowie auch der Pfarrherr der Gemeinde, Ehrwürden Augustus Dampier, graduiertes Mitglied des King's College in Cambridge. Nachdem der Herzogin jener Unglücksfall zugestoßen war, wollte keiner von der jüngeren Dienerschaft bei uns bleiben, und Lady Canterville fand des Nachts häufig nur wenig Schlaf wegen der mysteriösen Geräusche, die vom Gang und aus der Bibliothek kamen.«

»Mylord«, erwiderte der Gesandte, »ich übernehme die Einrichtung und das Gespenst zum Taxpreis. Ich komme aus einem modernen Land, wo wir alles haben, was für Geld zu kaufen ist, und angesichts all unserer rührigen jungen Leute, die mit ihrer Unternehmungslust etwas Leben in die Alte Welt bringen und euch eure besten Schauspielerinnen und Primadonnen wegholen, denke ich mir, wenn es so etwas wie ein Gespenst in Europa gibt, dann haben wir es in kürzester Zeit zu Hause in einem unserer öffentlichen Museen oder als Sehenswürdigkeit einer Wanderschau.«

»Ich fürchte, das Gespenst existiert wirklich«, sagte Lord Canterville lächelnd, »wenn es vielleicht auch nicht auf die Angebote Ihrer tüchtigen Impresarien eingegangen ist. Es ist seit drei Jahrhunderten wohlbekannt, genaugenommen seit 1584, und erscheint stets vor dem Tode eines Mitglieds unserer Familie.«

»Nun, was das betrifft, macht es der Hausarzt genauso, Lord Canterville. Aber es gibt nichts derartiges wie Gespenster, Sir, und die Naturgesetze werden sich der britischen Aristokratie zuliebe vermutlich nicht aufheben lassen.«

»Sie in Amerika sind gewiß sehr natürlich«, antwortete Lord Canterville, der Mr. Otis' letzte Bemerkung nicht ganz verstand, »und wenn es Ihnen nichts ausmacht, ein Gespenst im Hause zu haben, ist alles in Ordnung. Nur dürfen Sie nicht vergessen, daß ich Sie gewarnt habe.«

Wenige Wochen danach war der Kauf abgeschlossen, und gegen Ende der Saison begab sich der Gesandte mit seiner Familie nach Canterville Chase. Mrs. Otis war als Miss Lucretia R. Tappan, New York West, 53. Straße, eine gefeierte Newyorker Schönheit gewesen und jetzt eine sehr ansehnliche Frau mittleren Alters mit schönen Augen und einem herrlichen Profil. Viele amerikanische Damen geben sich, wenn sie ihr Heimatland verlassen, den Anschein chronischer Unpäßlichkeit, weil sie unter dem Eindruck stehen, das gehöre in Europa zur feinen Lebensart; in diesen Irrtum war jedoch Mrs. Otis nie verfallen. Sie besaß eine vortreffliche Konstitution und ein wirklich erstaunliches Maß an Lebensfreude. Unbestritten war sie in vieler Hinsicht durchaus englisch und ein hervorragendes Beispiel für die Tatsache, daß wir heute wahrhaftig alles mit Amerika gemeinsam haben, natürlich mit Ausnahme der Sprache. Ihr ältester Sohn, den die Eltern zu seinem ständigen Kummer in einer Anwandlung von Patriotismus auf den Namen Washington getauft hatten, war ein blonder, recht gut aussehender junger Mann, der sich für die amerikanische Diplomatie befähigt hatte, indem er im Gesellschaftshaus von Newport drei aufeinanderfolgende Sommer lang den Reigen eröffnete und selbst in London als vorzüglicher Tänzer bekannt war. Gardenien und die Pairswürde waren seine einzigen Schwächen. Im übrigen war er ungemein vernünftig. Miss Virginia E. Otis war ein kleines Mädchen von fünfzehn Jahren, biegsam und liebreizend wie ein Rehkälbchen und mit einem schönen Freimut in den großen blauen Augen. Sie war eine bewundernswerte Amazone und hatte eines Tages auf ihrem Pony ein Wettreiten mit dem alten Lord Bilton veranstaltet, das zweimal rund um den Park führte und das sie genau vor der Achillesstatue mit anderthalb Längen gewann – zur ungeheuren Begeisterung des jungen Herzogs von Cheshire, der ihr auf der Stelle einen Heiratsantrag machte und noch am selben Abend, in Tränen schwimmend, von seinen Vormündern nach Eton zurückgeschickt wurde. Nach Virginia kamen die Zwillinge, gewöhnlich ›das Sternenbanner‹ genannt, da sie ständig verbleut wurden und rote Striemen hatten. Sie waren reizende Buben und, abgesehen von dem trefflichen Gesandten, die einzigen wahren Republikaner in der Familie.

Da Canterville Chase sieben Meilen von Ascot, der nächsten Eisenbahnstation, entfernt liegt, hatte Mr. Otis nach einem Break telegraphiert, sie abzuholen, und frohgelaunt traten sie die Fahrt an. Es war ein wunderschöner

Juliabend und die Luft erfüllt von dem köstlichen Wohlgeruch der Fichtenwälder. Hin und wieder hörten sie eine Holztaube, die über ihre eigene liebliche Stimme nachsann, oder sahen tief in dem raschelnden Farnkraut die brünierte Brust des Fasans. Kleine Eichhörnchen guckten von den Rotbuchen auf die Vorbeifahrenden, und die Kaninchen flohen, die weiße Blume in die Luft gereckt, durch das Dickicht und über die moosigen Hügel. Doch als der Wagen in die Allee von Canterville Chase einbog, wurde der Himmel plötzlich von Wolken verdunkelt, und eine seltsame Lautlosigkeit schien die Luft stillstehen zu lassen; ein großer Schwarm Krähen glitt unhörbar über die Köpfe hinweg, und ehe sie das Haus erreichten, waren schon ein paar dicke Regentropfen gefallen.

Auf der Freitreppe stand zu ihrem Empfang bereit eine alte Frau, schmuck in schwarze Seide gekleidet, mit weißer Haube und Schürze. Das war Mrs. Umney, die Haushälterin; Mrs. Otis hatte auf Lady Cantervilles inständige Bitte hin eingewilligt, sie in ihrer bisherigen Stellung zu behalten. Sie machte, als sie ausstiegen, vor jedem einen tiefen Knicks und sagte auf eine wunderliche, altmodische Art: »Ich entbiete Ihnen den Willkommensgruß in Canterville Chase.« Sie folgten ihr durch die schöne Tudorhalle in die Bibliothek, einen langen, niedrigen Raum mit einer Täfelung aus dunkler Eiche, an deren Ende sich ein großes Fenster aus buntem Glas befand. Hier fanden sie den Tee serviert, und nachdem sie sich ihrer Hüllen entledigt hatten, setzten sie sich und begannen Umschau zu halten, während Mrs. Umney sie bediente.

Plötzlich gewahrte Mrs. Otis genau neben dem Kamin einen dunkelroten Fleck auf dem Fußboden, und ohne zu ahnen, was er in Wahrheit zu bedeuten hatte, sagte sie zu Mrs. Umney: »Ich fürchte, da ist etwas vergossen worden.«

»Ja, Madam«, erwiderte die alte Haushälterin mit leiser Stimme, »Blut ist an der Stelle vergossen worden.«

»Wie gräßlich«, rief Mrs. Otis aus, »Blutflecke in einem Wohnraum mag ich ganz und gar nicht! Er muß sofort entfernt werden.«

Die alte Frau lächelte und antwortete mit derselben leisen, geheimnisvollen Stimme: »Es ist das Blut Lady Eleanores von Canterville, die 1575 genau an der Stelle von ihrem eigenen Gatten, Sir Simon von Canterville, ermordet wurde. Sir Simon überlebte sie um neun Jahre und verschwand plötzlich unter höchst rätselhaften Umständen. Sein Leichnam wurde nie entdeckt, aber sein schuldbeladener Geist geht immer noch im Schlosse um. Der Blutfleck wurde von Touristen und anderen sehr bewundert und kann nicht entfernt werden.«

»Das ist lauter Unsinn«, rief Washington Otis, »Pinkertons Qualitäts-Fleckenentferner und -Intensivreiniger wird ihn im Handumdrehen beseitigen«, und ehe die entsetzte Haushälterin einschreiten konnte, hatte er sich auf die Knie niedergelassen und rieb den Fußboden mit einem kleinen Stift ab, der wie schwarze Schminke aussah. Wenige Augenblicke später war von dem Blutfleck keine Spur mehr zu sehen. »Ich wußte, daß Pinkerton es schaffen würde!« rief er triumphierend und sah sich nach seiner staunenden Familie um; doch kaum hatte er diese Worte ausgesprochen, als ein gewaltiger Blitz den düsteren Raum erhellte und ein schrecklicher Donnerschlag alle von ihren Stühlen hob; Mrs. Umney fiel in Ohnmacht.

»Was für ein scheußliches Klima!« bemerkte gelassen der amerikanische Gesandte und zündete sich eine lange Manilazigarre an. »Vermutlich ist das alte England so übervölkert, daß sie nicht genügend anständiges Wetter für alle haben. Ich bin stets der Ansicht gewesen, daß Auswanderung für England das einzig Vernünftige ist.«

»Mein lieber Hiram«, rief Mrs. Otis, »was wollen wir mit einer Frau anfangen, die in Ohnmacht fällt?«

»Rechne es ihr wie zerschlagenes Geschirr an«, erwiderte der Gesandte, »dann wird sie nicht mehr in Ohnmacht fallen«, und tatsächlich kam Mrs. Umney wenige Augenblicke später zu sich. Dennoch stand außer Zweifel, daß sie im höchsten Grade beunruhigt war, und sie warnte Mr. Otis mit ernster Stimme, er möge auf der Hut sein, daß kein Kummer über das Haus käme.

»Ich habe mit eigenen Augen Dinge gesehen, Sir«, sagte sie, »daß sich jedem Christenmenschen die Haare sträuben würden, und viele, viele Nächte habe ich kein Auge zugetan wegen der furchtbaren Dinge, die hier geschehen.«

Mr. Otis und seine Frau versicherten der ehrlichen Seele jedoch energisch, daß sie sich nicht vor Gespenstern fürchteten, und nachdem die alte Haushälterin den Segen der Vorsehung auf ihre neue Herrschaft herabgefleht und eine Lohnerhöhung mit ihr vereinbart hatte, wankte sie davon in ihr eigenes Zimmer.

2

Das Unwetter tobte und wütete die ganze Nacht; aber sonst ereignete sich nichts von besonderer Bedeutung. Doch als sie am nächsten Morgen zum Frühstück herunterkamen, fanden sie den entsetzlichen Blutfleck abermals auf dem Fußboden. »Ich glaube nicht, daß es an dem Intensivreiniger liegen kann«, sagte Washington, »denn den habe ich an allem möglichen ausprobiert. Es muß das Gespenst sein.« Also beseitigte er den Fleck ein zweites Mal, aber am Morgen darauf war er wieder zum Vorschein gekommen. Auch am dritten Morgen war er da, obgleich Mr. Otis abends eigenhändig die Bibliothek abgeschlossen und den Schlüssel mit hinaufgenommen hatte. Die gesamte Familie war jetzt höchst interessiert; Mr. Otis kam der Verdacht, als sei es allzu starrsinnig von ihm gewesen, die Existenz von Gespenstern zu leugnen; Mrs. Otis gab ihre Absicht kund, dem Spiritistenverein beizutreten, und Washington verfaßte einen langen Brief an die Firma Myers und Podmore über die Hartnäckigkeit von Blutflecken in Verbindung mit Verbrechen. In dieser Nacht wurden alle Zweifel an der nachweisbaren Existenz von Geistererscheinungen für immer abgetan.

Der Tag war warm und sonnig gewesen, und in der Abendkühle verließ die ganze Familie das Haus zu einer Spazierfahrt. Erst gegen neun Uhr kamen sie heim und aßen eine leichte Abendmahlzeit. Die Unterhaltung drehte sich keineswegs um Gespenster, deshalb waren nicht einmal jene Grundvoraussetzungen für die aufnahmebereite Erwartung geschaffen, die so häufig der Wahrnehmung übersinnlicher Erscheinungen vorangeht. Die Gesprächsthemen, so erfuhr ich später von Mr. Otis, waren nur solcherart, wie sie unter gebildeten Amerikanern der höheren Klasse üblich sind: wie ungeheuer Miss Fanny Davenport als Schauspielerin Sarah Bernhardt überlegen sei; die Schwierigkeit, selbst in den besten englischen Häusern junge Maiskolben, Buchweizenfladen und Maisbrei zu bekommen; die Bedeutung Bostons für die Entwicklung der Weltseele; die Vorteile des Gepäckscheinsystems für Reisen mit der Eisenbahn und der angenehme Wohllaut der Newyorker Aussprache im Vergleich zu dem Londoner Silbenkauen. Mit keinem Wort wurde das Übernatürliche erwähnt oder auf Sir Simon von Canterville angespielt. Um elf Uhr zog sich die Familie zurück, und um halb zwölf war überall das Licht aus. Eine Weile später wurde Mr. Otis durch ein merkwürdiges Geräusch auf dem Gang vor seinem Zimmer geweckt. Es klang wie Klirren von Metall und schien mit jedem Augenblick näher zu kommen. Er stand sofort auf, zündete ein Streichholz an und sah nach, wie spät es sei. Es war Punkt ein Uhr. Er war ganz ruhig und fühlte sich den Puls, der durchaus nicht fieberhaft ging. Das sonderbare Geräusch hielt an, und gleichzeitig hörte er deutlich den Laut von Schritten. Er schlüpfte in seine Pantoffeln, nahm aus seinem Reisenecessaire ein längliches Fläschchen und öffnete die Tür. Genau vor sich erblickte er im bleichen Mondlicht einen abscheulich aussehenden alten Mann. Seine Augen waren rot wie glühende Kohlen, langes graues Haar fiel ihm in wirren Strähnen über die Schultern, seine Kleidung, von altertümlichem Schnitt, war beschmutzt und zerrissen, und von seinen Handgelenken und Fußknöcheln hingen schwere, rostige Fesseln.

»Verehrter Herr«, sagte Mr. Otis, »ich muß wirklich darauf dringen, daß Sie diese Ketten ölen, und habe Ihnen zu diesem Zweck ein Fläschchen Tammany-Sonnenaufgang-Öl mitgebracht. Es soll bereits bei einmaliger Anwendung volle Wirkung erzielen, und auf der Hülle befinden sich mehrere diesbezügliche Gutachten von einigen Geistlichen, die zu den bedeutendsten unseres Landes gehören. Ich lege es Ihnen hier neben die Leuchter und werde Sie bei Bedarf gern mit weiteren versorgen.« Bei diesen Worten legte der Gesandte der Vereinigten Staaten das Fläschchen auf einen Marmortisch, schloß seine Tür und legte sich wieder ins Bett.

Einen Augenblick stand das Gespenst von Canterville völlig reglos vor aufrichtiger Empörung; dann schmetterte es die Flasche heftig auf den polierten Boden und floh den Gang hinunter, wobei es hohle Seufzer ausstieß und ein geisterhaft grünes Licht verströmte. Doch just als es den obersten Absatz der großen Eichentreppe erreichte, flog eine Tür auf, zwei kleine Gestalten in weißen Nachthemden erschienen, und ein großes Kissen pfiff an seinem Kopf vorbei. Es war offensichtlich keine Zeit zu verlieren, und indem es sich schleunigst der vierten Dimension als Fluchtweg bediente, verschwand es durch die Wandtäfelung, und im Hause wurde es still.

Als das Gespenst ein kleines Geheimgemach im linken Flügel erreicht hatte, lehnte es sich an einen Mondstrahl, um Atem zu holen, und versuchte sich über seine Lage klarzuwerden. Niemals in seiner glänzenden und ununterbrochenen Laufbahn durch drei Jahrhunderte war es so grob beleidigt worden. Es dachte an die Herzoginwitwe, die vor Schreck einen Anfall bekommen hatte, als sie in ihren Spitzen und Diamanten vor dem Spiegel stand; an die vier Hausmädchen, die in hysterische Schreikrämpfe verfallen waren, obwohl es sie doch nur durch die Bettvorhänge eines der Fremdenzimmer angegrinst hatte; an den Pfarrherrn der Gemeinde, dem es die Kerze ausblies, als er eines Abends spät aus der Bibliothek kam, und der seitdem bei Sir William Gull in Dauerbehandlung war, ein wahrer Märtyrer zerrütteter Nerven, und an die alte Madame de Tremouillac, die eines frühen Morgens erwacht war und ein Skelett erblickt hatte, das in einem Lehnstuhl am Kamin saß und ihr Tagebuch las; worauf sie mit Gehirnentzündung sechs Wochen das Bett hüten mußte, sich nach ihrer Genesung mit der Kirche aussöhnte und ihre Beziehung zu jenem berüchtigten Skeptiker Monsieur de Voltaire abbrach. Es erinnerte sich an die schreckliche Nacht, als der verruchte Lord Canterville dem Ersticken nahe an dem Karobuben, der ihm halb im Halse steckte, in seinem Ankleidezimmer gefunden wurde und angesichts seines Todes gestand, durch eben diese Karte Charles James Fox im Crockford-Klub um fünfzigtausend Pfund geprellt zu haben, und schwur, er sei von dem Gespenst gezwungen worden, die Karte zu verschlingen. All seine großen Heldentaten kamen ihm wieder in den Sinn, angefangen von dem Butler, der sich in der Speisekammer erschoß, weil er eine grüne Hand an die Fensterscheibe hatte pochen sehen, bis zu der schönen Lady Stutfield, die notgedrungen stets ein schwarzes Samtband um den Hals tragen mußte, um die Male von fünf Fingern zu verbergen, die in ihre weiße Haut eingebrannt waren, und die sich schließlich in dem Karpfenteich am Ende der Königsallee ertränkte. Mit der schwärmerischen Selbstüberhebung des wahren Künstlers ging das Gespenst seine berühmtesten Darstellungen durch, und mit bitterem Lächeln gedachte es seines letzten Auftretens als ›Roter Ruben oder Der erwürgte Säugling‹, seines Debuts als ›Hagerer Gibeon, der Blutsauger vom Bexley-Moor‹ und des begeisterten Beifalls, den es an einem lieblichen Juniabend erntete, als es auf einem Tennisplatz bloß mit seinen eigenen Knochen kegelte. Und nach all dem sollten ein paar nichtswürdige moderne Amerikaner daherkommen und ihm Sonnenaufgang-Öl anbieten und ihm Kissen an den Kopf werfen! Es war einfach unerträglich. Nebenbei gesagt, war nie in der Geschichte ein Gespenst derartig behandelt worden. Folglich beschloß es, sich zu rächen, und blieb bis zum Tagesanbruch in einer Haltung tiefen Sinnens.

3

Als sich die Familie Otis am nächsten Morgen beim Frühstück zusammenfand, wurde recht ausführlich über das Gespenst gesprochen. Der Gesandte der Vereinigten Staaten war natürlich ein wenig verärgert, als er feststellte, daß seine Gabe verschmäht worden war. »Ich hege nicht das Verlangen, dem Gespenst eine persönliche Kränkung zuzufügen«, bemerkte er, »und ich muß sagen, daß ich es in Anbetracht seines langen Aufenthalts im Hause für keineswegs höflich halte, Kissen nach ihm zu werfen« – eine sehr zutreffende Bemerkung, über die jedoch die Zwillinge, wie ich leider zugeben muß, in jubelndes Gelächter ausbrachen. »Andrerseits«, fuhr er fort, »wenn es sich wirklich weigert, das Sonnenaufgang-Öl zu benutzen, werden wir ihm wohl seine Ketten abnehmen müssen. Bei einem solchen Lärm vor den Schlafzimmern dürfte es unmöglich sein, zur Ruhe zu kommen.«

Den Rest der Woche blieben sie jedoch ungestört; das einzige, was ihre Aufmerksamkeit erregte, war die ständige Erneuerung des Blutflecks auf dem Fußboden der Bibliothek. Das war höchst verwunderlich, weil Mr. Otis jeden Abend die Tür abschloß und die Fenster fest verriegelt hielt. Auch gab die chamäleonartige Färbung des Flecks Anlaß zu vielen Deutungen. An manchen Morgen war er dunkel (fast indischrot), dann wieder scharlachfarben oder von einem kräftigen Purpur, und einmal, als sie sich zum häuslichen Gebet nach den schlichten Bräuchen der amerikanischen Freien Reformierten Episkopalkirche versammelten, fanden sie ihn in leuchtendem Smaragdgrün. Dieser kaleidoskopartige Wechsel bereitete der Familie natürlich viel Vergnügen, und jeden Abend wurden zwanglos Wetten darüber abgeschlossen. Die einzige, die sich an dem Spaß nicht beteiligte, war die kleine Virginia, die der Anblick des Blutflecks aus irgendeinem unbekannten Grund stets betrübte und die an jenem Morgen, als er smaragdgrün war, fast geweint hätte.

Das zweitemal erschien das Gespenst in der Sonntagnacht. Kurz nachdem alle zu Bett gegangen waren, wurden sie plötzlich durch einen fürchterlichen Krach in der Halle aufgeschreckt. Sie eilten hinunter und entdeckten, daß eine vollständige alte Rüstung von ihrem Gestell auf den Steinfußboden gefallen war, während das Gespenst von Canterville in einem hochlehnigen Armstuhl saß und sich mit einem Ausdruck heftiger Seelenpein die Knie rieb. Die Zwillinge, die ihre Blasrohre mitgebracht hatten, schossen sogleich zwei Kügelchen auf das Gespenst ab, und zwar mit einer Zielsicherheit, die man nur durch lange und sorgfältige Übung an einem Schreiblehrer erwerben kann, und der Gesandte der Vereinigten Staaten richtete seinen Revolver auf das Gespenst und forderte es nach guter kalifornischer Sitte auf, die Hände hochzuheben! Mit einem wilden Schrei der Wut sprang das Gespenst auf und fegte wie ein Nebel durch ihre Mitte, wobei es im Vorüberstreichen Washington Otis' Kerze auslöschte und sie in völliger Dunkelheit zurückließ. Als es den obersten Treppenabsatz erreicht hatte, fing es sich wieder und beschloß, in sein berühmtes dämonisches Gelächter auszubrechen. Das hatte es bei mehr als einer Gelegenheit als ungemein nützlich erkannt. Es hieß, Lord Rakers Perücke sei deswegen in einer einzigen Nacht ergraut, und ganz gewiß hatte es drei von Lady Cantervilles französischen Gouvernanten veranlaßt, fristlos zu kündigen. Also lachte es sein gräßlichstes Lachen, bis es von dem alten Deckengewölbe ein übers andere Mal widerhallte; doch kaum war das grausige Echo erstorben, da tat sich eine Tür auf, und Mrs. Otis trat in einem lichtblauen Morgenrock heraus. »Ich fürchte, Ihnen ist nicht recht wohl«, sagte sie, »deshalb bringe ich Ihnen eine Flasche Dr. Dobells Tropfen. Falls Sie an schlechter Verdauung leiden, werden Sie darin ein ganz vorzügliches Heilmittel finden.« Das Gespenst glotzte sie wütend an und machte sogleich Anstalten, sich in einen großen schwarzen Hund zu verwandeln, ein Kunststück, für das es mit Recht berühmt war und dem der Hausarzt die permanente Idiotie des Ehrenwerten Thomas Horton, Lord Cantervilles Onkel, zuschrieb. Das Geräusch näher kommender Schritte machte es jedoch unschlüssig in seinem grausamen Vorhaben; deshalb begnügte es sich damit, schwach zu phosphoreszieren, und verschwand mit einem tiefen Kirchhofsseufzer gerade in dem Augenblick, als die Zwillinge bei ihm angelangt waren.

In seiner Kammer brach es dann völlig zusammen, eine Beute der heftigsten Gemütsbewegung. Das pöbelhafte Benehmen der Zwillinge und der unfeine Materialismus dieser Mrs. Otis waren natürlich im höchsten Grade ärgerlich; am meisten brachte es jedoch wirklich zur Verzweiflung, daß es nicht imstande gewesen war, die Rüstung zu tragen. Es hatte gehofft, sogar moderne Amerikaner würden beim Anblick eines ›Geistes im Harnisch‹ schaudern, wenn schon aus keinem vernünftigeren Grund, so doch wenigstens aus Achtung vor ihrem Nationaldichter Longfellow, über dessen anmutiger und reizvoller Poesie es selbst manch leidige Stunde verbracht hatte, wenn die Cantervilles in London waren. Noch dazu war es seine eigene Rüstung! Es hatte sie mit großem Erfolg bei dem Turnier von Kenilworth getragen und war deswegen von niemand Geringerem als der Jungfräulichen Königin mit schmeichelhaften Komplimenten bedacht worden. Als es sie jedoch vorhin hatte anlegen wollen, war es von dem Gewicht des mächtigen Brustharnischs und der stählernen Sturmhaube völlig niedergedrückt worden und schwer auf den Steinboden gestürzt, wobei es sich heftig die Knie aufgeschlagen und die Knöchel zerschunden hatte.

Noch mehrere Tage danach fühlte sich das Gespenst schwerkrank und rührte sich kaum aus seinem Gemach, außer um den Blutfleck in geziemendem Zustand zu erhalten. Da es sich jedoch sehr in acht nahm, erholte es sich wieder und beschloß, ein drittes Mal zu versuchen, ob es dem Gesandten der Vereinigten Staaten und seiner Familie nicht einen Schreck einjagen könne. Es wählte für sein Erscheinen Freitag, den 17. August, und verbrachte den größten Teil dieses Tages damit, seine Garderobe zu prüfen, bis es sich schließlich für einen gewaltigen Schlapphut mit roter Feder, ein Leichenhemd mit Falbeln an Hals und Handgelenken und einen rostigen Dolch entschied. Gegen Abend ging ein heftiger Platzregen nieder, und der Wind blies so stark, daß alle Fenster und Türen in dem alten Haus rüttelten und klapperten. Das war allerdings genau das Wetter, das es liebte. Sein Gefechtsplan war folgender: Es wollte lautlos in Washington Otis' Zimmer schleichen, ihm vom Fußende des Bettes kauderwelsches Zeug zuschnattern und sich zum Klang einer getragenen Musik dreimal den Dolch in die Kehle stoßen. Gegen Washington hegte es besonderen Groll, da ihm völlig klar war, daß dieser den berühmten Blutfleck von Canterville durch Pinkertons Intensivreiniger zu entfernen pflegte. Wenn es den rücksichtslosen und dummdreisten Jüngling in einen Zustand elendiglichen Grausens versetzt hatte, wollte es weitergehen zu dem Zimmer, das der Gesandte der Vereinigten Staaten und seine Frau innehatten, und dort eine feuchtkalte Hand auf Mrs. Otis' Stirn legen, während es ihrem zitternden Gatten die gräßlichsten Geheimnisse des Beinhauses ins Ohr zischte. Hinsichtlich der kleinen Virginia war es noch zu keinem Entschluß gekommen. Es war von ihr nie auf irgendeine Weise beleidigt worden, und sie war hübsch und freundlich. Ein paar hohle Seufzer aus dem Kleiderschrank hielt es für mehr als ausreichend, und wenn sie das nicht weckte, könnte es vielleicht mit krampfhaft zuckenden Fingern an ihrer Bettdecke krabbeln. Was die Zwillinge betraf, so war es fest entschlossen, ihnen eine Lehre zu erteilen. Zunächst mußte es sich ihnen natürlich auf die Brust setzen, um das erstickende Gefühl eines Alpdrucks hervorzurufen. Dann wollte es sich, da ihre Betten dicht nebeneinander standen, in der Gestalt eines grünen, eiskalten Leichnams zwischen ihnen aufpflanzen, bis sie vor Furcht gelähmt waren, und schließlich das Sterbehemd abwerfen und mit weißgebleichten Knochen und einem rollenden Augapfel als ›Stummer Daniel oder Das Skelett des Selbstmörders‹ im Zimmer herumkriechen, eine Rolle, in der es bei mehr als einer Gelegenheit eine große Wirkung erzielt hatte und die seiner Meinung nach jener berühmten als ›Martin der Wahnsinnige oder Das maskierte Geheimnis‹ völlig gleichkam.

Um halb elf hörte es die Familie zu Bett gehen. Eine Zeitlang wurde es noch durch das ungestüme Gelächter der Zwillinge gestört, die sich mit der sorglosen Heiterkeit von Schulbuben augenscheinlich noch vergnügten, ehe sie sich zur Ruhe legten; aber um Viertel zwölf war alles still, und als es Mitternacht tönte, machte sich das Gespenst auf den Weg. Die Eule schlug an die Fensterscheiben, der Rabe krächzte aus der alten Eibe, und der Wind fuhr klagend wie eine verlorene Seele um das Haus; doch die Familie Otis schlief und ahnte nichts von ihrem Schicksal, und lauter als Regen und Sturm konnte das Gespenst das regelmäßige Schnarchen des Gesandten der Vereinigten Staaten vernehmen. Verstohlen trat es aus der Wandtäfelung, ein böses Lächeln um den grausamen, verrunzelten Mund, und der Mond verbarg sein Gesicht in einer Wolke, als es sich an dem großen Erker vorbeischlich, wo sein Wappen und das seines ermordeten Weibes in Azur und Gold gemalt waren. Weiter und weiter glitt es wie ein verruchter Schatten, selbst die Dunkelheit schien vor ihm zurückzubeben. Einmal glaubte es rufen zu hören und blieb stehen, aber es war nur das Gebell eines Hundes vom Roten Pachtgut, und es ging weiter, wobei es seltsame Flüche aus dem sechzehnten Jahrhundert brabbelte und hin und wieder mit dem rostigen Dolch durch die mitternächtliche Luft fuchtelte. Endlich erreichte es die Ecke des Korridors, der zu dem Zimmer des unseligen Washington führte. Hier hielt es einen Augenblick inne, während ihm der Wind die langen grauen Locken um den Kopf wehte und den unsäglichen Greuel des Totenhemds zu grotesken und phantastischen Falten wand. Dann schlug die Uhr ein Viertel, und es fühlte, daß seine Zeit gekommen war. Es kicherte vor sich hin und ging um die Ecke; doch kaum hatte es das getan, da fuhr es mit einem jammervollen Klagelaut zurück und verbarg das gebleichte Gesicht in den langen Knochenhänden. Genau vor ihm stand ein gräßliches Gespenst, reglos wie eine gemeißelte Bildsäule und mißgestalt wie der Traum eines Wahnsinnigen! Sein Kopf war kahl und blank poliert, sein Gesicht rund und feist und weiß, und ein abscheuliches Lachen schien seine Züge zu ewigem Grinsen verzerrt zu haben. Aus den Augen schossen Strahlen scharlachroten Lichts, der Mund war ein weit offenes Feuerloch, und ein widerwärtiges Gewand, seinem eigenen gleich, umhüllte mit seinen lautlosen Schneemassen die Titanengestalt. Auf der Brust trug es ein Plakat mit sonderbarer Schrift in altertümlichen Lettern, ein Verzeichnis der Schande, wie es schien, ein Bericht über schauervolle Sünden, eine furchtbare Liste von Verbrechen, und in der Rechten hielt es hocherhoben ein Schwert von schimmerndem Stahl.

Da das Gespenst nie zuvor ein Gespenst gesehen hatte, bekam es natürlich einen fürchterlichen Schreck, und nachdem es einen zweiten, hastigen Blick auf die grausige Erscheinung geworfen hatte, floh es zurück in sein Zimmer, wobei es, als es den Gang hinuntereilte, ständig über sein langes Leichenhemd stolperte und schließlich den rostigen Dolch in die Stiefel des Gesandten fallen ließ, wo er morgens von dem Butler gefunden wurde. Endlich wieder in der Abgeschiedenheit seines Gemachs, warf es sich auf ein schmales Feldbett und verbarg das Gesicht unter den Decken. Doch eine Weile später siegte der wackere alte Cantervillegeist, und das Gespenst beschloß, sobald der Tag anbrach, hinzugehen und mit dem anderen Gespenst zu reden. Folglich kehrte es, als eben der Dämmerschein die Hügel mit Silber überhauchte, zu der Stelle zurück, wo sein

Blick auf das greuliche Phantom gefallen war, weil es trotz allem das Gefühl hatte, zwei Gespenster wären besser als eines, und mit Hilfe seines neuen Freundes werde es unbeschadet mit den Zwillingen fertig werden. Doch als es die Stelle erreichte, bot sich ihm ein entsetzlicher Anblick. Offensichtlich war dem Gespenst etwas zugestoßen, denn aus seinen hohlen Augen war das Licht geschwunden, das schimmernde Schwert war ihm aus der Hand gefallen, und es lehnte in einer gezwungenen und unbequemen Haltung an der Wand. Das Gespenst von Canterville stürzte vor und umschlang das andere, worauf zu seinem Entsetzen der Kopf abfiel und zu Boden rollte, der Rumpf einsackte, und das Gespenst von Canterville entdeckte, daß es einen Bettvorhang aus weißem Baumwollstoff im Arm hielt und zu seinen Füßen ein Besen, ein Hackmesser und eine ausgehöhlte Rübe lagen! Unfähig, diese merkwürdige Verwandlung zu begreifen, riß es in fieberhafter Hast das Plakat an sich und las darauf im grauen Morgenlicht die furchtbaren Worte:

> Wir, das Gespenst der Otis,
> Wir, der einzig echte Originalspuk.
> Vor Nachahmungen wird gewarnt,
> Alle anderen sind gefälscht!

Blitzartig wurde ihm die ganze Sache klar. Es war hinters Licht geführt, geprellt und übertölpelt worden! Der alte Cantervilleblick kam in seine Augen, es knirschte mit den zahnlosen Gaumen, und während es seine verdorrten Hände hoch über den Kopf hob, schwur es in der bildhaften Ausdrucksweise der alten Schule, wenn Chanticleer zum zweitenmal in sein munteres Horn gestoßen habe, würden blutige Taten geschehen, und auf leisen Sohlen werde der Mord umgehen.

Kaum hatte es diesen gräßlichen Schwur beendet, da

krähte auch schon ein Hahn von dem roten Ziegeldach eines entfernten Gehöfts. Das Gespenst lachte ein langes und tiefes bitteres Lachen und wartete. Stunde um Stunde wartete es, aber aus irgendeinem merkwürdigen Grunde krähte der Hahn kein zweites Mal. Schließlich, um halb acht, sah es sich durch das Nahen der Hausmädchen veranlaßt, seine grausige Wache aufzugeben, und schlich in sein Gemach zurück, wobei seine Gedanken um die trügerische Hoffnung und das vereitelte Vorhaben kreisten. Es zog mehrere Bücher über das alte Rittertum zu Rate, die es über alles liebte, und stellte fest, daß noch bei jeder Gelegenheit, da sein Schwur getan worden war, Chanticleer ein zweites Mal gekräht hatte. »Verderben komme über den nichtsnutzigen Vogel«, murmelte es, »ich habe den Tag erlebt, da ich ihm meinen wackeren Speer durch die Kehle gerannt hätte, auf daß er für mich krähte, sei's auch im Tode!« Darauf legte es sich in einem komfortablen Bleisarg zur Ruhe und blieb dort bis zum Abend.

4

Am folgenden Tag war das Gespenst sehr schwach und müde. Die schrecklichen Aufregungen der letzten vier Wochen begannen ihre Wirkung zu zeigen. Seine Nerven waren völlig zerrüttet, und bei dem leisesten Geräusch fuhr es vor Schreck zusammen. Fünf Tage blieb es in seinem Gemach und entschloß sich am Ende, die Sache mit dem Blutfleck auf dem Fußboden der Bibliothek aufzugeben. Wenn die Familie Otis ihn nicht wünschte, verdiente sie ihn einfach nicht. Offenbar waren sie Leute einer niederen, materiellen Lebenssphäre und völlig außerstande, den Symbolwert sensualistischer Phänomene zu würdigen. Die Frage der Geistererscheinungen und das Entstehen von

Astralleibern war natürlich eine ganz andere Sache und lag wahrhaftig nicht in seiner Macht. Es war seine feierliche Pflicht, einmal wöchentlich im Korridor zu erscheinen und am ersten und dritten Mittwoch jeden Monats aus dem großen Erker hervor Kauderwelsch zu brabbeln, und es sah keine Möglichkeit, wie es sich diesen Verbindlichkeiten auf ehrenvolle Weise entziehen könnte. Gewiß hatte es ein sehr arges Leben geführt, doch andrerseits war es in allen Dingen, die mit dem Übernatürlichen zusammenhingen, ungemein gewissenhaft. Folglich ging es an den nächsten drei Sonnabenden wie üblich zwischen Mitternacht und drei Uhr früh durch den Korridor, wobei es jede nur erdenkliche Vorsicht walten ließ, weder gehört noch gesehen zu werden. Es zog sich die Stiefel aus, trat so leicht wie nur möglich auf die alten, wurmzerfressenen Dielen, trug einen weiten schwarzen Samtmantel und ließ es sich angelegen sein, mit dem Sonnenaufgang-Öl seine Ketten zu schmieren. Ich muß allerdings zugeben, daß es sich nur mit großem Widerstreben dazu verstand, die letztgenannte Schutzmaßnahme zu ergreifen. Dennoch schlich es eines Abends, als die Familie beim Essen saß, in Mr. Otis' Schlafzimmer und holte sich die Flasche. Zunächst fühlte es sich etwas gedemütigt, doch später war es vernünftig genug, einzusehen, daß sich viel zugunsten der Erfindung sagen ließ, und bis zu einem gewissen Grade kam sie seiner Absicht entgegen. Doch ungeachtet all dessen blieb es nicht unbehelligt. Ständig waren quer durch den Gang Bindfäden gespannt, über die es im Dunkeln stolperte, und einmal, als es für die Rolle des ›Schwarzen Isaak oder Der Jäger vom Hogleywald‹ gekleidet war, erlitt es einen schweren Sturz, weil es auf eine Butterrutschbahn getreten war, die die Zwillinge von der Tür des Gobelinzimmers bis zum obersten Absatz der Eichentreppe angelegt hatten. Diese letzte Kränkung brachte es dermaßen in Wut, daß es sich zu einem letzten

Versuch entschloß, seine Würde und seine gesellschaftliche Stellung zu behaupten und die unverschämten jungen Etonschüler nachts darauf in seiner berühmten Rolle als ›Rupert der Rücksichtslose oder Der Graf ohne Kopf‹ heimzusuchen.

In dieser Verkleidung war es mehr als siebzig Jahre nicht mehr aufgetreten, tatsächlich nicht, seit es die reizende Lady Barbara Modish dadurch so sehr erschreckt hatte, daß sie plötzlich ihre Verlobung mit dem Großvater des jetzigen Lords Canterville löste, mit dem hübschen Jack Castleton nach Gretna Green durchbrannte und erklärte, nichts auf der Welt werde sie dazu bewegen, in eine Familie einzuheiraten, die einem so gräßlichen Gespenst erlaube, in der Morgendämmerung auf der Terrasse hin und her zu spazieren. Der arme Jack wurde später in einem Duell auf dem Gemeindeanger des Vororts Wandsworth von Lord Canterville erschossen, und Lady Barbara starb, ehe das Jahr um war, in Turnbridge Wells an gebrochenem Herzen, so daß es in jeder Hinsicht ein großer Erfolg gewesen war. Allerdings war es ein überaus mühevolles ›Make-up‹, wenn ich einen Theaterausdruck in Verbindung mit einem der größten Geheimnisse der übernatürlichen oder, um mich wissenschaftlicher auszudrücken, der supernaturalistischen Welt anwenden darf, und es nahm drei volle Stunden in Anspruch, die Vorbereitungen zu treffen. Endlich war alles fertig, und das Gespenst war überaus angetan von seinem Äußeren. Die mächtigen ledernen Reitstiefel, die zu dem Kostüm gehörten, waren ihm ein wenig zu groß, und es konnte nur eine der beiden Sattelpistolen finden, aber alles in allem war es durchaus zufrieden, und um Viertel zwei glitt es aus der Wandtäfelung und schlich den Gang entlang. Als es das Zimmer der Zwillinge erreichte, das, wie ich erwähnen sollte, nach der Farbe seiner Tapeten das ›blaue Schlafzimmer‹ hieß, fand es die Tür nur angelehnt.

Da es sich einen wirkungsvollen Auftritt zu verschaffen wünschte, stieß es die Tür weit auf, und herab fiel ein schwerer Krug Wasser, durchnäßte es bis auf die Haut und sauste um ein Haar an seiner linken Schulter vorbei. Im selben Augenblick vernahm es unterdrücktes Gelächter aus dem Zwillingsbett. Das war ein so schwerer Schock für sein Nervensystem, daß es so schnell wie nur möglich in sein Gemach flüchtete und den nächsten Tag mit einer heftigen Erkältung darniederlag. Der einzig tröstliche Umstand bei der ganzen Sache war, daß es seinen Kopf nicht mitgenommen hatte, denn in dem Fall hätte es sehr ernste Folgen für ihn haben können.

Es gab nun alle Hoffnung auf, dieser ungesitteten amerikanischen Familie jemals einen Schreck einjagen zu können, und begnügte sich in der Regel damit, in Filzpantoffeln die Gänge entlangzuschleichen, einen dicken roten Schal um den Hals, aus Angst vor Zugluft, und mit einer kleinen Arkebuse, für den Fall, daß es von den Zwillingen angegriffen würde. Den entscheidenden Schlag erhielt es am 19. September. Es war in die große Eingangshalle hinuntergegangen, weil es sich dort zumindest vor Belästigungen sicher fühlte, und vertrieb sich die Zeit mit bissigen Bemerkungen über die gewaltigen Saroni-Photographien des Gesandten der Vereinigten Staaten und seiner Gattin, die jetzt die Stelle der Familiengemälde derer von Canterville eingenommen hatten. Es war schlicht, aber gefällig in ein langes, mit Friedhofserde getüpfeltes Sterbehemd gekleidet, hatte sich die Kinnlade mit einem gelben Leinenstreifen hochgebunden und trug eine kleine Laterne und einen Totengräberspaten. In der Tat war es für die Rolle als ›Jonas der Unbegrabene oder Der Leichenräuber von Chertsey Barn‹ angezogen, eine seiner bemerkenswertesten Darstellungen und zudem eine, die den Cantervilles allen Anlaß gab, sich daran zu erinnern, daß sie den wahren

Ursprung ihres Zwistes mit Lord Rufford, ihrem Nachbarn, bildete. Es war etwa Viertel drei Uhr früh, und soweit das Gespenst feststellen konnte, rührte sich niemand. Doch als es in die Bibliothek schlurfte, um nachzusehen, ob noch irgendeine Spur von dem Blutfleck zurückgeblieben war, sprangen plötzlich aus einem dunklen Winkel zwei Gestalten hervor, die wild mit den Armen über den Köpfen herumfuchtelten und ihm ›Buh!‹ ins Ohr brüllten.

Von Panik ergriffen, was unter den gegebenen Umständen nur allzu natürlich war, sauste es der Treppe zu, wo es jedoch Washington Otis mit der großen Gartenspritze auf seinem Posten fand, und da sich das Gespenst nun überall von seinen Feinden eingeschlossen und fast gestellt sah, verschwand es in dem großen eisernen Ofen, der zum Glück nicht geheizt war, und mußte durch Feuerkanäle und Rauchfänge den Rückweg zu seinem Gemach nehmen, wo es in einem entsetzlichen Zustand von Schmutz, Zerrüttung und Trostlosigkeit anlangte.

Danach wurde es nicht wieder bei einem nächtlichen Unternehmen gesehen. Die Zwillinge lauerten ihm mehrmals auf und streuten zum großen Verdruß ihrer Eltern und der Dienstboten jeden Abend Nußschalen in die Gänge, doch ohne Erfolg. Ganz offensichtlich waren seine Gefühle so verletzt, daß es nicht mehr erscheinen wollte. Also machte sich Mr. Otis wieder an sein großes Werk über die Geschichte der Demokratischen Partei, mit dem er sich bereits etliche Jahre beschäftigte; Mrs. Otis organisierte ein wunderhübsches Fest, das amerikanische ›Muschelbakken‹, das die ganze Grafschaft in Staunen versetzte; die Buben vertrieben sich die Zeit mit Lacrosse, Euchre, Poker und anderen amerikanischen Nationalspielen, und Virginia ritt auf ihrem Pony durch die Gegend, begleitet von dem jungen Herzog von Cheshire, der die letzte Woche seiner Ferien in Canterville Chase verbrachte. Es wurde allgemein angenommen, das Gespenst habe das Haus verlassen, und Mr. Otis schrieb tatsächlich einen entsprechenden Brief an Lord Canterville, der in seinem Antwortschreiben seiner großen Freude über die Nachricht Ausdruck verlieh und der hochgeschätzten Gattin des Gesandten seine besten Glückwünsche übermittelte.

Gleichwohl irrte sich die Familie Otis, denn das Gespenst weilte noch im Hause, und wenn jetzt auch nahezu ein Invalide, war es doch keineswegs gewillt, die Dinge ruhen zu lassen, noch dazu, als es vernahm, daß sich unter den Gästen der junge Herzog von Cheshire befand, dessen Großonkel, Lord Francis Stilton, einst mit Oberst Carbury um hundert Guineen gewettet habe, er werde mit dem Gespenst von Canterville würfeln, und der am nächsten Morgen in einem so hilflosen, gelähmten Zustand auf dem Boden des Spielzimmers gefunden wurde, daß er, obgleich er ein hohes Alter erreichte, nie mehr imstande war, etwas anderes zu sagen als ›Zweimal Sechs‹. Die Geschichte war zu jener Zeit überall bekannt geworden, obgleich natürlich mit Rücksicht auf die Gefühle der beiden vornehmen Familien alles versucht wurde, sie zu vertuschen, und einen ausführlichen Bericht über alle damit verbundenen Umstände findet man im dritten Band von Lord Tattles ›Erinnerungen an den Prinzregenten und seine Freunde‹. Dem Gespenst lag natürlich viel daran zu beweisen, daß es seine Macht über die Stiltons nicht eingebüßt hatte, mit denen es freilich entfernt verwandt war, da seine Cousine ersten Grades in zweiter Ehe mit dem Sieur de Bulkeley verheiratet gewesen war, von dem, wie jeder weiß, die Herzöge von Cheshire in gerader Linie abstammen. Folglich traf es Vorbereitungen, Virginias kleinem Verehrer in seiner berühmten Rolle als ›Der Vampirmönch oder Der blutlose Benediktiner‹ zu erscheinen, eine so grauenvolle Darstellung, daß die alte Lady Startup bei ihrem Anblick in jener ver-

hängnisvollen Silvesternacht des Jahres 1764 in ein ohren-
betäubendes gellendes Geschrei ausbrach, das in einem
heftigen Schlaganfall gipfelte, und drei Tage später starb,
nachdem sie die Cantervilles, ihre nächsten Verwandten,
enterbt und ihr gesamtes Geld ihrem Londoner Apotheker
vermacht hatte.

Im letzten Augenblick hielt jedoch das Entsetzen vor den
Zwillingen das Gespenst davon ab, den Raum zu verlassen,
und der kleine Herzog schlief friedlich unter dem mächtigen, mit Federbüschen bestecken Betthimmel des königlichen Schlafgemachs und träumte von Virginia.

5

Ein paar Tage später ritten Virginia und ihr Kavalier mit
dem Lockenhaar über die Brockleywiesen, wo sich Virginia
bei dem Versuch, eine Hecke zu nehmen, so arg ihr Reitkleid zerriß, daß sie sich, daheim angelangt, dafür entschied, über die Hintertreppe hinaufzugehen, damit sie
nicht gesehen werde. Als sie an dem Gobelinzimmer vorbeilief, dessen Tür zufällig offenstand, glaubte sie darin
jemanden wahrzunehmen, und da sie meinte, es sei die
Zofe ihrer Mutter, die sich zuweilen mit ihrer Arbeit dort
niederließ, schaute sie hinein und wollte sie bitten, ihr
Reitkleid auszubessern. Doch zu ihrer ungeheuren Überraschung war es das Gespenst von Canterville! Es saß am
Fenster und beobachtete, wie das zerstörte Gold der gelb
gewordenen Bäume durch die Luft flog und die roten Blätter übermütig durch die lange Allee tanzten. Sein Kopf
ruhte in der Hand, und seine ganze Haltung drückte tiefe
Niedergeschlagenheit aus. Es sah wahrhaftig so verloren
und hinfällig aus, daß die kleine Virginia, deren erster Gedanke gewesen war, fortzulaufen und sich in ihrem Zimmer einzuschließen, von Mitleid erfüllt wurde und es zu

trösten beschloß. So leicht war ihr Schritt und so tief seine Schwermut, daß es ihrer nicht gewahr wurde, bis sie zu ihm sprach.

»Sie tun mir so leid«, sagte sie, »aber meine Brüder fahren morgen wieder nach Eton, und dann wird Sie keiner mehr ärgern, wenn Sie sich gesittet benehmen.«

»Es ist absurd, von mir zu fordern, ich solle mich gesittet benehmen«, antwortete das Gespenst, während es sich erstaunt nach dem hübschen Mädchen umsah, das gewagt hatte, es anzureden, »völlig absurd. Ich muß mit meinen Ketten rasseln und durch Schlüssellöcher seufzen und des Nachts umherwandern, wenn Sie das meinen. Das ist meine einzige Daseinsberechtigung.«

»Das ist überhaupt keine Daseinsberechtigung, und Sie wissen, daß Sie sehr böse gewesen sind. Mistress Umney hat uns am Tag unserer Ankunft erzählt, daß Sie Ihre Frau umgebracht haben.«

»Nun ja, das gebe ich zu«, erwiderte das Gespenst verdrossen, »aber das war eine reine Familienangelegenheit und ging niemanden sonst etwas an.«

»Es ist sehr unrecht, jemanden umzubringen«, sagte Virginia, die mitunter einen hinreißenden puritanischen Ernst an sich hatte, der das Erbteil irgendeines Neuengland-Ahnen war.

»Oh, ich hasse die wohlfeile Strenge abstrakter Moral! Mein Weib war sehr unansehnlich, stärkte mir nie die Halskrausen, wie es sich gehört, und hatte vom Kochen keine Ahnung. Im Hogleywald hatte ich mal einen Rehbock geschossen, einen kapitalen Spießer, und wissen Sie, wie sie den auf den Tisch brachte? Wie dem auch sei, das ist jetzt gleichgültig, denn das ist alles vorbei, und ich finde es nicht sehr nett von Ihren Brüdern, mich darben zu lassen, wenn ich auch dreist meine Frau umgebracht habe.«

»Sie darben zu lassen? Oh, Mister Gespenst, ich meine,

Mister Simon, sind Sie hungrig? Ich habe ein Butterbrot in der Tasche. Möchten Sie es haben?«

»Nein, danke, ich esse jetzt nie etwas; aber es ist trotzdem sehr freundlich von Ihnen, und Sie sind viel netter als alle andern Ihrer gräßlichen, rüden, vulgären und unredlichen Familie.«

»Halt!« rief Virginia und stampfte mit dem Fuß auf. »Sie sind es, der gräßlich und rüde und vulgär ist, und was die Unredlichkeit betrifft, so wissen Sie genau, daß Sie mir die Farben aus meinem Malkasten gestohlen haben, um den lächerlichen Blutfleck in der Bibliothek zu erneuern. Zuerst haben Sie mir alles Rot, sogar Zinnober, genommen, und ich konnte keine Sonnenuntergänge mehr malen; dann nahmen Sie Smaragdgrün und Chromgelb, und schließlich hatte ich nur noch Indigo und Weiß und konnte nur noch Mondscheinlandschaften malen, die immer so deprimierend anzuschauen und durchaus nicht leicht zu malen sind. Ich habe Sie niemals verraten, obwohl ich sehr ärgerlich war und die ganze Sache im höchsten Grade lächerlich, denn wer hat je von smaragdgrünem Blut gehört?«

»Nun freilich«, bemerkte das Gespenst etwas verlegen, »aber was sollte ich tun? Es ist heutzutage sehr schwer, echtes Blut zu bekommen, und da Ihr Bruder die ganze Sache mit seinem Intensivreiniger angefangen hatte, sah ich wirklich keinen Grund, warum ich nicht Ihre Malfarben nehmen sollte. Denn Farbe ist stets eine Geschmackssache; die Cantervilles haben zum Beispiel blaues Blut, das blaueste von ganz England, aber ich weiß, daß ihr Amerikaner euch um solche Dinge nicht schert.«

»Davon wissen Sie überhaupt nichts, und am besten wäre es, Sie wanderten aus und lernten etwas dazu. Mein Vater wird nur allzu glücklich sein, Ihnen die Überfahrt zu bezahlen, und obgleich auf jederlei Geistigem ein hoher Zoll liegt, wird es keine Schwierigkeiten geben, da die Zollbeamten alle Demokraten sind. Und sind Sie erst einmal in New York, ist Ihnen bestimmt ein großer Erfolg gewiß. Ich kenne eine Menge Leute, die hunderttausend Dollar hergeben würden, um einen Großvater zu besitzen, und noch viel mehr für ein Familiengespenst.«

»Ich glaube, mir würde Amerika nicht gefallen.«

»Vermutlich weil wir keine Trümmer und keine Sehenswürdigkeiten haben«, bemerkte Virginia spöttisch.

»Keine Trümmer? Keine Sehenswürdigkeiten?« entgegnete das Gespenst. »Sie haben doch Ihre Flotte und Ihre Umgangsformen.«

»Guten Abend, ich werde Papa bitten, daß er den Zwillingen noch eine zusätzliche Woche Ferien verschafft.«

»Bitte gehen Sie nicht, Miss Virginia«, rief das Gespenst, »ich bin so einsam und so unglücklich, und ich weiß wirklich nicht, was ich tun soll. Ich möchte schlafen und kann es nicht.«

»Das ist völliger Unsinn! Sie brauchen nur ins Bett zu gehen und die Kerze auszupusten. Es ist manchmal sehr schwer, wach zu bleiben, vor allem in der Kirche, aber Schlafen ist doch überhaupt nicht schwierig. Sogar Babys können das, und die sind ja nicht sehr gescheit.«

»Ich habe seit dreihundert Jahren nicht mehr geschlafen«, erwiderte das Gespenst traurig, und Virginias schöne blaue Augen weiteten sich vor Staunen, »seit dreihundert Jahren habe ich nicht mehr geschlafen, und ich bin so müde.«

Virginia wurde ganz ernst, und ihre kleinen Lippen zitterten wie Rosenblätter. Sie trat zu ihm, kniete neben ihm nieder und blickte empor in sein altes, welkes Gesicht. »Armes, armes Gespenst«, murmelte sie, »haben Sie kein Fleckchen, wo Sie schlafen können?«

»Weit hinter den Fichtenwäldern«, antwortete es mit leiser, träumerischer Stimme, »liegt ein kleiner Garten. Dort wächst das Gras lang und dicht, dort leuchten die großen weißen Sterne des Schierlings, dort singt die Nachtigall die ganze Nacht. Die ganze Nacht singt sie, und der kalte, kristallene Mond schaut hernieder, und die Eibe breitet ihre riesigen Arme über die Schläfer.«

Virginias Augen trübten sich von Tränen, und sie barg ihr Gesicht in den Händen.

»Sie meinen den Garten des Todes«, flüsterte sie.

»Ja, des Todes. Tod muß so schön sein. In der weichen braunen Erde liegen, während über unserm Kopf das Gras wogt, und der Stille lauschen. Kein Gestern haben und kein Morgen. Die Zeit vergessen, dem Leben verzeihen, in Frieden sein. Sie können mir helfen. Sie können mir die Pforten zum Haus des Todes öffnen, denn an Ihrer Seite ist stets die Liebe, und die Liebe ist stärker als der Tod.«

Virginia zitterte, ein kalter Schauer durchrann sie, und eine kleine Weile herrschte Schweigen.

Dann sprach das Gespenst wieder, und seine Stimme klang wie das Seufzen des Windes.

»Haben Sie je die alte Prophezeiung am Fenster der Bibliothek gelesen?«

»Oh, oft«, rief das kleine Mädchen und schaute hoch, »ich kenne sie sehr gut. Sie ist in merkwürdigen schwarzen Buchstaben gemalt und schwer zu lesen. Sie hat nur sechs Zeilen:

> Entringt ein Mägdlein voll Unschuld und Treu
> Sünderlippen Gebete der Reu,
> Steht der dürre Mandelbaum in Blüte,
> Vergießet ein Kindlein Tränen der Güte,
> Dann wird es im ganzen Hause still,
> Und Friede zieht ein in Canterville.

Aber ich weiß nicht, was das bedeutet.«

»Es bedeutet«, sagte es traurig, »daß Sie um meiner Sünden willen für mich weinen müssen, weil ich keine Tränen habe, und mit mir für meine Seele beten müssen, weil ich keinen Glauben habe, und wenn Sie immerdar lieb und gut und freundlich gewesen sind, dann wird der Engel des Todes Erbarmen mit mir haben. Sie werden im Dunkel schreckliche Gestalten erblicken, und böse Stimmen werden Ihnen ins Ohr raunen, aber sie werden Ihnen nichts zuleide tun, denn gegen die Reinheit eines Kindleins können sich die Mächte der Hölle nicht behaupten.«

Virginia gab keine Antwort, und das Gespenst rang die Hände in wilder Verzweiflung, während es auf ihren geneigten goldblonden Kopf niedersah. Plötzlich stand sie auf, sehr blaß und mit einem ungewöhnlichen Leuchten in den Augen. »Ich fürchte mich nicht«, sagte sie entschlossen, »und ich werde den Engel bitten, sich Ihrer zu erbarmen.«

Mit einem schwachen Freudenschrei erhob es sich von seinem Sitz, beugte sich mit altmodischer Grazie über ihre Hand und küßte sie. Seine Finger waren kalt wie Eis, und seine Lippen brannten wie Feuer, aber Virginia wankte nicht, als das Gespenst sie durch den dämmrigen Raum führte. Auf die verschossene grüne Wandbekleidung waren kleine Jäger gestickt. Sie bliesen auf ihren mit Quasten geschmückten Hörnern und winkten ihr mit ihren winzigen Händchen, umzukehren. »Kehr um, kleine Virginia!« riefen sie. »Kehr um!« Doch das Gespenst umklammerte ihre Hand noch fester, und sie verschloß die Augen gegen die kleinen Jäger. Gräßliche Tiere mit Eidechsenschwänzen und Glotzaugen blinzelten sie von dem gemeißelten Kaminsins an und wisperten: »Hüte dich, kleine Virginia! Hüte dich! Vielleicht werden wir dich nie wiedersehen«, aber das Gespenst glitt rascher dahin, und Virginia hörte nicht zu. Am Ende des Raumes blieb es stehen und murmelte einige Worte, die sie nicht verstehen konnte. Sie öffnete die Augen und sah die Wand langsam wie einen Nebeldunst schwinden und vor sich eine weite schwarze Höhle. Ein bitterkalter Wind fegte um sie, und sie spürte etwas an ihrem Kleid zerren. »Schnell, schnell«, rief das Gespenst, »sonst ist es zu spät.« Und im Nu hatte sich die Wandtäfelung hinter ihnen geschlossen, und das Gobelinzimmer war leer.

6

Etwa zehn Minuten später läutete es zum Tee, und als Virginia nicht herunterkam, schickte Mrs. Otis einen Diener nach oben, sie zu rufen. Nach einer kleinen Weile kehrte er zurück und sagte, er könne Miss Virginia nirgends finden. Da sie die Gewohnheit hatte, jeden Abend in den Garten zu gehen und Blumen für die Tafel zu holen, beunruhigte sich Mrs. Otis zunächst gar nicht; doch als es sechs Uhr schlug und Virginia nicht auftauchte, geriet sie wirklich in Sorge und schickte die Buben aus, nach ihr zu suchen, während sie selbst und Mr. Otis alle Räume des Hauses durchstöberten. Um halb sieben kamen die Buben zurück und erklärten, von ihrer Schwester nirgendwo eine Spur entdekken zu können. Nun gerieten alle in einen Zustand höchster Aufregung und wußten nicht, was sie tun sollten; doch plötzlich erinnerte sich Mr. Otis, daß er vor ein paar Tagen einer Zigeunerbande die Erlaubnis erteilt hatte, im Park ihr Lager aufzuschlagen. Deshalb machte er sich sogleich in Begleitung seines ältesten Sohnes und zweier Landarbeiter auf den Weg nach Blackfell Hollow, wo sich die Zigeuner seines Wissens aufhielten. Der kleine Herzog von Cheshire, der vor Besorgnis völlig außer sich war, bat ihn inständig um die Erlaubnis, sich anschließen zu dürfen, aber Mr. Otis wollte es nicht gestatten, weil er fürchtete, es könne dann zu einem Handgemenge kommen. Als sie die Stelle erreicht hatten, entdeckte er freilich, daß die Zigeuner fort waren, und offensichtlich waren sie recht plötzlich aufgebrochen, denn das Feuer brannte noch, und ein paar Teller lagen im Gras. Nachdem er Washington und die beiden Männer losgeschickt hatte, den ganzen Bezirk nach allen Richtungen hin zu durchsuchen, eilte er heim und sandte Telegramme an alle Polizeiinspektoren der Grafschaft, nach einem kleinen Mädchen zu forschen, das von Landstreichern oder Zigeunern entführt worden sei. Dann befahl er, sein Pferd zu bringen, und nachdem er ausdrücklich darauf bestanden hatte, daß sich seine Frau und die drei Jungen zu Tisch setzten, ritt er mit einem Reitknecht auf der Straße nach Ascot davon. Doch kaum war er zwei Meilen weit gekommen, da hörte er jemand hinter sich her galoppieren, und als er sich umdrehte, sah er den kleinen Herzog auf seinem Pony heranjagen, mit hochrotem Gesicht und ohne Hut. »Es tut mir schrecklich leid, Mister Otis«, keuchte der Junge, »aber ich kann nicht essen, solange Virginia nicht da ist. Bitte, seien Sie mir nicht böse; wenn Sie letztes Jahr in unsere Verlobung eingewilligt hätten, wäre der ganze Kummer nicht passiert. Sie werden mich nicht zurückschicken, nicht wahr? Ich kann nicht zurück! Ich will nicht zurück!«

Der Gesandte mußte lächeln über den hübschen jungen Taugenichts und war sehr gerührt über seine Liebe zu Virginia, deshalb beugte er sich vom Pferd, klopfte ihm freundlich auf die Schulter und sagte: »Also gut, Cecil, wenn Sie nicht zurück wollen, werden Sie wohl mitkommen müssen, aber in Ascot muß ich Ihnen einen Hut besorgen.«

»Oh, zum Henker mit meinem Hut! Ich will Virginia wiederhaben!« rief der kleine Herzog lachend aus, und sie galoppierten weiter zum Bahnhof. Dort erkundigte sich

Mr. Otis bei dem Stationsvorsteher, ob jemand, auf den Virginias Beschreibung zuträfe, auf dem Bahnsteig gesehen worden sei, konnte jedoch nichts über sie erfahren. Immerhin telegraphierte der Stationsvorsteher die ganze Strecke hinauf und hinab und versicherte ihm, daß man scharf nach ihr Ausschau halten werde, und nachdem Mr. Otis bei einem Tuchwarenhändler, der eben dabei war, den Laden zu schließen, für den kleinen Herzog einen Hut gekauft hatte, ritt er nach Bexley, einem vier Meilen entfernten Dorf, das ihm als bekannter Aufenthaltsort der Zigeuner genannt worden war, weil in der Nähe eine große Gemeindeweide lag. Hier weckten sie den Gendarmen, konnten aber keine Auskunft von ihm erhalten, und nachdem sie die ganze Gemeindeweide abgeritten waren, lenkten sie ihre Pferde heimwärts und langten gegen elf Uhr todmüde und tiefbekümmert in Canterville Chase an. Sie stießen auf Washington und die Zwillinge, die am Pförtnerhäuschen mit Laternen auf sie warteten, weil die Allee sehr finster war. Von Virginia war nicht die mindeste Spur entdeckt worden. Die Zigeuner hatte man auf den Brockleywiesen eingeholt, aber Virginia war nicht bei ihnen, und ihren plötzlichen Aufbruch erklärten sie damit, daß sie sich im Datum des Jahrmarkts von Chorton geirrt und sich aus Angst, zu spät zu kommen, in aller Eile davongemacht hätten. Die Nachricht von Virginias Verschwinden hatte sie tatsächlich tief betrübt, da sie Mr. Otis sehr dankbar waren für die Erlaubnis, in seinem Park zu lagern, und ihrer vier waren zurückgeblieben, um bei den Nachforschungen zu helfen. Der Karpfenteich war mit Schleppnetzen abgesucht und ganz Canterville Chase durchstöbert worden, aber ohne jeden Erfolg. Offensichtlich war ihnen Virginia, zumindest für diese Nacht, verloren, und so wanderten Mr. Otis und die jungen Leute in einem Zustand tiefer Niedergeschlagenheit dem Hause zu, gefolgt von dem Reitknecht mit den beiden

Pferden und dem Pony. In der Halle fanden sie eine Schar verschreckter Dienstboten vor, und in der Bibliothek lag auf einem Sofa die arme Mrs. Otis, fast von Sinnen vor Angst und Sorge, und die alte Haushälterin kühlte ihr die Stirn mit Eau de Cologne. Mr. Otis bestand nachdrücklich darauf, daß sie etwas zu sich nähme, und bestellte sofort das Nachtessen für alle. Es war ein trübseliges Mahl, da kaum einer sprach, und selbst die Zwillinge waren scheu und kleinlaut, da sie ihre Schwester sehr liebhatten. Als sie fertig waren, schickte Mr. Otis, ungeachtet der inständigen Bitten des kleinen Herzogs, alle zu Bett, mit den Worten, in dieser Nacht könne nichts mehr unternommen werden und am Morgen werde er Scotland Yard telegraphisch um die schleunige Entsendung einiger Detektive bitten. Gerade als sie das Speisezimmer verließen, begann es vom Turm Mitternacht zu dröhnen, und als der letzte Ton hallte, vernahmen sie ein Krachen und einen jähen, durchdringenden Schrei; ein Donnerschlag erschütterte das Haus, eine überirdische Musik wehte durch die Luft, ein Paneel oben im Treppenhaus sprang mit lautem Getöse zurück, und auf den Treppenabsatz, sehr bleich und sehr weiß, ein Schmuckkästchen in der Hand, trat Virginia. Im Nu waren alle zu ihr hinaufgestürmt. Mrs. Otis schloß sie leidenschaftlich in ihre Arme, der Herzog erstickte sie mit ungestümen Küssen, und die Zwillinge vollführten einen wilden Kriegstanz um die Gruppe.

»Grundgütiger Himmel! Kind, wo bist du gewesen?« fragte Mr. Otis etwas ärgerlich, weil er meinte, sie habe ihnen einen närrischen Streich gespielt. »Cecil und ich haben auf der Suche nach dir die ganze Gegend abgeritten, und deine Mutter hat sich zu Tode geängstigt. Solche Späße darfst du dir nie wieder erlauben.«

»Außer mit dem Gespenst! Außer mit dem Gespenst!« schrien die umherhüpfenden Zwillinge.

»Mein Herzensliebling, Gott sei Dank, daß du wieder da bist; du darfst nicht mehr von meiner Seite gehen«, flüsterte Mrs. Otis und küßte ihr zitterndes Kind und strich ihm über das wirre Goldhaar.

»Papa«, sagte Virginia ruhig, »ich war bei dem Gespenst. Es ist tot, und ihr müßt mitkommen und es sehen. Es ist sehr böse gewesen, hat aber ehrlich bedauert, was es alles getan hat, und ehe es starb, schenkte es mir dieses Kästchen mit schönem Schmuck.« Die ganze Familie starrte sie in stummer Verwunderung an, aber sie war sehr ernst und feierlich, wandte sich um und führte sie durch die Öffnung im Wandgetäfel in einen engen Geheimgang; Washington folgte als letzter mit einer brennenden Kerze, die er vom Tisch genommen hatte. Endlich gelangten sie an eine mächtige, mit rostigen Nägeln beschlagene Eichentür. Als Virginia sie berührte, schwang sie in ihren schweren Angeln zurück, und sie sahen sich in einem niedrigen kleinen Raum mit gewölbter Decke und einem winzigen vergitterten Fenster. In die Wand eingelassen war ein gewaltiger Eisenring und daran gekettet ein klapperdürres Skelett, das auf dem Steinboden ausgestreckt lag und mit seinen langen fleischlosen Fingern nach einem altertümlichen Holzteller und einem Krug zu greifen schien, die man um eine Winzigkeit außer seiner Reichweite hingestellt hatte. Der Krug war offenbar einst mit Wasser gefüllt gewesen, denn innen war er mit grünem Schimmel bedeckt. Auf dem Holzteller befand sich nichts als ein Häufchen Staub. Virginia kniete neben dem Skelett nieder, faltete ihre kleinen Hände und begann lautlos zu beten, während die anderen staunend auf die grausige Tragödie blickten, deren Geheimnis ihnen nun enthüllt war.

»Hallo!« rief plötzlich einer der Zwillinge, der durch das Fenster geschaut hatte, um zu entdecken, in welchem Flügel des Hauses der Raum gelegen war. »Hallo! Der alte verdorrte Mandelbaum hat Blüten getrieben. Ich kann sie ganz deutlich im Mondlicht erkennen.«

»Gott hat ihm vergeben«, sagte Virginia ernst, während sie aufstand, und ein herrliches Leuchten schien ihr Gesicht zu erhellen.

»Sie sind ein Engel!« rief der junge Herzog und legte den Arm um ihren Hals und küßte sie.

7

Vier Tage nach diesen seltsamen Ereignissen verließ gegen elf Uhr abends ein Trauerzug Canterville Chase. Der Leichenwagen wurde von acht Rappen gezogen, die auf dem Kopf große Büschel nickender Straußenfedern trugen, und den Bleisarg bedeckte ein kostbares purpurnes Bahrtuch, auf das mit Gold das Wappen derer von Canterville gestickt war. Neben dem Leichenwagen und den Kutschen schritten die Diener mit brennenden Fackeln, und der ganze Zug war wunderbar ergreifend. Lord Canterville war der Hauptleidtragende und eigens aus Wales hergekommen, um an dem Leichenbegängnis teilzunehmen; er saß mit der kleinen Virginia im ersten Wagen. Dann folgten der Gesandte der Vereinigten Staaten und seine Gattin, dann Washington und die drei Buben, und im letzten Wagen saß Mrs. Umney. Alle waren sich einig gewesen in dem Gefühl, daß sie ein Recht habe, sein Ende mitzuerleben, da sie mehr als fünfzig Jahre ihres Lebens von dem Gespenst erschreckt worden war. Ein tiefes Grab war in der Ecke des Friedhofs ausgehoben, just unter der alten Eibe, und Ehrwürden Augustus Dampier hielt auf höchst eindrucksvolle Weise den Gottesdienst. Als die feierliche Handlung beendet war, löschten die Diener nach einem alten Brauch des Hauses Canterville ihre Fackeln, und als der Sarg ins Grab gesenkt wurde, trat Virginia vor und legte ein großes Kreuz aus weißen und rosa Mandelblüten darauf nieder. Im gleichen Augenblick kam der Mond hinter einer Wolke hervor und überflutete den kleinen Friedhof mit seinem lautlosen Silber, und in einem fernen Hag begann die Nachtigall zu singen. Virginia dachte daran, wie ihr das Gespenst den Garten des Todes geschildert hatte, ihre Augen wurden trüb von Tränen, und auf der Heimfahrt sprach sie kaum ein Wort.

Am nächsten Morgen, ehe Lord Canterville nach London fuhr, hatte Mr. Otis eine Unterredung mit ihm über den Schmuck, den das Gespenst Virginia geschenkt hatte. Er war einfach herrlich, vor allem ein Halsband von Rubinen, eine Arbeit aus dem sechzehnten Jahrhundert, und er war so ungemein wertvoll, daß Mr. Otis erhebliche Bedenken hatte, ob er seiner Tochter gestatten dürfe, ihn anzunehmen.

»Mylord«, sagte er, »ich weiß, daß in ihrem Land Schmucksachen ebenso als unveräußerliches Gut gelten wie Grund und Boden, und es ist mir völlig klar, daß dieser Schmuck ein Familienerbstück ist oder sein sollte. Ich muß Sie demnach bitten, ihn nach London mitzunehmen und durchaus als einen Teil Ihres Eigentums zu betrachten, der Ihnen unter ungewöhnlichen Umständen zurückerstattet wurde. Was meine Tochter betrifft, so ist sie ja ein reines Kind und hat, wie ich mit Freuden behaupten kann, noch wenig Interesse für dergleichen Zubehöre eitler Prachtliebe. Mistress Otis, die, ich darf sagen, in Dingen der Kunst keine geringe Autorität ist, da sie den Vorzug genoß, als junges Mädchen mehrere Winter in Boston zu verbringen, hat mir überdies mitgeteilt, daß diese Edelsteine von ganz erheblichem Wert sind und bei Verkauf einen hohen Preis erzielen würden. Ich bin überzeugt, Lord Canterville, daß Sie zugeben werden, wie unmöglich es unter diesen Umständen für mich wäre, sie im Besitz eines Mitgliedes meiner Familie verbleiben zu lassen, und in der Tat wäre all dieser Putz und Tand, wie angemessen oder unerläßlich auch immer für das Ansehen der britischen Aristokratie, völlig fehl am Platze bei denen, die in den strengen und, ich glaube, unvergänglichen Grundsätzen republikanischer Einfachheit erzogen sind. Vielleicht sollte ich noch erwähnen, daß Virginia sehr viel an Ihrer Erlaubnis gelegen ist, das Kästchen als eine Erinnerung an Ihren unglücklichen, aber irregeleiteten Vorfahren behalten zu dürfen. Da es sehr alt ist und sich folglich in einem ziemlich schlechten Zustand befindet, werden Sie vielleicht nichts dagegen haben, ihre Bitte zu erfüllen. Ich für mein Teil muß gestehen, daß es mich einigermaßen überrascht, bei einem meiner Kinder Interesse für etwas Mittelalterliches festzustellen, und kann es nur dem Umstand zuschreiben, daß Virginia in einem Ihrer Londoner Vororte geboren wurde, kurz nachdem Mistress Otis von einer Reise nach Athen zurückgekehrt war.«

Lord Canterville hörte sich die Rede des vortrefflichen Gesandten ganz ernst an, wobei er hin und wieder an seinem grauen Schnurrbart zupfte, um ein unwillkürliches Lächeln zu verbergen, und als Mr. Otis geendet hatte, schüttelte er ihm herzlich die Hand und erwiderte: »Mein lieber Mister Otis, Ihre reizende kleine Tochter hat meinem unglücklichen Vorfahren, Sir Simon, einen höchst bedeutenden Dienst erwiesen, und ich und meine Familie sind ihr für ihren erstaunlichen Mut und ihre Unerschrockenheit zu großem Dank verpflichtet. Der Schmuck gehört zweifellos ihr, und wahrhaftig, ich glaube, wenn ich so herzlos wäre, ihn ihr zu nehmen, würde der böse alte Gesell binnen vierzehn Tagen aus seinem Grab steigen und mir das Leben verteufelt sauer machen. Was den Begriff Erbstück betrifft, so ist nichts ein Erbstück, was nicht als solches in einem Testament oder Aktenstück aufgeführt ist, und das Vorhandensein dieses Schmucks war völlig unbekannt. Ich versichere Ihnen, daß ich nicht größeren Anspruch auf ihn habe als Ihr Butler, und ich möchte behaupten, wenn Miss Virginia heranwächst, wird sie sich freuen, so hübsche Dinge tragen zu können. Außerdem vergessen Sie, Mister Otis, daß Sie die Einrichtung und das Gespenst zum Taxpreis übernahmen, und somit ging alles, was dem Gespenst gehörte, in Ihren Besitz über; denn welche Tätigkeit Sir Simon auch nachts im Korridor entwickelte, vom gesetzlichen Standpunkt aus war er einwandfrei tot, und Sie haben sein Eigentum durch Kauf erworben.«

Mr. Otis war recht bekümmert über Lord Cantervilles Weigerung und bat ihn, sich seinen Entschluß noch einmal zu überlegen, aber der gutmütige Lord blieb fest und bekam den Gesandten schließlich soweit, daß er seiner Tochter erlaubte, das von dem Gespenst erhaltene Geschenk zu behalten, und als im Frühjahr 1890 die junge Herzogin von Cheshire anläßlich ihrer Vermählung beim ersten großen Empfang der Königin vorgestellt wurde, war ihr Schmuck allerseits Gegenstand der Bewunderung. Denn Virginia erhielt die Adelskrone, die Belohnung aller tugendhaften kleinen Amerikanerinnen, und heiratete ihren jugendlichen Verehrer, sobald er mündig geworden war. Sie waren beide so reizend und liebten einander so sehr, daß sich alle über die Heirat freuten, ausgenommen die alte Marquise von Dumbleton, die versucht hatte, den Herzog für eine ihrer sieben unverheirateten Töchter zu angeln, und deswegen nicht weniger als drei kostspielige Festessen gegeben hatte, und ausgenommen, wie seltsam es auch klingt, Mr. Otis. Mr. Otis mochte den jungen Herzog persönlich überaus gern, theoretisch war er jedoch gegen Titel und, um seine eigenen Worte zu gebrauchen, ›nicht ohne Besorgnis, daß unter den entnervenden Einflüssen einer vergnügungssüchtigen Aristokratie die wahren Grundsätze republikanischer

Einfachheit vergessen würden‹. Aber seine Einwände wurden als unhaltbar verworfen, und ich glaube, als er, seine Tochter am Arm, durch das Seitenschiff der Sankt-Georgs-Kirche, Hanover Square, schritt, gab es in ganz England weit und breit keinen stolzeren Mann.

Als die Flitterwochen vorüber waren, begaben sich der Herzog und die Herzogin nach Canterville Chase und gingen am Nachmittag des zweiten Tages zu dem einsamen Friedhof hinter den Fichtenwäldern. Die Inschrift für Sir Simons Grabstein hatte zuerst großes Kopfzerbrechen bereitet, doch am Ende war man zu dem Entschluß gekommen, nur die Initialen des alten Herrn und die Verse vom Fenster der Bibliothek gravieren zu lassen. Die Herzogin hatte wunderschöne Rosen mitgebracht, die sie auf das Grab streute, und nachdem sie eine Weile davorgestanden hatten, schlenderten sie zu dem verfallenen Chor der alten Abtei. Dort setzte sich die Herzogin auf eine umgestürzte Säule, und ihr Gatte legte sich zu ihren Füßen nieder, rauchte eine Zigarette und blickte zu ihren schönen Augen auf. Plötzlich warf er die Zigarette fort, ergriff ihre Hand und sagte: »Virginia, eine Frau sollte vor ihrem Mann keine Geheimnisse haben.«

»Lieber Cecil! Ich habe keine Geheimnisse vor dir.«

»Doch«, antwortete er lächelnd, »du hast mir nie erzählt, was dir begegnete, als du mit dem Gespenst eingeschlossen warst.«

»Das habe ich niemandem erzählt, Cecil«, sagte Virginia ernst.

»Ich weiß, aber mir könntest du es sagen.«

»Verlang es bitte nicht von mir, Cecil, ich kann es dir nicht sagen. Der arme Sir Simon! Ich verdanke ihm so viel. Ja, lach nicht, Cecil, es ist wirklich so. Er hat mich erkennen lassen, was das Leben ist und was der Tod bedeutet und warum die Liebe stärker ist als beide.«

Der Herzog stand auf und küßte liebevoll seine Frau.

»Du kannst dein Geheimnis so lange behalten, wie mir dein Herz gehört«, sagte er leise.

»Das hat dir schon immer gehört, Cecil.«

»Und eines Tages wirst du's unsern Kindern erzählen, nicht wahr?«

Virginia errötete.

Die Sphinx
ohne Geheimnis

Eine Ätzung

Eines Nachmittags saß ich draußen im Café de la Paix und beobachtete den Glanz und die Schäbigkeit des Pariser Lebens und staunte bei meinem Wermut über das seltsame Panorama von Pracht und Armut, das an mir vorüberglitt, als ich jemanden meinen Namen rufen hörte. Ich drehte mich um und erblickte Lord Murchinson. Wir hatten uns nicht gesehen, seit wir vor nahezu zehn Jahren zusammen im College gewesen waren, deshalb freute ich mich, ihn zufällig wieder zu treffen, und wir schüttelten uns herzlich die Hand. In Oxford waren wir sehr befreundet gewesen. Ich hatte ihn mächtig gern gehabt, er war so hübsch, so hochherzig und so anständig. Wir sagten damals von ihm, er würde der beste Kerl sein, wenn er nur nicht immer die Wahrheit sagen wollte, aber ich glaube, in Wirklichkeit bewunderten wir ihn seines Freimuts wegen noch um so mehr. Ich fand ihn sehr verändert. Er sah bekümmert und verwirrt aus und schien sich über etwas nicht schlüssig zu sein. Ich spürte, daß es nicht moderner Skeptizismus sein konnte, denn Murchinson war der hartnäckigste Tory und glaubte so fest an den Pentateuch, wie er an das Oberhaus glaubte; deshalb schloß ich, es müsse sich um eine Frau handeln, und fragte ihn, ob er schon verheiratet sei.

»Ich verstehe nicht genug von Frauen«, antwortete er.

»Mein lieber Gerald«, sagte ich, »Frauen sind dazu bestimmt, geliebt zu werden, nicht aber, verstanden zu werden.«

»Ich kann nicht lieben, wo ich nicht vertrauen kann«, erwiderte er.

»Mir scheint, in Ihrem Leben gibt es ein Geheimnis, Gerald«, rief ich aus, »erzählen Sie mir davon.«

»Lassen Sie uns eine Spazierfahrt machen«, entgegnete er, »hier ist es zu voll. Nein, keinen gelben Wagen, jede andere Farbe – dort, der dunkelgrüne geht«; und wenige Augenblicke später fuhren wir im Trab den Boulevard hinunter in Richtung Madeleine.

»Wohin sollen wir fahren?« fragte ich.

»Oh, wohin Sie wollen!« antwortete er. »Vielleicht in das Restaurant im Bois, dort können wir essen, und Sie werden mir alles von sich erzählen.«

»Zuerst will ich Sie hören«, sagte ich. »Erzählen Sie mir Ihr Geheimnis.«

Er holte aus der Tasche ein kleines Saffianetui mit silbernem Schloß und reichte es mir. Ich öffnete es. Es enthielt die Photographie einer Frau. Sie war groß und schlank und seltsam malerisch mit ihren großen, verschwommenen Augen und dem offenen Haar. Sie sah wie eine Hellseherin aus und war in kostbares Pelzwerk gehüllt.

»Was halten Sie von diesem Gesicht?« fragte er. »Ist es vertrauenerweckend?«

Ich prüfte es sorgfältig. Es mutete mich an wie das Gesicht eines Menschen, der ein Geheimnis hat, aber ob es ein gutes oder böses Geheimnis war, konnte ich nicht sagen. Seine Schönheit war eine aus vielen Rätseln geschaffene Schönheit – tatsächlich jene Schönheit, die von der Seele ausgeht und nicht in der äußeren Form liegt –, und das schwache Lächeln, das um die Lippen spielte, war viel zu hintergründig, um wirklich liebreizend zu sein.

»Nun«, rief er ungeduldig aus, »was sagen Sie dazu?«

»Sie ist die Gioconda in Zobel«, antwortete ich. »Lassen Sie mich alles über sie wissen.«

»Nicht jetzt«, sagte er, »nach dem Essen«, und er begann von anderen Dingen zu reden.

Als uns der Kellner den Kaffee und Zigaretten brachte, erinnerte ich Gerald an sein Versprechen. Er stand von seinem Platz auf, ging einige Male im Zimmer hin und her und erzählte mir, indem er sich in einen Lehnstuhl sinken ließ, folgende Geschichte:

»Eines Abends«, begann er, »ging ich gegen fünf Uhr durch die Bond Street. Es war ein fürchterliches Gedränge von Wagen, und der Verkehr kam fast zum Stehen. Dicht neben dem Bürgersteig hielt ein kleiner gelber Brougham, der aus irgendeinem Grunde meine Aufmerksamkeit erregte. Als ich vorbeiging, schaute aus ihm das Gesicht hervor, das ich Ihnen heute nachmittag zeigte. Es bezauberte mich sofort. Die ganze Nacht mußte ich daran denken und den ganzen folgenden Tag. Ich wanderte jene abscheuliche Häusergasse auf und nieder, stierte in jeden Wagen und wartete auf den gelben Brougham, aber ich konnte meine schöne Unbekannte nicht entdecken und begann am Ende zu glauben, sie sei nur ein Traum. Etwa eine Woche später war ich zum Essen bei Madame de Rastail. Es sollte um acht Uhr zu Tisch gegangen werden, aber um halb neun warteten wir immer noch im Salon. Endlich stieß der Diener die Tür auf und meldete Lady Alroy. Es war die Frau, nach der ich gesucht hatte. Sie trat ganz langsam ein, anzusehen wie ein Mondstrahl in grauen Spitzen, und zu meinem ungeheuren Entzücken wurde ich gebeten, sie zu Tisch zu führen. Als wir uns gesetzt hatten, bemerkte ich völlig arglos: ›Ich glaube, ich habe Sie vor einiger Zeit in der Bond Street gesehen, Lady Alroy!‹ Sie wurde sehr bleich und sagte mit leiser Stimme: ›Bitte sprechen Sie nicht so laut, man könnte Sie hören.‹ Ich war unglücklich, einen so schlechten Anfang gemacht zu haben, und stürzte mich Hals über Kopf in eine Unterhaltung über französische

Stücke. Sie sprach sehr wenig, stets mit derselben leisen, melodischen Stimme und als fürchte sie, jemand könne zuhören. Ich verliebte mich leidenschaftlich, ohne Sinn und Verstand, und die unerklärlich geheimnisvolle Atmosphäre, die sie umgab, erregte meine heftigste Neugier. Als sie ging, was sehr bald nach dem Essen geschah, fragte ich sie, ob ich sie besuchen dürfe. Sie zögerte einen Augenblick, schaute um sich, um zu sehen, ob jemand in unserer Nähe sei, und sagte dann: ›Ja, morgen um drei Viertel fünf.‹ Ich bat Madame de Rastail, mir von ihr zu erzählen, aber ich konnte nichts weiter erfahren, als daß sie eine Witwe mit einem schönen Haus in Park Lane sei, und als ein langweiliger gelehrter Schwätzer mit einer Vorlesung über Witwen begann, die ein Beispiel dafür gäben, daß der Ehetauglichste überlebe, entfernte ich mich und ging heim.

Tags darauf war ich pünktlich auf die Sekunde in Park Lane, erhielt jedoch von dem Butler den Bescheid, daß Lady Alroy soeben ausgegangen sei. Ganz unglücklich und im höchsten Grade verwirrt eilte ich in den Klub und schrieb ihr nach langem Überlegen einen Brief, in dem ich sie fragte, ob ich an einem anderen Nachmittag mein Glück versuchen dürfe. Mehrere Tage erhielt ich keine Antwort, doch endlich ein kleines Briefchen, daß sie am Sonntag um vier zu Hause sein werde, und mit dem merkwürdigen Postskriptum: ›Bitte schreiben Sie mir nicht wieder hierher, ich werde es Ihnen erklären, wenn wir uns sehen.‹ Am Sonntag empfing sie mich und war ganz und gar bezaubernd, doch als ich ging, bat sie mich, falls ich je wieder Anlaß haben sollte, ihr zu schreiben, meinen Brief an ›Mistress Knox, per Adresse Buchhandlung Whittaker, Green Street‹ zu senden. ›Es gibt Gründe‹, sagte sie, ›warum ich in meinem eigenen Hause keine Briefe empfangen kann.‹

Die ganze Saison hindurch sah ich sie sehr oft, und stets umgab sie diese geheimnisvolle Atmosphäre. Mitunter kam mir der Gedanke, sie befinde sich in der Gewalt irgendeines Mannes, aber sie sah so unnahbar aus, daß ich es nicht glauben konnte. Es war wirklich sehr schwer für mich, zu einem Schluß zu kommen, denn sie glich einem jener seltsamen Kristalle, die man in Museen sieht und die in diesem Augenblick klar und im nächsten trübe sind. Am Ende beschloß ich, sie zu fragen, ob sie meine Frau werden wolle: Ich war der ewigen Geheimhaltung, die sie meinen Besuchen und meinen paar Briefen an sie auferlegte, müde und überdrüssig. Ich schrieb ihr an die Adresse der Buchhandlung und fragte sie, ob sie mich am nächsten Montag um sechs empfangen könne. Sie sagte zu, und ich war im siebenten Himmel der Wonne. Ich war von ihr betört, trotz des Geheimnisses, wie ich damals glaubte – seinetwegen, wie ich jetzt erkenne. Nein, die Frau selbst war es, die ich liebte. Das Geheimnis störte mich, machte mich rasend. Warum mußte mich der Zufall auf seine Spur führen?«

»Sie entdeckten es also?« rief ich.

»Ich fürchte«, antwortete er. »Urteilen Sie selbst.

Als der Montag herankam, ging ich mit meinem Onkel zum Lunch und befand mich gegen vier Uhr in der Marylebone Road. Wie Sie wissen, wohnt mein Onkel in der Regent's Park. Ich wollte nach der Piccadilly und ging, um den Weg abzukürzen, durch eine Menge schäbiger kleiner Gassen. Plötzlich erblickte ich vor mir Lady Alroy, tiefverschleiert und eiligen Schrittes. Als sie das letzte Haus in der Straße erreicht hatte, ging sie die Stufen hinauf, holte einen Schlüssel hervor, öffnete die Tür und trat ein. ›Hier ist das Geheimnis‹, sagte ich mir, und ich eilte hin und musterte das Haus. Es sah aus, als würden dort Zimmer vermietet. Auf der Schwelle lag ihr Taschentuch, das sie verloren hatte. Ich hob es auf und steckte es in meine Tasche. Dann begann ich zu überlegen, was ich tun sollte. Ich kam zu dem Schluß, daß ich kein Recht hätte, ihr nachzuspionieren, und fuhr in den Klub.

Um sechs ging ich zu ihr. Sie lag auf dem Sofa, in einem Nachmittagsnegligé aus Silberbrokat, gerafft von ein paar ungewöhnlichen Mondsteinen, die sie stets trug. Sie sah ganz entzückend aus. ›Ich freue mich so, Sie zu sehen‹, sagte sie, ›ich bin den ganzen Tag nicht aus gewesen.‹ Ich starrte sie verwundert an, holte das Taschentuch hervor und reichte es ihr. ›Das haben Sie heute nachmittag in der Cumnor Street verloren, Lady Alroy‹, sagte ich sehr ruhig. Sie sah mich entsetzt an, machte aber keine Anstalten, das Taschentuch zu nehmen. ›Was taten Sie dort?‹ fragte ich. ›Welches Recht haben Sie, mich zu fragen?‹ antwortete sie. ›Das Recht eines Mannes, der Sie liebt‹, erwiderte ich, ›ich kam her, um sie zu fragen, ob Sie meine Frau werden wollen.‹ Sie verbarg ihr Gesicht in den Händen und brach in eine Tränenflut aus. ›Sie müssen es mir sagen‹, fuhr ich fort. Sie stand auf, blickte mir gerade ins Gesicht und erklärte: ›Da gibt es nichts zu sagen, Lord Murchinson.‹ – ›Sie sind hingegangen, um sich mit jemandem zu treffen‹, schrie ich, ›das ist Ihr Geheimnis!‹ Sie wurde schrecklich bleich und sagte: ›Ich habe mich mit niemandem getroffen.‹ – ›Können Sie nicht die Wahrheit sagen?‹ rief ich aus. ›Ich habe die Wahrheit gesagt‹, gab sie zurück. Ich war wahnsinnig, außer mir, ich weiß nicht, was ich sagte, aber ich sagte ihr gräßliche Dinge. Schließlich stürzte ich aus dem Hause. Am Tag darauf schrieb sie mir einen Brief; ich schickte ihn ungeöffnet zurück und reiste mit Alan Colville nach Norwegen. Nach einem Monat kam ich zurück, und das erste, was ich in der ›Morning Post‹ las, war die Todesanzeige von Lady Alroy. Sie hatte sich in der Oper erkältet und war fünf Tage später an Lungenentzündung gestorben. Ich schloß mich ein und empfing niemanden. Ich hatte sie so sehr geliebt, ich hatte sie so wahnsinnig geliebt. Großer Gott! Wie hatte ich diese Frau geliebt!«

»Sie gingen zu der Straße, zu jenem Haus?« fragte ich.

»Ja«, antwortete er.

»Eines Tages ging ich nach der Cumnor Street. Ich konnte nicht anders, Zweifel quälten mich. Ich klopfte an die Tür, und eine ehrbar aussehende Frau öffnete mir. Ich fragte sie, ob sie Zimmer zu vermieten habe. ›Je nun, Sir‹, antwortete sie, ›eigentlich sind die Empfangszimmer vermietet, aber ich habe die Dame drei Monate lang nicht gesehen, und da die Miete dafür nicht bezahlt ist, können Sie sie haben.‹ — ›Ist dies die Dame?‹ fragte ich und zeigte ihr die Photographie. ›Aber ja, ganz bestimmt!‹ rief sie aus, ›und wann kommt sie zurück, Sir?‹ — ›Die Dame ist tot‹, erwiderte ich. ›Oh, Sir, das will ich nicht hoffen!‹ sagte die Frau. ›Sie war meine beste Mieterin. Sie hat mir drei Guineen die Woche bezahlt, bloß um hin und wieder in meinen Empfangszimmern zu sitzen.‹ — ›Hat sie sich hier mit jemandem getroffen?‹ fragte ich, aber die Frau versicherte mir, das sei nicht der Fall gewesen, sie sei stets allein gekommen und habe niemanden empfangen. ›Was in aller Welt hat sie denn hier getan?‹ rief ich aus. ›Sie hat einfach hier gesessen und Bücher gelesen, Sir, und manchmal Tee getrunken‹, antwortete die Frau. Ich wußte nicht, was ich sagen sollte, so gab ich ihr einen Sovereign und ging. Nun, was meinen Sie, was das alles zu bedeuten hatte? Sie glauben doch nicht etwa, daß die Frau die Wahrheit gesagt hat?«

»Allerdings.«

»Aber warum ging dann Lady Alroy dorthin?«

»Mein lieber Gerald«, antwortete ich, »Lady Alroy war einfach eine Frau mit einer Manie fürs Geheimnisvolle. Sie mietete jene Zimmer um des Vergnügens willen, mit herabgezogenem Schleier hingehen und sich einbilden zu können, sie sei eine Heldin. Sie hatte eine Leidenschaft fürs Geheimnisvolle, aber sie selbst war nur eine Sphinx ohne Geheimnis.«

»Glauben Sie das wirklich?«

»Ich bin überzeugt davon«, erwiderte ich.

Er holte das Saffianetui hervor, öffnete es und betrachtete die Photographie. »Ich bin im Zweifel«, sagte er schließlich.

Der Modellmillionär

Ein Vermerk der Bewunderung

Wenn man nicht wohlhabend ist, nützt es einem nichts, ein reizender Kerl zu sein. Romantik ist das Vorrecht des Reichen, nicht das Geschäft des Stellungslosen. Der Arme sollte praktisch und prosaisch sein. Es ist besser, ein ständiges Einkommen zu haben, als bestrickend zu sein. Das sind die großen Wahrheiten des modernen Lebens, die sich Hughie Erskine nie vergegenwärtigte. Armer Hughie! In geistiger Beziehung, das müssen wir zugeben, war er kein großes Licht. Nie in seinem Leben sagte er etwas Brillantes oder auch nur Boshaftes. Aber dafür sah er wundervoll aus mit seinem braunen Kraushaar, seinem klar geschnittenen Profil und seinen grauen Augen. Er war bei Männern ebenso beliebt wie bei Frauen und besaß alle nur erdenklichen Talente außer dem einen, Geld zu verdienen. Sein Vater hatte ihm seinen Kavalleriesäbel und eine ›Geschichte des Spanischen Krieges der Engländer gegen Napoleon I.‹ in fünfzehn Bänden hinterlassen. Das erstgenannte Erbstück hängte Hughie über seinen Spiegel, stellte das zweite in ein Regal zwischen Ruffs Reiseführer und Baileys Magazin und lebte von zweihundert Pfund im Jahr, die ihm eine alte Tante bewilligte. Er hatte alles mögliche versucht. Er war sechs Monate zur Börse gegangen; aber was hatte ein Schmetterling zwischen Hausse-Bullen und Baisse-Bären zu suchen? Ein wenig länger hatte er mit Tee gehandelt, aber Pekoe und Souchong bald satt bekommen. Dann hatte er's mit dem Verkauf von Sherry Extra Trocken versucht. Das klappte nicht, der Sherry war etwas zu trocken. Schließlich wurde er gar nichts, ein entzückender, unfähiger junger Mann mit einem vollendeten Profil und ohne Beruf.

Um die Sache noch schlimmer zu machen, war er verliebt. Das Mädchen, das er liebte, war Laura Merton, die Tochter eines pensionierten Obersten, der seine Gemütsruhe und seine gute Verdauung in Indien verloren und beides nicht wiedergefunden hatte. Laura betete Hughie an und war bereit, ihm die Schuhbänder zu küssen. Sie waren das hübscheste Paar von London und besaßen zusammen keinen Penny. Der Oberst mochte Hughie sehr gern, wollte aber von einer Verlobung nichts wissen.

›Kommen Sie wieder, mein Junge, wenn Sie zehntausend Pfund Ihr eigen nennen, dann werden wir weitersehen‹, pflegte er zu sagen, und an solchen Tagen blickte Hughie sehr verdrossen drein und mußte bei Laura Trost suchen.

Eines Morgens, als er auf dem Weg nach Holland Park war, wo die Mertons wohnten, schaute er zu Alan Trevor hinein, einem guten Freund von ihm. Trevor war Maler. Das können heutzutage wenige vermeiden. Aber er war auch Künstler, und Künstler sind recht selten. Äußerlich war er ein merkwürdiger, ungehobelter Bursche mit einem Gesicht voller Sommersprossen und einem roten Zottelbart. Aber wenn er den Pinsel zur Hand nahm, war er ein wahrer Meister, und seine Bilder waren eifrig gefragt. Er hatte sich von Anfang an zu Hughie hingezogen gefühlt, und zwar zunächst, das muß gesagt werden, einzig und allein wegen seiner äußeren Reize. ›Die einzigen Leute, mit denen ein Maler verkehren sollte‹, pflegte er zu sagen, ›sind Leute, die dumm und schön sind, Leute, deren Anblick ein künstlerischer Genuß und deren Unterhaltung eine geistige Ruhepause ist. Männer, die Dandys, und Frauen, die Schätzchen sind, regieren die Welt oder sollten es zumindest.‹ Doch als er Hughie besser kennenlernte, mochte er ihn ebensosehr wegen seines frohen, heiteren Gemüts und seines großzügigen, unbekümmerten Wesens und hatte ihm ständigen Zutritt zu seinem Atelier gestattet.

Als Hughie eintrat, sah er Trevor die letzten Pinselstriche an dem wundervollen lebensgroßen Bildnis eines Bettlers ausführen. Der Bettler selbst stand auf einem Podium in einer Ecke des Ateliers. Er war ein vertrockneter alter Mann mit einem Gesicht wie zerknittertes Pergament und einem höchst erbarmungswürdigen Ausdruck. Um seine Schultern hatte er einen großen braunen Mantel geworfen, der nur noch aus Rissen und Fetzen bestand; seine klobigen Stiefel waren notdürftig ausgebessert und geflickt, und mit einer Hand stützte er sich auf einen derben Stock, während die andere einen abgenutzten Hut nach Almosen ausstreckte.

»Welch ein erstaunliches Modell!« flüsterte Hughie, als er seinem Freunde die Hand gab.

»Erstaunliches Modell?« rief Trevor mit seiner lautesten Stimme aus. »Das sollte ich meinen! Solche Bettler wie den trifft man nicht alle Tage. *Une trouvaille, mon cher*, ein lebender Velázquez! Lieber Himmel, welch eine Radierung hätte Rembrandt von ihm gemacht!«

»Armer alter Kerl!« sagte Hughie. »Wie jammervoll er aussieht! Aber für euch Maler ist sein Gesicht vermutlich sein Vermögen?«

»Gewiß«, erwiderte Trevor, »man braucht schließlich keinen Bettler, der glücklich aussieht, nicht wahr?«

»Wieviel bekommt ein Modell für das Sitzen?« fragte Hughie, während er es sich auf dem Diwan bequem machte.

»Einen Shilling die Stunde.«

»Und wieviel bekommst du für das Bild, Alan?«

»Oh, für dies bekomme ich zweitausend.«

»Pfund?«

»Guineen. Maler, Dichter und Ärzte bekommen immer Guineen.«

»Meiner Ansicht nach sollte das Modell Prozente erhalten«, rief Hughie lachend aus. »Sie arbeiten ebensoschwer wie du.«

»Unsinn, barer Unsinn! Denk allein an die Mühe, die Farbe aufzutragen und den ganzen Tag vor der Staffelei zu stehen! Du hast gut reden, Hughie, aber ich versichere dir, es gibt Augenblicke, in denen sich die Kunst fast zu der Würde handwerklicher Arbeit aufschwingt. Aber schwatz jetzt nicht, ich bin sehr beschäftigt. Rauch eine Zigarette und halt den Mund.«

Nach einer Weile kam der Diener und meldete Trevor, daß ihn der Rahmenmacher zu sprechen wünsche.

»Lauf nicht weg, Hughie«, sagte Trevor, als er hinausging, »ich bin gleich wieder da.«

Der alte Bettler benutzte Trevors Abwesenheit, sich ein Weilchen auf einer Holzbank auszuruhen, die hinter ihm stand. Er sah so hilflos und unglücklich aus, daß Hughie Mitleid mit ihm haben mußte und in seinen Taschen kramte, um festzustellen, wieviel Geld er bei sich habe. Alles, was er finden konnte, waren ein Sovereign und ein paar Kupfermünzen. ›Armer Alter‹, dachte er bei sich, ›er braucht das Geld nötiger als ich, aber das bedeutet, daß ich mir vierzehn Tage keinen Hansom leisten kann.‹ Und er ging durch das Atelier und drückte dem Bettler den Sovereign in die Hand. Der alte Mann fuhr zusammen, und ein schwaches Lächeln flog über seine runzligen Lippen. »Vielen Dank, Sir«, sagte er, »vielen Dank.«

Dann kam Trevor, und Hughie verabschiedete sich, ein wenig errötend über das, was er getan hatte. Er verbrachte den Tag mit Laura, wurde auf bezaubernde Weise wegen seiner Verschwendung gescholten und mußte zu Fuß heimgehen.

Am selben Abend schlenderte er gegen elf Uhr in den Paletten-Klub und sah Trevor allein im Rauchzimmer bei Rheinwein und Selters sitzen.

»Nun, Alan, hast du dein Bild fertig?« fragte er, als er seine Zigarette anzündete.

»Fertig und gerahmt, mein Junge!« antwortete Trevor. »Und übrigens hast du eine Eroberung gemacht. Das alte Modell, das du gesehen hast, ist ganz vernarrt in dich. Ich mußte ihm alles von dir erzählen – wer du bist, wo du wohnst, wie hoch dein Einkommen ist, welche Aussichten du hast ...«

»Mein lieber Alan«, rief Hughie, »wahrscheinlich wird der Alte auf mich warten, wenn ich nach Hause gehe. Aber natürlich machst du nur Spaß. Armer alter Teufel! Ich wünschte, ich könnte etwas für ihn tun. Es muß schrecklich sein, wenn man so in Not ist. Ich habe zu Hause einen Haufen alter Kleidungsstücke – meinst du, ihm wäre etwas daran gelegen? Seine Lumpen fallen ja schon in Fetzen.«

»Aber er sieht prachtvoll darin aus«, sagte Trevor. »Um nichts in der Welt würde ich ihn in einem Gehrock malen wollen. Was du Lumpen nennst, nenne ich Romantik. Wo du Armut siehst, sehe ich das Malerische. Immerhin werde ich ihm dein Angebot übermitteln.«

»Alan«, sagte Hughie ernst, »ihr Maler seid ein herzloses Pack.«

»Eines Künstlers Herz ist sein Kopf«, erwiderte Trevor, »und im übrigen ist unser Gewerbe, die Welt anzuerkennen, wie wir sie sehen, nicht die uns bekannte umzuschaffen. *A chacun son métier.* Und nun erzähl mir, wie es Laura geht. Das alte Modell hat sich sehr für sie interessiert.«

»Du willst doch nicht etwa sagen, daß du mit ihm über sie gesprochen hast?« rief Hughie aus.

»Allerdings. Der Alte weiß jetzt alles über den hartherzigen Oberst, die liebreizende Laura und die zehntausend Pfund.«

»Du hast dem alten Bettler meine ganzen Privatangelegenheiten erzählt?« rief Hughie mit hochrotem und ärgerlichem Gesicht. »Mein lieber Junge«, sagte Trevor lächelnd, »der alte Bettler, wie du ihn nennst, ist einer der reichsten Männer Europas. Er könnte morgen ganz London kaufen, ohne sein Konto zu überziehen. In jeder Hauptstadt hat er eine Niederlassung, speist von goldenen Schüsseln und kann, wenn es ihm beliebt, Rußland hindern, Krieg zu führen.«

»Was in aller Welt meinst du damit?« rief Hughie.

»Das, was ich sage«, antwortete Trevor. »Der alte Mann, den du heute im Atelier sahst, ist Baron Hausberg. Er ist ein guter Freund von mir, kauft all meine Bilder und dergleichen und hat mir vor einem Monat den Auftrag gegeben, ihn als Bettler zu malen. *Que voulez-vous? La fantaisie d'un millionaire!* Und ich muß sagen, er nahm sich großartig aus in seinen Lumpen, oder vielleicht sollte ich besser sagen, in meinen Lumpen, denn es war altes Zeug, das ich in Spanien aufgabelte.«

»Baron Hausberg!« schrie Hughie. »Grundgütiger Himmel! Und ich habe ihm einen Sovereign gegeben!« Und – ein Bild der Bestürzung, ließ er sich in einen Sessel fallen.

»Du hast ihm einen Sovereign gegeben?« brüllte Trevor und brach in schallendes Gelächter aus. »Mein lieber Junge, den wirst du nicht wiedersehen. *Son affaire c'est l'argent des autres.*«

»Das hättest du mir aber sagen können, Alan«, bemerkte Hughie verdrossen, »daß ich mich nicht so zum Narren mache.«

»Nun; zunächst, Hughie«, entgegnete Trevor, »ist es mir nie in den Sinn gekommen, daß du herumgehst und auf so leichtsinnige Weise Almosen spendest. Ich kann es verstehen, wenn du ein hübsches Modell küßt, aber einem häßlichen einen Sovereign zu geben – das verstehe ich wahrhaftig nicht! Außerdem war ich an dem Tag wirklich für niemanden zu Hause, und als du kamst, wußte ich nicht, ob es Hausberg recht wäre, wenn sein Name genannt würde. Du weißt, er war nicht gesellschaftsfähig angezogen.«

»Für welch einen Trottel muß er mich halten!« sagte Hughie.

»Durchaus nicht. Er war bester Laune, als du gegangen warst, kicherte dauernd vor sich hin und rieb sich die alten verrunzelten Hände. Ich konnte nicht dahinterkommen, warum er so daran interessiert war, alles über dich zu erfahren, aber jetzt ist mir alles klar. Er wird deinen Sovereign für dich anlegen, dir alle sechs Monate die Zinsen zahlen und hat eine famose Geschichte, die er nach dem Dinner erzählen kann.«

»Ich bin ein Unglücksteufel«, knurrte Hughie. »Am besten gehe ich jetzt zu Bett, und, lieber Alan, du darfst es niemandem erzählen. Ich würde nicht wagen, mein Gesicht in der Rotten-Row sehen zu lassen.«

»Unsinn! Die Sache wirft das beste Licht auf dein menschenfreundliches Gemüt, Hughie. Und lauf nicht weg. Rauch noch eine Zigarette, und du darfst auch soviel von Laura erzählen, wie du magst.«

Dennoch wollte Hughie nicht bleiben, sondern ging heim und fühlte sich sehr unglücklich, als er Alan Trevor verließ, der immer wieder in Lachen ausbrach.

Am nächsten Morgen, als er beim Frühstück saß, brachte ihm der Diener eine Visitenkarte, auf der geschrieben stand: ›Monsieur Gustave Naudin, de la part de M. le Baron Hausberg‹.

›Vermutlich kommt er, um meine Entschuldigung einzuholen‹, sagte sich Hughie und befahl dem Diener, den Besucher heraufzuführen.

Ein alter Herr mit goldener Brille und grauem Haar trat ins Zimmer und sagte mit leicht französischem Akzent: »Habe ich die Ehre, mit Monsieur Erskine zu sprechen?« Hughie verbeugte sich.

»Ich komme von Baron Hausberg«, fuhr er fort. »Der Baron …«

»Ich bitte Sie, Sir, ihm meine aufrichtigste Entschuldigung zu übermitteln«, stammelte Hughie.

»Der Baron«, sagte der alte Herr mit einem Lächeln, »hat mich beauftragt, Ihnen diesen Brief zu übergeben«, und er reichte ihm einen versiegelten Umschlag.

Auf dem Umschlag stand: ›Ein Hochzeitsgeschenk für Hugh Erskine und Laura Merton von einem alten Bettler‹, und drinnen lag ein Scheck über zehntausend Pfund.

Als sie heirateten, war Alan Trevor Brautführer, und der Baron hielt beim Hochzeitsfrühstück eine Rede.

»Millionäre als Modell für ein Bild«, bemerkte Alan, »sind selten genug; aber als Vorbild sind sie wahrhaftig noch seltener!«

Nachwort

Die Veröffentlichung der ersten Märchensammlung *The Happy Prince and other Tales* im Mai 1888 mußte für alle eine Überraschung bedeuten, denen Wilde bislang als notorische Galionsfigur des Ästhetizismus, Autor epigonaler Gedichte und sentimentaler Dramen geläufig war. Das Bändchen, das Carlos Blacker gewidmet und mit Illustrationen Walter Cranes und Jacomb Hoods ausgeschmückt ist, wurde von der Kritik freundlich aufgenommen. Der Verfasser fühlte sich ermutigt, Freunden und hochgestellten Persönlichkeiten, unter ihnen Gladstone, Ruskin und Pater, Exemplare zukommen zu lassen. Er hatte die Genugtuung, daß ihm sein verehrter Lehrer vom Brasenose College, Oxford, bald darauf brieflich versicherte, wie »delightful« er die Geschichten gefunden habe. Ermuntert von diesen positiven Reaktionen, veröffentlichte Wilde drei Jahre später, im November 1891, eine zweite Sammlung unter dem Titel *A House of Pomegranates*, die er von Charles Ricketts und C. H. Shannon illustrieren ließ und seiner Frau widmete. Die darin enthaltenen Märchen, von denen *The Young King* und *The Birthday of the Infanta* schon früher separat erschienen waren, sind Damen der Gesellschaft gewidmet, eine Geste, die im Zusammenhang mit Wildes Tätigkeit als Herausgeber der Zeitschrift *The Woman's World* in den Jahren 1887 bis 1889 zu sehen ist.

Trotz ihrer thematischen Vielfalt weisen die Märchen, abgesehen von *The Fisherman and his Soul*, das wegen seines Umfangs und der Komplexität seiner Handlung eine Ausnahmestellung beansprucht, eine Reihe von gemeinsamen Strukturmerkmalen auf, die es genauer zu betrachten gilt. Die Ausgangssituation aller Märchen ist durch einen

Mangel gekennzeichnet, der sich in zwei verschiedenen Ausprägungen manifestiert: entweder es hapert bei den Figuren an Selbsterkenntnis und Kenntnis bzw. richtigem Verständnis ihrer Umgebung, oder es fehlt ihnen an Nächstenliebe und solidarischem Verhalten. In beiden Fällen entstehen Spannungen zwischen asozialer Ichbezogenheit und sozial verantwortlichem Handeln, Selbstsucht und Solidarität, die den erzählerischen Verlauf der Geschichten motivieren und ihnen das Gepräge geben. Der (un)glückliche Prinz und der junge König wissen zunächst nichts vom Elend des Volkes, der häßliche Zwerg mißversteht die Akklamationen als Selbstbestätigung, der Student täuscht sich über die Opferbereitschaft der Nachtigall, die eingebildete Rakete redet nur von sich selbst und betrachtet ihre Gefährten als Kulisse ihrer Selbstdarstellung, der ungesellige Riese vertreibt die Kinder aus seinem Garten und umgibt ihn mit einer Mauer, das narzißtische Sternenkind jagt seine notleidende Mutter mitleidlos davon, und der egoistische Müller beutet den armen Hans mit falschen Versprechungen aus. Ablauf und Lösung der Geschichten, die sich aus diesen thematisch verschieden strukturierten Situationen ergeben, hängen nun davon ab, ob das anfängliche Erkenntnisdefizit oder der moralische Makel überwunden und durch seine Beseitigung eine Verhaltensänderung der Figur herbeigeführt wird oder ob Illusionsbefangenheit und Selbstsucht bis ans Ende fortbestehen. Demzufolge gibt es zwei verschiedene Typen des *dénouement*: der versöhnliche Schluß nach Behebung des Mangels durch Bewährungsproben, der in einer Belohnung, häufig in der christlich akzentuierten Erhöhung des Protagonisten besteht, wie z. B. in *The Happy Prince*, *The Young King*, *The Star-Child*; der unversöhnliche Schluß, wenn die Hauptfigur in Selbsttäuschung und Ichbefangenheit verharrt, wie in *The Remarkable Rocket*, *The Nightingale and the Rose* und *The Devoted Friend*. Während in den Märchen mit kompensatorischem Schluß Nächstenliebe, Mitgefühl und Opferbereitschaft, also selbstloses soziales Engagement belohnt werden, enden die Erzählungen, in denen auf eine versöhnliche Lösung verzichtet wird, mit einer Bestrafung des uneinsichtigen oder ungeläuterten Helden: der kleine Hans muß sterben, weil er nicht erkennt, daß er nur Objekt der Ausbeutung des Müllers ist, die Rakete verpufft unbemerkt, die Nachtigall, die ihre Brust an den Dorn eines Rosenstrauches preßt, der ihr Blut aufnimmt und so eine Rose wachsen läßt, bringt ein sinnloses Opfer, das ihre Umgebung, vor allem der Student, nicht zu würdigen weiß. Der kleine Hans, die eingebildete Rakete und die opferbereite Nachtigall haben sich nicht aus ihrer Illusionsbefangenheit gelöst, sondern sie verharren in einem Zustand der Verblendung gegenüber sich selbst oder den anderen. Eine Ausnahme bildet der Schluß des Märchens *The Birthday of the Infanta*, wo die Selbsterkenntnis des Zwerges zugleich seinen Tod bewirkt.

Die moralische Läuterung des Protagonisten, die sich in den Märchen mit versöhnlichem Schluß auf dem Weg der Verhaltensänderung von einer ichbefangenen zu einer solidarischen Einstellung vollzieht, setzt Einsicht und Opferbereitschaft voraus. Dem Prinzen, der nur in den Augen der Stadtväter ein glücklicher ist, schlägt das Gewissen erst, als er von seiner erhöhten Position als Denkmal aus die Häßlichkeit und das Elend kennenlernt. Solange er im Palast *Sans-Souci* residierte, der durch eine hohe Mauer von der Außenwelt abgeschirmt war, hatte er keine Vorstellung davon, wie es draußen zuging. Nun ist er bereit, auf Gold- und Edelsteinschmuck zu verzichten, um zusammen mit seinem Freund, der hilfsbereiten Schwalbe, die Not der Armen und Bedürftigen zu lindern. Als Gott nach dem Tod der beiden einen Engel um die wertvollsten Dinge in der

Stadt bittet, bringt dieser ihm das bleierne Herz des Prinzen und den toten Vogel. Eine vergleichbare Situation wird im *Young King* dargestellt. Dort bedarf es dreier Traumvisionen, in denen nacheinander Menschen aus dem Volk erscheinen, die im Elend leben und sich für die Anfertigung und Ausschmückung der Krönungsgewänder abplacken müssen, bis sich der junge König des Unglücks außerhalb seiner prunkvoll ausgestatteten Residenz *Joyeuse* bewußt wird. Daraufhin verzichtet er auf seinen königlichen Ornat, holt seine alten, abgetragenen Kleider aus dem Schrank, setzt sich eine Dornenkrone aufs Haupt und reitet, von den Höflingen und der Volksmenge gleichermaßen verhöhnt, zur Krönung in die Kathedrale. Nicht der Bischof verleiht ihm die Insignien seiner irdischen Macht, sondern Gott kleidet ihn nach einer wunderbaren Verwandlung in das Gewand eines Königs. Das Elend wird in *The Young King* ebenso wie im *Happy Prince* beziehungslos zu seinen gesamtgesellschaftlichen Ursachen und Auswirkungen immer nur an einzelnen Betroffenen oder kleinen Gruppen von Leidenden aufgezeigt, gleichsam in isolierten szenischen Momentaufnahmen in den Fortgang der Geschichte eingeblendet: die abgearbeitete Näherin mit ihrem kranken Sohn, der hungrige und frierende Schriftsteller, das unglückliche Zündholzmädchen, die notleidenden Weber in ihren engen Behausungen, der ausgebeutete Galeerensklave und die erschöpften Kulis, die in einem ausgetrockneten Flußbett nach Rubinen schürfen. Diese beinahe ästhetisch anmutenden Tableaus, die dem Erzähler als kompositorische Versatzstücke zur Motivierung des Protagonisten dienen, geben gewiß keine tiefen Einblicke in die ›Lage der arbeitenden Klasse in England‹, und sie können auch nicht als Indizien einer ausgeprägten sozialkritischen oder gar sozialrevolutionären Darstellungsstrategie betrachtet werden.

Während die Läuterung des Protagonisten in *The Happy Prince* und *The Young King* durch die Erkenntnis des sozialen Elends bewirkt wird, sind es in *The Selfish Giant* und *The Star-Child* andere Umstände, die zu einer Veränderung des ichbezogenen Verhaltens führen. Im Garten des selbstsüchtigen Riesen, aus dem er die Kinder vertrieben hat, herrscht so lange Winter, bis die Kleinen eines Tages durch ein Loch in der Mauer zurückkehren. Da erblühen die Bäume, das Gras sprießt, und die Vögel zwitschern wieder: der Frühling hat seinen Einzug gehalten. Nun erkennt der Riese, daß die unnatürlich lang andauernde Kälte mit seinem egoistischen Verhalten zusammenhing, und er beschließt reumütig, die Gartenmauer einzureißen und fortan sein Grundstück als Spielplatz zur Verfügung zu stellen. Er eilt hinzu, um einem Kind zu helfen, einen Baum zu erklettern, der als einziger noch vom Frost bedeckt ist. Doch kaum ist es hinaufgeklettert, so steht auch dieser Baum in voller Blüte. Konflikt und Lösung dieser Geschichte sind klar: der asoziale Egoismus des Riesen, versinnbildlicht durch die winterliche Kälte, wird durch einen Akt der Selbstlosigkeit und der Nächstenliebe überwunden. Ähnlich wie im *Selfish Giant* der auf magische Weise gestörte Rhythmus der Natur und seine Wiederherstellung durch die spielenden Kinder zur Selbsterkenntnis des Riesen führen, bewirkt die ebenso übernatürliche Verwandlung des Sternenkindes von narzißhafter Schönheit zu krötengleicher Häßlichkeit die Einsicht des Knaben in die Grausamkeit seines Verhaltens gegenüber der Mutter.

Drei Jahre wandert das Sternenkind umher auf der Suche nach der Mutter, bis es schließlich als Sklave an einen Zauberer verkauft wird, der es beauftragt, an drei Tagen drei Stücke Gold aus einem Wald zu holen, eine Aufgabe, die es mit Hilfe eines kleinen Hasen auch zu lösen vermag. Jedesmal verschenkt der Knabe das Gold trotz angekündigter Strafen an einen Aussätzigen, der sonst verhungern müßte. Als er nach der letzten guten Tat das Stadttor durchschreitet, erhält er seine ursprüngliche Schönheit zurück, findet seine Mutter wieder und wird als neuer König eingesetzt. Das Märchen folgt dem gleichen Strukturschema wie der *Selfish Giant*: eine egozentrische Haltung, die dem Betroffenen durch übernatürliche Geschehnisse bewußt gemacht wird, führt zur Einsicht und Änderung des Verhaltens über den Weg verschiedener Bewährungsproben. Während in *The Happy Prince* und *The Young King* die szenische Einblendung notleidender Arbeiter auf eine gestörte gesellschaftliche Ordnung verweist, die das Individuum zu tätiger Nächstenliebe herausfordert, vollziehen sich in *The Selfish Giant* und *The Star-Child* wunderbare, doch gegen das Wohlbefinden des einzelnen gerichtete Veränderungen der Natur – der ewige Winter im Garten des Riesen, die Verwandlung des schönen in einen häßlichen Knaben –, die als äußere, damit sichtbare Korrelate einer gestörten moralischen Ordnung fungieren. Linderung der Not und Wiederherstellung des naturgegebenen Ablaufs der Dinge sind in allen vier Märchen kein Selbstzweck, sondern sie bleiben stets auf die Erneuerung des moralischen Wertesystems des Protagonisten bezogen. Zwar werden individualistische, doch keine asozialen Lösungen angestrebt.

Aufgrund seines Umfangs, seiner Geschehnisfülle und seines dekorativen Stils nimmt *The Fisherman and his Soul* eine besondere Stellung unter den Märchen ein. Die Geschichte handelt von der Verbindung zwischen einem Menschen und einem weiblichen Fabelwesen aus dem Meer. Um die Liebe der Nixe zu erringen, muß sich der Fischer zuvor seiner Seele entledigen, die er, dem Ratschlag einer Hexe folgend, bei Mondlicht zusammen mit seinem Schatten vom Körper abschneidet. In jedem Jahr kehrt die in fernen Ländern vagabundierende Seele zu dem im Meer lebenden Fischer zurück, um ihm von ihren abenteuerlichen Reisen zu erzählen. Doch erst im dritten Jahr, als die Seele von einer verschleierten Tänzerin erzählt, deren Füße wie »kleine weiße Tauben« anzuschauen sind, vermag der Fischer dieser Versuchung nicht länger zu widerstehen und vereinigt sich wieder mit seinem nicht-körperlichen Pendant. Sie stiftet ihn daraufhin zu bösen Taten an, weil sie so lange ohne Herz in der Welt herumirrte und viel Schlechtes gesehen hat. Des Fischers Liebe zur »mermaid« bleibt ungebrochen, bis er eines Tages dem Drängen der Seele nachgibt, die in sein Herz aufgenommen werden will. Da stirbt das Meerfräulein, und er selbst findet, vom Schmerz überwältigt, ebenfalls den Tod.

Natur wirkt in der Meerjungfrau doppelt denaturiert: die Verbindung von Menschenkörper und Fischleib pervertiert die natürlichen Möglichkeiten und läßt einen merkwürdigen Zwitter entstehen, während die ästhetische Stilisierung diesem Monster den verlockenden Reiz eines wunderbaren, dekorativen Fabeltiers verleiht. Die Reisen der Seele in fernabliegende Landstriche, deren orientalische Pracht die domestizierte Vorstellungskraft eines großen Teils des insularen Leserpublikums sprengte, spiegeln das Streben Wildes wider, in unverbrauchte Erlebnisbereiche der Phantasie vorzustoßen, jede neue Sensation auszukosten, um so der abgegriffenen Gegenwart zu entfliehen. Das Meerfräulein ist kein Sinnbild für die Rückkehr zur Natur, sondern steht für totales Anderssein, für Anomalie als absolutes Gegenbild zur Normalität zwischenmenschlicher Alltäglichkeit, vielleicht sogar, wie die tiefenpsychologisch orientierte Wilde-Kritik annimmt, für die Andersartigkeit des Homosexuellen.

Bauform und Gestaltungstechnik der Kunstmärchen Wildes ähneln in wichtigen Zügen der Struktur europäischer Volksmärchen. Die Figuren sind eindimensional gezeichnet, es sind keine psychologisch motivierten Charaktere, sondern zumeist namenlose Träger von Eigenschaften und Funktionen: der glückliche Prinz, der selbstsüchtige Riese, die bemerkenswerte Rakete. Die Darstellung der konkreten Lebenssituation und des sozialen Milieus, geschweige denn der geschichtlichen Epoche, in der die Figuren leben, entfällt deshalb ebenso wie die präzise zeitliche Fixierung des Geschehens und seine geographische Lokalisierung. Wenn Wilde abweichend von dieser Konvention in einigen Märchen Räume ausführlicher beschreibt, wie z. B. in *The Young King*, *The Birthday of the Infanta* und *The Fisherman and his Soul*, dann geschieht dies weniger aus der Absicht heraus, das erzählte Geschehen genau zu situieren, um dem Orientierungsbedürfnis des Lesers Rechnung zu tragen, sondern aus der ästhetizistischen Vorliebe des Autors für aufwendiges *décor* und schöne Äußerlichkeit. Die Verkürzung der Figuren auf Funktionsträger und der weitgehende Verzicht auf raum-zeitliche Konkretisierung lassen keine komplex strukturierten Handlungen zu. Vielmehr werden Probleme und Konflikte häufig auf simple ästhetische, soziale oder moralische Kontrastmotive reduziert: schön/häßlich, arm/reich, selbstsüchtig/hilfsbereit. Veränderungen von Haltungen und Situationen vollziehen sich häufig nicht allmählich, sondern in der Form unvermittelter Umkehrungen ins Gegenteil, nicht selten durch Intervention eines übernatürlichen Agens. Wunderbare Verwandlungen fungieren als Ersatz für psychologische Entwicklungen.

Das einsträngig erzählte Geschehen ist auf eine Hauptperson konzentriert, oder es spielt sich zwischen zwei bzw. drei Figuren ab, deren Verhältnis zum Protagonisten durch eine kontrastive, manchmal auch komplementäre Funktion gekennzeichnet ist. Der bis zur Selbstaufgabe gesteigerten Hilfsbereitschaft des kleinen Hans steht der ausbeuterische Pragmatismus des Müllers gegenüber, wohingegen der glückliche Prinz und das Sternenkind in der Schwalbe bzw. dem Hasen freundliche Helfer gefunden haben; redende und handelnde Tiere und Gegenstände sind bei Wilde ebenso selbstverständlich wie in zahlreichen Volksmärchen. Die Tendenz zur Schematisierung von Handlungsabläufen wird besonders deutlich sichtbar in der häufigen Verwendung der Verdreifachung als Kompositionsmodell für einzelne Erzählpartien: die drei Träume des jungen Königs, die drei guten Taten der Schwalbe und des Sternenkindes, die drei Reisen der Seele in *The Fisherman and his Soul*. Im Gegensatz zu vielen Volksmärchen benutzt Wilde keine feststehenden Eingangs- und Schlußformeln.

Der Stil, in dem die Märchen geschrieben sind, ist nicht immer so einfach und anspruchslos, wie es ihrer schlichten Thematik angemessen wäre, sondern läßt in der flexiblen Einbeziehung veralteter, an die Bibel gemahnender Wendungen, allegorischer Personifikationen und dekorativer Beschreibungen ein ausgeprägtes sprachkünstlerisches Bemühen erkennen. Die künstliche Archaisierung der Ausdrucksmittel unterstützt die Wirklichkeitsferne des Inhalts und nutzt zugleich ihre emotionalen *valeurs* zur effektvollen Entrückung und christlichen Erhöhung des Geschehens.

Die idealistischen Schlüsse und der erbauliche Ton mancher Märchen signalisieren eine überzogene Anpassung an vorgegebene Gattungskonventionen. Es sollte aber nicht vergessen werden, daß Wildes Bindung an eine konventionelle Moral im Sinne der Bestrafung des Bösen und der Belohnung des Guten auch in den späteren Werken hinter der Maske des amoralischen Provokateurs sichtbar bleibt: Dorian Gray erdolcht sich vor der Fratze seines Porträts, die »guten Frauen« behalten die Oberhand über die »Frauen mit Vergangenheit«, Salomé wird zwischen den Schildern der Soldaten zerquetscht, und selbst der Student in *The Sphinx* widersteht den Lockungen des verführerischen Monsters mit dem Blick aufs Kruzifix. In den Märchen konnte Wilde, unbelastet von spezifischen, an seine Person geknüpften Rollenerwartungen des Publikums und ohne das eigene Bedürfnis, sich als *wit* und geistreicher, aber amoralischer Außenseiter zu gebärden, unbefangen fabulieren und sich als das geben, was er *auch* war: ein gewöhnlicher Moralist. Der Basil Hallward in seiner Persönlichkeit brauchte hier noch keinen Lord Henry an seiner Seite, der die Wertnormen des Gegenspielers mit effektvollen Epigrammen und philosophischem Aufwand konterkarierte.

Während Wilde in den Märchen mit Themen, Motiven und Lösungen gleichsam unter vereinfachten Bedingungen experimentiert, macht die Betrachtung der etwa gleichzeitig entstandenen Erzählungen *Lord Arthur Savile's Crime. A study of duty*, *The Canterville Ghost. A hylo-idealistic romance*, *The Sphinx without a Secret. An etching* und *The Model Millionaire. A note of admiration*, die im Jahre 1891 gesammelt veröffentlicht wurden, deutlich, wie er dort, wo er nicht an ähnlich starre Gattungskonventionen gebunden war, literarische Verfahren und Darstellungsstrategien ausprobierte, die im *Dorian Gray* und in den Komödien zu seinen beliebtesten Ausdrucksmitteln gehören: Ironie, Paradoxie, Umkehrung von Situationen in ihr Gegenteil.

Beim Lesen der Titelgeschichte *Lord Arthur Savile's Crime*, dieses köstlichen Kabinettstückchens schwarzen Humors, spürt man, wie weit sich Wilde von Thematik, Stil und Ton seiner Märchen entfernt hat. Im Grunde ist die Geschichte eine Parodie auf gängige Detektiv- und Kriminalgeschichten: Nicht die Suche nach dem Täter und seine Überführung motivieren ihren Ablauf, sondern die Suche des Protagonisten nach der Tat, das Problem also, ein Täter zu werden. Ironischerweise wird dann der Prophet der Tat das ungewollte Opfer seiner eigenen Prophezeiung. Die erzählerische Strategie zielt auf eine doppelte Brüskierung des Lesers. Einerseits macht sich Lord Arthur selbst zum Vollstrecker eines Schicksals, dessen Objekt er sein sollte. Er betrachtet die Weissagung des Handliniendeuters als Beschreibung eines unabwendbaren Geschicks, wo es sich doch allenfalls um das beunruhigende Horoskop eines Quacksalbers handeln könnte. Andererseits bezieht sich die Voraussage des Chiromanten nicht auf irgendein glückliches Ereignis in der Zukunft, deren Erfüllung man sich herbeiwünschen würde, sondern auf einen Mord, den Lord Arthur wider alles Erwarten als einen Akt der Pflichterfüllung, als selbstloses Opfer ansieht, um seine bevorstehende Ehe nicht zu belasten.

Während die humorvolle Behandlung eines ernsten Themas in *Lord Arthur Savile's Crime* streckenweise makabre Züge angenommen hat, ist *The Canterville Ghost. A hyloidealistic romance* trotz einer Fülle gruseliger Details in heiteren Farben gehalten und steht den Märchen näher. Es ist eine ergötzliche Parodie auf die traditionelle Gespenstergeschichte. Nicht der Schloßgeist versetzt die Bewohner in Furcht und Schrecken, sondern dem Gespenst selbst wird übel mitgespielt. Die Umkehrung der Situation wird durch eine Veränderung der Erzählperspektive begleitet, denn dem Leser wird das Geschehen über weite Strecken aus der Sicht des geplagten Sir Simon vermittelt. Ihren besonderen Reiz erhält die Geschichte daraus, daß sie mit einer Satire auf den amerikanischen *way of life* verbunden wird, den Wilde während seiner Vortragsreise im Jahre 1882 näher kennengelernt hatte. Zu den Merkmalen, die ihm für die Mentalität des Amerikaners charakteristisch zu sein schienen, gehörten: Materialismus, eine vordergründige pragmatische Gesinnung, Mangel an ästhetischem Empfinden, fehlendes Geschichtsbewußtsein und kulturelle Banausie im allgemeinen. Alles ist käuflich, fast alles ist machbar, es gibt nichts, das erfinderischem common sense nicht zugänglich wäre. Für geheimnisvolle Blutflecken gibt es einen ›Universal-Fleckentferner mit Superreinigungskraft‹, verrostete Ketten benötigen Schmieröl, und Dr. Dobells Tinktur ist die beste Medizin gegen Verdauungsstörungen. Es könnte keinen größeren Gegensatz geben als den zwischen Mr. Otis, dem puritanisch erzogenen, republikanisch gesinnten Repräsentanten der Neuen Welt, und dem bedächtigen, traditionsbewußten Lord Canterville, der sein Geschlecht bis aufs 16. Jahrhundert zurückverfolgen kann und sogar einen Schloßgeist zu seinen Ahnen rechnen darf. Wildes gelungene *hylo-idealistic romance* ist deshalb auch ein heiter-ironischer Kommentar zur unterschiedlichen Mentalität zweier Völker.

Neben *The Canterville Ghost* und *Lord Arthur Savile's Crime* beanspruchen die beiden übrigen Geschichten des Sammelbandes von 1891, nämlich *The Sphinx without a Secret. An etching* und *The Model Millionaire. A note of admiration* geringeres Interesse. Es sind Feuilletongeschichten mit anekdotischem Gehalt, deren Handlungsablauf wieder nach dem Prinzip der Umkehrung strukturiert ist. Eine Figur entpuppt sich am Ende als das Gegenteil dessen, was sie am Anfang zu sein schien. In *The Sphinx without a Secret* erweckt das außergewöhnliche Verhalten der verwitweten Lady Alroy in den Augen Lord Murchisons den Eindruck, als habe sie ein Geheimnis zu verbergen. Während einer Party spricht sie selbst über die banalsten Themen nur mit gesenkter Stimme, so als ob sie Angst vor Lauschern hätte, Briefe dürfen nicht an ihre Privatanschrift in Park Lane, sondern müssen »care of Whittaker's Library« adressiert sein. Zufällig beobachtet Lord Murchison eines Tages, wie sich Lady Alroy in einer übelbeleumdeten Gegend eiligen Schrittes in eine Pension begibt, zu der sie einen Schlüssel besitzt. Als sie um Auskunft gebeten wird, wen sie darin getroffen hat, antwortet sie lapidar: »I went to meet no one.« Und dies ist, so merkwürdig es scheinen mag, die Wahrheit. Wie die *landlady* zu berichten weiß, habe die verschleierte Dame lediglich in einem Zimmer gesessen, Bücher gelesen und gelegentlich Tee getrunken.

Eine Überraschung, allerdings eine angenehmere, erlebt auch Hughie Erskine in *The Model Millionaire*. Dem jungen gutaussehenden Mann mit dem mageren Bankkonto fehlt es genau an £ 10 000, um die geliebte Laura Merton heiraten zu können. Eines Tages macht er einen Besuch bei seinem Freund, dem Maler Alan Trevor, der gerade damit beschäftigt ist, einen alten, schäbig wirkenden Bettler zu porträtieren. Erskine ist von der traurigen Gestalt des Mannes zu Mitleid gerührt und gibt ihm einen *sovereign*, obwohl dies bedeutet, daß er sich in den nächsten vierzehn Tagen keine Droschkenfahrt leisten kann. Die Belohnung für solch nobles Verhalten folgt auf dem Fuße. Der Bettler ist nämlich gar keiner, sondern unter dem zerlumpten Gewand verbirgt sich einer der reichsten Männer Europas. Erskine erhält prompt einen Scheck über £ 10 000, so daß einer Ehe mit Laura nichts mehr im Wege steht. In der Tat: Millionäre als Modelle sind selten, aber Modellmillionäre sind gewiß noch seltener.

Gewiß hat Wilde in den Märchen und Erzählungen die eine oder andere Anregung verarbeitet. Dennoch: Hier spricht er zum ersten Mal mit eigener Stimme. Er ist auf dem Wege, eine literarische Identität zu gewinnen. Der epigonale Stil der frühen Gedichte und Dramen ist überwunden, eine bevorzugte Form, in der sich seine Phantasie ausdrückt, noch nicht gefunden; nach 1891 schreibt er weder Märchen noch Erzählungen. Ja, es zeichnet sich nicht einmal ab, ob seine Neigungen mehr auf dem Gebiet der Kritik oder auf dem der Literatur liegen. Während sein Talent zum Fabulieren, das bislang beim Geschichtenerzählen auf Abendgesellschaften verströmte, in der Kurzprosa seiner *fairy tales* und *stories* feste Gestalt annahm, verselbständigten sich gleichzeitig seine Rezensionen zu kritischen Essays. Die ausgehenden 80er Jahre waren für Wilde eine berufliche und künstlerische Orientierungsphase nach einer Zeit, in der er sich in seiner Wohnung in der Tite Street häuslich eingerichtet hatte: Heirat mit Constance Lloyd im Jahre 1884, Geburt der beiden Söhne Cyril und Vyvyan in den darauffolgenden Jahren. Die Familie benötigte ein regelmäßiges Einkommen, und Wilde nahm eine geregelte Arbeit an, als Herausgeber der *Woman's World*, eine merkwürdig anmutende Beschäftigung für einen Mann, von dem manche Biographen wissen wollen, daß seine latenten homosexuellen Neigungen bereits ab 1886 zu versteckten gleichgeschlechtlichen Beziehungen geführt haben. Das Leben mit der Familie, seine Rolle als Ehemann und Vater, begann ihn bald ebenso zu langweilen wie der tägliche Gang zum Büro. Sein kreativer und kritischer Geist, aber auch sein Bedürfnis, einen der vorderen Plätze in der Kulturszene Londons einzunehmen, verlangten nach neuen Formen der Betätigung, die er jenseits der Routine des häuslichen und beruflichen Alltags suchte. Was lag da näher, als daß seine Phantasie Geschichten ersann, in denen das Außerordentliche möglich wurde, Wunschträume in Erfüllung gingen, Zwänge mühelos beseitigt wurden. Während in den Märchen noch die Anpassung an eine konventionelle Moralauffassung mit christlicher Prägung dominiert, läßt eine Geschichte wie *Lord Arthur Savile's*

Crime bereits die provokante Alternative erkennen. Was dort als moralischer Makel ernst genommen und gesühnt wird, erscheint hier parodistisch konterkariert; in *The Soul of Man under Socialism* stellt Wilde diese Ethik der Nächstenliebe schließlich ganz auf den Kopf: solidarisches Verhalten ist nicht länger eine Form sozialer Sympathie, sondern wird zum Ausdruck ästhetischer Selbstverwirklichung. Die Spannung zwischen moralischem Idealismus und ästhetischem Individualismus, die sich wie ein roter Faden durch das gesamte Werk Wildes hindurchzieht, beginnt sich in den Märchen und Erzählungen abzuzeichnen, wird in den Hauptfiguren des *Dorian Gray* personalisiert und bestimmt die Polarität zwischen Dandy-Philosophie und dem Pathos der Respektabilität in den Gesellschaftskomödien.

Norbert Kohl

Zu dieser Ausgabe

insel taschenbuch 2145: Oscar Wilde, *Erzählungen und Märchen*. *Der Glückliche Prinz und andere Märchen*. Titel der englischen Originalausgabe: *The Happy Prince and other Tales*. Illustrated by Walter Crane and Jacomb Hood, London: Nutt 1888. Darin: *The Happy Prince*; *The Nightingale and the Rose*; *The Selfish Giant*; *The Devoted Friend*; *The Remarkable Rocket*.

Ein Granatapfelhaus. Titel der englischen Originalausgabe: *A House of Pomegranates*. London: Osgood, McIlvaine 1891. Darin: *The Young King*; *The Birthday of the Infanta*; *The Fisherman and his Soul*; *The Star-Child*.

Lord Arthur Saviles Verbrechen und andere Geschichten. Titel der englischen Originalausgabe: *Lord Arthur Savile's Crime and Other Stories*, London: Osgood, McIlvaine 1891. Darin: *Lord Arthur Savile's Crime*; *The Canterville Ghost*; *The Sphinx Without a Secret*; *The Model Millionaire*.

Der vorliegende Text folgt der Ausgabe: Oscar Wilde, *Sämtliche Werke in zehn Bänden*. Herausgegeben von Norbert Kohl. Band 2: *Märchen und Erzählungen*. Übersetzt von Franz Blei und Christine Hoeppener. Insel Verlag Frankfurt am Main 1982 (insel taschenbuch 582).

Umschlagabbildung: Dante Gabriel Rossetti, The Bower Meadow, 1872. Ausschnitt.

Literatur der Moderne
im insel taschenbuch

Literatur der Moderne
im insel taschenbuch

155/2/12.96

Literatur der Moderne
im insel taschenbuch

Rainer Maria Rilke: Sämtliche Werke. insel taschenbuch-Ausgabe in
sechs Bänden. Herausgegeben vom Rilke-Archiv. In Verbindung mit
Ruth Sieber-Rilke besorgt durch Ernst Zinn.
  – Band I: Gedichte. Erster Teil. it 1101
  – Band II: Gedichte. Zweiter Teil. it 1102
  – Band III: Jugendgedichte. it 1103
  – Band IV: Frühe Erzählungen und Dramen. it 1104
  – Band V: Kritische Schriften. Worpswede. Auguste Rodin. it 1105
  – Band VI: Malte Laurids Brigge. Kleine Schriften. it 1106
– Am Leben hin. Novellen und Skizzen 1898. Mit Anmerkungen und
  einer Zeittafel. it 863
– Die Aufzeichnungen des Malte Laurids Brigge. it 630
– Auguste Rodin. Mit 96 Abbildungen. it 766
– Ausgesetzt auf den Bergen des Herzens. Gedichte aus den Jahren
  1906 bis 1926. it 98
– Briefe. 3 Bde. in Kassette. Herausgegeben vom Rilke-Archiv in Wei-
  mar in Verbindung mit Ruth Sieber-Rilke. Besorgt durch Karl Alt-
  heim. it 867
– Briefe über Cézanne. Herausgegeben von Clara Rilke. Besorgt und
  mit einem Nachwort versehen von Heinrich Wiegand Petzet. Mit
  siebzehn farbigen Abbildungen. it 672
– Das Buch der Bilder. Des ersten Buches erster Teil. Des ersten Buches
  zweiter Teil. Des zweiten Buches erster Teil. Des zweiten Buches
  zweiter Teil. it 26
– Duineser Elegien. Die Sonette an Orpheus. it 80
– Erste Gedichte. Larenopfer. Traumgekrönt. Advent. it 1090
– Ewald Tragy. Mit einem Nachwort von Richard von Mises. it 1142
– Frühe Gedichte. it 878
– Gedichte. Aus den Jahren 1902 bis 1917. Taschenbuchausgabe der
  1931 als Privatdruck erschienenen Edition der Handschrift Rainer
  Maria Rilkes. Illustriert von Max Slevogt. it 701
– Gedichte aus den späten Jahren. Herausgegeben von Franz-Heinrich
  Hackel. it 1178
– Geschichten vom lieben Gott. Illustrationen von E. R. Weiß. it 43
  und Großdruck. it 2313
– In einem fremden Park. Gartengedichte. Zusammengetragen von
  Marianne Beuchert. Mit zwölf farbigen Bildern von Marion Nickig.
  it 1820
– Die Letzten. Im Gespräch. Der Liebende. it 935
Rainer Maria Rilke: Die Liebenden. Die Liebe der Magdalena. Portu-
giesische Briefe. Die 24 Sonette der Louïze Labé. it 355